.

我
思

敢于运用你的理智

湖北省公益学术著作
Hubei Special Funds 出版专项资金
for Academic and Public-interest
Publications

魏晋玄学史

康中乾　著

长江出版传媒｜崇文书局

图书在版编目（CIP）数据

魏晋玄学史 / 康中乾著. -- 武汉 ： 崇文书局，
2023.7
（崇文学术文库·中国哲学）
ISBN 978-7-5403-7300-9

Ⅰ．①魏… Ⅱ．①康… Ⅲ．①玄学－思想史－研究－
中国 Ⅳ．① B235.05

中国国家版本馆 CIP 数据核字（2023）第 063027 号

2023 年度湖北省公益学术著作出版专项资金项目

魏 晋 玄 学 史
WEIJIN XUANXUESHI

出 版 人　韩　敏
出　　品　崇文书局人文学术编辑部·我思
策 划 人　梅文辉(mwh902@163.com)
责任编辑　许　双(xushuang997@126.com)鲁兴刚
责任校对　李堂芳
装帧设计　甘淑媛
出版发行　长江出版传媒　崇 文 书 局
地　　址　武汉市雄楚大街 268 号 C 座 11 层
电　　话　(027)87677133　邮政编码　430070
印　　刷　湖北新华印务有限公司
开　　本　880 mm×1230 mm　　1/32
印　　张　11.5
字　　数　260 千
版　　次　2023 年 7 月第 1 版
印　　次　2023 年 7 月第 1 次印刷
定　　价　98.00 元

（读者服务电话：027－87679738）

我
思

敢于运用你的理智

ISBN 978-7-5403-7300-9

9 787540 373009 >

目　录

第一章　魏晋玄学概论

一、魏晋南北朝时代及其社会形势和思想任务

魏晋南北朝时代是中国历史上最复杂的一个时期。东汉灵帝刘宏中平元年（184年，甲子年）二月，以黄巾为标帜的农民起义军在七州二十八郡举事，中国历史上第一次有严密组织的农民大起义开始。是年底，黄巾起义就被镇压下去。但它给东汉王朝以沉重打击。尔后，东汉王朝苟延了35年就灭亡了。公元220年，曹丕代汉为帝，建元黄初，魏国始；公元221年，刘备称帝，建元章武，蜀国始；公元222年，孙权称帝，建元黄武，吴国始；时三国鼎立成。公元265年，晋武帝司马炎代魏为帝，建元泰始，西晋始。魏元帝曹奂景元四年（263年），魏军三路攻蜀，是年蜀亡；西晋武帝司马炎咸宁五年（是年为吴帝孙皓天纪三年，即279年），晋军五路大军攻吴，第二年（280年）三月吴帝孙皓降，吴亡，三国遂亡。三国的时间为：220—280年。

西晋自公元265年立国后，晋武帝司马炎为了监督异姓功臣和吴蜀地主，曾大封宗室为王，并允许王国置军，取消州郡武备，还陆续用诸王统率中央兵马镇守要害。公元290年晋武帝

死，是年晋惠帝司马衷继位，改元永熙。晋惠帝是个白痴，朝政由贾后把持。贾后于惠帝元康元年（291年）杀掉当政的惠帝外祖杨骏，征汝南王司马亮辅政；后又命楚王司马玮杀掉亮，不久又杀掉司马玮。元康六年（296年）赵王司马伦被召入京，他朝政在握，于惠帝永宁元年（301年）废惠帝自立。同年，齐王司马冏、成都王司马颖、河间王司马颙等起兵声讨司马伦。伦被杀后，惠帝复位。接着，齐王冏、河间王颙、长沙王乂、成都王颖、东海王越等反复冲突。直到306年，贾后被杀，惠帝被毒死，长达十六年（291—306年）的"八王之乱"结束。"八王之乱"给西晋社会造成相当严重的破坏。公元307年，晋怀帝司马炽为帝，改元永嘉。此时，北方并州的匈奴首领刘渊在左国城（今山西方山）起兵反晋，他自称大单于，又称汉王。永嘉二年（308年）刘渊在平阳（今山西临汾）称帝，并攻打洛阳。永嘉五年（311年）刘渊军攻下洛阳，晋怀帝被掳。晋军在当时的长安拥立晋愍帝司马邺为帝，改元建兴。到建兴四年（316年），匈奴刘曜攻下长安，晋愍帝出降，西晋亡。西晋的时间为：265—316年。

公元316年，当西晋愍帝出降匈奴刘曜时，西晋琅琊王司马睿奉命镇守建康。公元317年，南北地主拥立司马睿为晋王，第二年称帝，是为晋元帝，改元太兴，东晋始。公元420年，刘裕废掉东晋恭帝司马德文，自立为帝，是为宋武帝，改元永初，国号宋，东晋亡。东晋的时间为：317—420年。

在西晋末和东晋时代，北方的匈奴、鲜卑、羯、氐、羌五族（五胡）纷纷自立为王，先后建立了十六个政权，即五凉（前、后、南、西、北）、二赵（前、后）、三秦（前、后、西）、四燕（前、后、南、北）、夏、成汉。时间为：304—439年。此段时间史称"五胡十六国"。

从公元 420 年宋武帝刘裕在建康废晋自立，到公元 589 年隋灭陈，是为南朝时期，历宋、齐、梁、陈四朝。

从公元 386 年拓跋珪建立北魏，到公元 581 年隋灭北周，是为历史上的北朝时期，历北魏、东魏、西魏、北齐、北周五朝。

魏晋到南北朝，正处在中国封建社会前期阶段的中期。由于这一时期铁制农具和牛耕这一作为封建社会"劳动力发展的测量器"和"劳动借以进行的社会关系的指示器"❶的劳动资料（即生产工具）仍保持未变，所以中国的封建制度没有也不会改变。但此时期中铁制工具的制作技术有所提高，牛等畜力耕作的方式、方法有所改变，故生产力仍处在局部的发展中，社会的经济、政治以及思想文化结构也都处在改变中。概括言，此阶段中国封建社会在经济、政治等方面的特点是：（1）生产力有所提高。例如，东汉时的铁制农具已有镬、锸、锄、镰、铧等，耕作技术上有了一牛挽犁的轻便耕法。东汉末又有了提水的翻车、渴乌。❷经汉末的社会动荡，三国魏文帝、明帝时，铁冶生产已恢复，水排鼓风冶炼技术得到推广。南北朝时，东魏綦毋怀文集中了北方长期的冶炼经验，以灌钢炼宿铁刀。当时某些地方已用煤炼铁。北魏时已有了复杂的整地碎土的工具。这些情况说明，在中国封建社会前期阶段的中期，生产工具在不断改进着，生产力也在一定程度的

---

❶《马克思恩格斯全集》第 23 卷，人民出版社 1972 年 9 月第 1 版，第 204 页。

❷ 翻车"设机车以引水"，渴乌"为曲筒以气引水"。（《后汉书·张让列传》注）

发展中。（2）赋税制度已趋稳定。封建社会的主要剥削方式是地租。在中国封建社会前期阶段，与农业和手工业相结合这一经济形式相一致，其地租剥削形态为"租调"。所谓"租"是课粟米，"调"是输布帛。《后汉书·朱晖列传》说："取布帛为租，以通天下之用。"表明至东汉时租调制已取得了固定形式。三国魏时曹操统一了中原后，"适应自耕农民农业和家庭手工业密切结合的特点，规定他们每亩土地交纳租谷四升，叫作田租，每户人家交纳绢二匹、绵二斤，叫作户调。"❶西晋于太康元年（280年）颁行户调式。其中的户调制规定：丁男之户每年调绢三匹，绵三斤；丁女或次丁男为户者折半交纳。❷北魏于孝文帝太和九年（485年）颁布均田令的同时，也制定了新的租调制。❸需要指出的是，这种租调制剥削方式多是针对自耕农的。另外还有国有土地的"佃民""屯田客"，豪族庄园里的"徒附""部曲""奴客"，他们被强制束缚在土地上，具有严重的人身依附关系。（3）土地所有制的三种形式。土地是封建社会中最主要的生产资料，土地所有制是封建社会最基本的生产关系。从秦汉到南北朝这一时期，土地所有制形式有三种：一是封建国家的土地国有制；二是豪族地主的大土地占有制；三是一般地主和自耕农的土地私有制。在这三种形式中，以前两者的结合为支配形态。东汉初，豪强势力有增

---

❶ 翦伯赞主编：《中国史纲要》上册，人民出版社1983年3月版，第252页。

❷ 翦伯赞主编：《中国史纲要》上册，人民出版社1983年3月版，第272—273页。

❸ 翦伯赞主编：《中国史纲要》上册，人民出版社1983年3月版，第306—307页。

无减，光武帝刘秀本人就是南阳的大豪强。到了东汉后期，在士大夫中形成了一些累世攻一经而门生弟子数千人，且又通过经学入仕而累世为公卿的大家族，他们是士大夫的领袖，史称其为"门阀世族"。曹魏时，建立了"九品中正"的选举制。但不久掌握机柄的中正官位就把持在了世族之手，遂出现了"上品无寒门，下品无势族"（《晋书》卷四五《刘毅传》）的结局，豪门世族的势力进一步膨胀。直到两晋南北朝时，均有这种门第显赫的世族豪右存在，如东晋的王、谢就是一例。在封建国家中出现这样一个豪族势力，他们荫庇人口作为"私属"，尽力扩展"坞堡""田园"，形成了"连栋数百，膏田满野，奴婢千群，徒附万计"（仲长统：《昌言》）的大田庄，这是前期中国封建社会的最突出的现象和特征。（4）政治结构上皇权的强化。秦王朝建立的是专制主义的中央集权制，其特点就是皇权至上。但仅靠皇帝一人管不了全天下的事务，因此必须要有一套辅政的行政机构。秦建立的是宰相辅政制，即设丞相、太尉、御史大夫为宰相，其下另有郎中令、卫尉、中尉、廷尉、治粟内史、少府、将作少府、典客、奉常、宗正、太仆等。丞相掌政事，太尉掌军事，御史大夫是丞相的副贰，掌图籍章奏，监察百官。西汉承秦制，中央辅政机构也是宰相制。东汉时设太尉、司徒、司空，分别开府。但这一制度一开始就存在着皇帝与宰相间的矛盾，宰相的权势往往威胁到皇权统治。于是，从汉武帝始逐渐形成了一套牵制和限制宰相权势的政治运作体制，这就是有关尚书、中书、门下三省的产生。东汉立，刘秀鉴于王莽专权的教训，将大权集于宫廷，"选举诛赏，一由尚书，尚书见任，重于三公"（《后汉书·陈忠列传》）。从东汉中期后，尚书已取代丞相以执国政了。魏晋时，尚书台从少府中独立出来，总揽了秦汉九卿的全部职权。三国曹魏有八座尚书。曹丕称帝时置中书府，魏晋之际改为中书省。魏晋时期，中书省的权力急剧膨胀，遂取代尚书令而成为真宰相。关于门下制，起于东汉，其时皇帝重内臣，省内的宦官逐渐染指朝政。南北朝时都置门下省。从曹魏开始，尚书、中书、门下三省长期并存，真正构成了对宰辅的牵制。

处在中国封建社会前期阶段中期的魏晋时期，其经济、政治的突出特色是门阀士族的出现。在汉魏之际的历史舞台上，这些门阀士族扮演了重要角色，无论是镇压黄巾起义、组织讨卓联军还是进行军阀混战，他们都是积极的参与者。在他们身上，既有统一的因素，又有分裂的因素。就主流言，他们要求统一。但当统一的要求不能实现或者出现了不合他们口味的统一时，他们就以庄园经济为据点而倾向于分裂。这些门阀士族的政治态度对于当时政局的演变，有举足轻重的作用。所以，在汉魏时代，妥善处理国家同门阀士族之间的矛盾，是当时紧迫的政治课题。而探索出一种谋略思想，妥善处理国家政权同门阀士族的关系，则是当时的时代课题。❶

魏晋玄学以"有""无"问题为讨论对象，特别提出"以无为本"的宗纲。它为什么要提这样一个看似纯粹的思辨性问题呢？其实是为了解决封建统治者如何进行统治的问题。我们不妨引王弼在《老子指略》中的一段议论：

---

❶ 关于汉魏之际的时代课题，任继愈等学者有论述。参见任继愈主编：《中国哲学发展史》（魏晋南北朝），人民出版社 1988 年 4 月版，第 23—35 页。

　　夫邪之兴也，岂邪者之所为乎？淫之所起也，岂淫者之所造乎？故闲邪在乎存诚，不在善察；息淫在乎去华，不在滋章；绝盗在乎去欲，不在严刑；止讼存乎不尚，不在善听。故不攻其为也，使其无心于为也；不害其欲也，使其无心于欲也。谋之于未兆，为之于未始，如斯而已矣。故竭圣智以治巧伪，未若见质素以静民欲；兴仁义以敦薄俗，未若抱朴以全笃实；多巧利以兴事用，未若寡私欲以息华竞。故绝司察，潜聪明，去劝进，剪华誉，弃巧用，贱宝货。唯在使民爱欲不生，不在攻其为邪也。故见素朴以绝圣智，寡私欲以弃巧利，皆崇本以息末之谓也。

　　王弼在此讲的正是一种以寡众治众、以一统多、以静制动的政治策略的哲学理论！王弼明确讲到："夫众不能治众，治众者至寡者也；夫动不能制动，制天下之动者贞夫一者也。故众之所以得咸存者，主必致一也。"（《周易略例·明象》）后来裴頠讲"有"本论，主要是针对竹林玄学末流的放荡之风而为了"矫虚诞之弊"（《三国志·魏书·裴潜传》注引《惠帝起居注》），然"有"本论已多少失去了王弼"无"论所包含的政治韬略的哲理了。到了郭象，以其"独化"论为统治者提出了一个"圣人常游外以冥内，无心以顺有，故虽终日挥形而神气无变，俯仰万机而淡然自若"（《庄子·大宗师注》）的"内圣"即"外王"的社会政治路线。

二、什么是魏晋玄学

　　魏晋时期之所以能在中国思想史上标新立异而彪炳史册，是因为它演变出一种"玄学"思想，史称"魏晋玄学"。玄学是一种思想文化思潮,它在思想形式上是"清谈"(有时也称"清论""清议"等);在思想内容上是"玄理",即究"玄"。怎么究"玄"?这就是以《易》《老》《庄》这"三玄"为思想资料,以"有无""本末"等问题为思想任务,以"寄言出意""忘言得意"等为思想方式,来探讨"玄远""玄虚"的"虚胜之道"。所以,魏晋玄学与汉代经学有着迥然不同的理论形式和学术风格,它是魏晋时代的思想潮流和精华,是魏晋人士的精神风貌的表现,已渗透到当时社会生活的方方面面。而且,作为一种时代思潮,它上承两汉经学,下启隋唐佛学及宋明理学,对整个中国思想文化的发展影响深远。

要对玄学这种思想文化思潮有一个比较全面的了解,先要明确关于"玄学""三玄""玄"这几个相关的问题。

(一)"玄学"

"玄学"这一名称在西晋时代已经出现。《晋书·陆云传》载:

> 初,云尝行,逗留故人家,夜暗迷路,莫知所从。忽望草中有火光,于是趣之,至一家,便寄宿。见一少年,美风姿,共谈《老子》,词致深远。向晓辞去,行十许里,至故人家,云:此数十里中无人居。云意始悟,却寻昨宿处,乃王弼冢。云本无玄学,自此谈老殊进。

这里的"玄学"指的是魏晋人的谈玄学问。这门学问魏晋时代的人称为"玄远"之学,也称"玄理"。如《三国志·魏书·荀彧传》注引何劭《荀粲传》云:"(傅)嘏善名理,而粲尚玄远,宗致虽同,仓卒时或有格而不相得意。裴徽通彼我之怀,为二家骑驿,顷之,粲与嘏善。"又《世说新语·文学》曰:"傅嘏善言虚胜，荀粲谈尚玄远。"《晋书·阮籍传》载："籍虽不拘礼教，然发言玄远，口不臧否人物。"又《世说新语·德行》注引《魏氏春秋》曰："上曰：天下至慎者其惟阮嗣宗乎？每与之言，言及玄远，而未尝论时事、臧否人物。"这是司马昭对阮籍的评价。《世说新语·规箴》曰："王夷甫（衍）雅尚玄远。"《南齐书·陆澄传》载陆澄《与王俭书》云："晋太兴四年，太常荀崧请置《周易》郑玄注博士，行于前代。于时政由王、庾，皆俊神清识，能言玄远。"《晋书·裴秀传》说他"善言玄理"。《晋书·谢朗传》说"朗善言玄理"。这都说明，"玄学"在魏晋时代是一种学术风格和思想倾向，它是一种探赜追幽的"玄远"之学。

至南朝时，"玄学"成了一门学科。《南史》卷二《宋本纪·文帝纪》说：

上（即宋文帝刘义隆）好儒雅，又命丹阳尹何尚之立玄素学❶，著作佐郎何承天立史学，司徒参军谢元立文学，各聚门徒，多就业者。江左风俗，于期为美，后言政化，称元嘉焉。

又《宋书·隐逸·雷次宗传》云：

（宋文帝）元嘉十五年，征次宗至京师，开馆于鸡笼山，聚徒教授，置生百余人。会稽朱膺之、颍川庾蔚之并以儒学，监总诸生。时国子学未立，上留心艺术，使丹阳尹何尚之立玄学，太子率更令何承天立史学，司徒参军谢元立文学，凡四学并建。

---

❶ 中华书局标点本《南史·宋本纪·文帝纪》注说："王懋竑《读书记疑》：'素字衍文'。按王说是，'玄素学'仅此一见。"所以，此处的"玄素学"就是"玄学"。

这里提到了"儒学""文学""史学""玄学"四科。这个"玄学"当指曹魏何晏、王弼等人的学说。《南齐书·王僧虔传》引其《诫子书》云:"汝开《老子》卷头五尺许,未知辅嗣何所道,平叔何所说,马、郑何所异,指、例何所明,而便盛于麈尾,自呼谈士,此最险事。"可见,南朝时何晏(平叔)、王弼(辅嗣)的玄学学说已成为思想界的主要话题之一,"玄学"与传统的儒学、史学、文学并立于学官,已成为官方和社会普遍认可的时代思潮。另,《南齐书·陆澄传》载陆澄与王俭书,论国学《周易》注云:"太元立王肃《易》,当以在(郑)玄、(王)弼之间。元嘉建学之始,玄、弼两立。逮颜延之为祭酒,黜郑置王,意在贵玄,事成败儒。……众经皆儒,惟《易》独立。玄不可弃,儒不可缺,谓宜并存,所以合无体之义。"从这条史料可以确认两点:其一,"太元"为东晋孝武帝司马曜的年号,始时为 376 年;"元嘉"乃南朝宋文帝刘义隆的年号,始时为 424 年。这表明,王弼的玄学在东晋时已进入官学,而在南朝的宋、齐时已在官学中占据优势地位,即"黜郑置王,意在贵玄"。其二,"元嘉建学之始,玄、弼两立",指的就是《宋书·隐逸·雷次宗传》所说的儒、玄、史、文"凡四学并建"的情形,后来颜延之为国学祭酒,则"黜郑置王",王弼玄学获得了独尊地位。

(二)"三玄"

魏晋人的"玄学"乃"玄远""玄理"之学,这种学说的目的在于究"玄"。那么,怎么去究"玄"呢?它的思想资料就是《周易》《老子》《庄子》这三部书,统称"三玄"。

首次提出"三玄"名称的是北齐颜之推的《颜氏家训·勉

学》："何晏、王弼，祖述玄宗，递相夸尚，累附草靡。……泊于梁世，兹风复阐，《庄》《老》《周易》，总谓三玄。"这是北齐学者对梁代"三玄"之学的评述。而《南齐书·王僧虔传》引其《诫子书》云："见诸玄，志为之逸，肠为之抽……自少至老，手不释卷，尚未敢轻言。……设令袁令命汝言《易》，谢中书挑汝言《庄》，张吴兴叩汝言《老》，端可复言未尝看邪？"这里指出，"诸玄"有《易》《老》《庄》，这就是"三玄"。可见，"三玄"一语的出现在南朝的宋齐时代。

将《易》《老》《庄》三部先秦典籍称为"三玄"，这是南朝的事。但以《易》《老》《庄》为清谈的思想资料，用以阐述一种"玄远"的思想，则早在曹魏时代就成为思想史的事实。例如，《三国志·魏书·曹爽传》附《何晏传》云：晏"好老庄言"。《世说新语·文学》注引《续晋阳秋》云："王弼、何晏好庄老玄胜之谈"；又引《王弼别传》说弼"十余岁便好庄老"。《晋书·王衍传》曰："何晏、王弼皆祖述老庄"；又说"（王衍）妙善玄言，唯谈老庄为事"。《晋书·嵇康传》曰："（康）学不师受，博览无不该通，长好老庄。"《晋书·阮籍传》曰："（籍）博览群籍，尤好老庄。"《晋书·向秀传》曰："（秀）雅好老庄之学。"《晋书·郭象传》曰："（象）少有才理，好老庄，能清言。"东晋干宝在《晋纪总论》中说，当时"学者以老庄为宗"。所以，好老庄言是魏晋时代的普遍学术风尚。同时，其时的学者亦好《易》。《三国志·魏书·曹爽传》附《何晏传》注引《魏氏春秋》云："初，夏侯玄、何晏等名盛于时，司马景王亦预焉。晏尝曰：'唯深也，故能通天下之志，夏侯泰初是也；唯几也，故能成天下之务，司马子元是也；惟神也，不疾而速，不行而至，吾闻其语，未见其人。'"何晏所谓的"唯深也"云云，是《易传》中的话。《易传·系辞上》曰："夫《易》，圣人之所以极深而研几也。唯深也，故能通天下之志；唯几也，故能成天下之务；唯神也，故不疾而速，不行而至。子曰：《易》有圣人之道四焉者，此之谓也。"何晏用《易》的思想原则来评论夏侯玄、司马师等人，这表明早在魏时《易》已成为重要的思想资料。何晏所讲的这段话大致在正始八年以前。到了正始九年（248年），曹魏思想界的名流已将《易》与《老》《庄》结合起来，作为玄谈的思想资料了。《三国志·魏书·管辂传》注引《辂别传》云，正始九年何晏、裴徽、管辂、赵孔曜等人有谈论，曜赞徽曰："每论《易》及老庄之道，未尝不注精于严、瞿之徒也"；徽赞晏曰："吾数与平叔共说老、庄及《易》，常觉其辞妙于理，不能折之"；辂论晏曰："说老庄则巧而多华，说《易》生义则美而多伪"。可见，正始八年后何晏等人重视了《易》，对"三玄"的运用更为普遍和全面。

关于"三玄"的内涵次第，魏晋当朝的人没有做特别区别，似乎也不必要做特别的区别，因为当时人们的普遍看法是孔子高于老子。《三国志·魏书·钟会传》注引何劭《王弼传》说："时裴徽为吏部郎，弼未弱冠，往造焉。徽一见而异之，问弼曰：'夫无者诚万物之所资也，然圣人莫肯致言，而老子申之无已者何？'弼曰：'圣人体无，无又不可以训，故不说也。老子是有者也，故恒言无，所不足。'"《世说新语·文学》中有同样内容的记述。在王弼看来，孔子是第一等的圣人，老子的地位自然次于孔子，而庄子在此尚未入流。

《世说新语·文学》说何晏开始也注《老子》，当他见到王弼的《老子注》后，"遂不复注，因作道德论"。该条下有刘孝标注引《文章叙录》云："自儒者论，以老子非圣人，绝礼弃学。晏说与圣人同，著论行于世也。"据此条材料看，何晏的观点与王弼有异，他认为老子就是圣人。然而后人对何晏的圣人观却有不同看法。《弘明集》卷六有南齐周颙《重答张长史书》云："王、何旧说，皆云老不及圣。"又《广弘明集》卷八有道安《二教论》云："何晏、王弼咸云：'老未及圣'。"这说明，何晏与王弼的观点是一致的，即"老不及圣"。

西晋裴頠在《崇有论》中说："老子既著五千之文，表撼秽杂之蔽，甄举静一之文，有以令人释然自夷，合于《易》之《损》《谦》《艮》《节》之旨。"裴頠认为，《老子》所倡导的虚静无为之旨与《易》之《损》卦等卦义相合。就此而言，《易》与《老》当无轩轾，老子与孔子当都为圣人。

关于《庄子》，在曹魏正始年间未受到重视。但在后来的竹林玄学中颇受重视，如竹林七贤之一的向秀就对《庄》"为之隐解，发明奇趣，掁起玄风，读之者超然心悟，莫不自足于一时也"（《晋书·向秀传》）。竹林七贤中的嵇康、阮籍也都好《庄》。至西晋惠帝朝，郭象对《庄》作注❶，振起一代新的玄风。关于《庄子》在玄学中的地位问题，郭象在其《庄子序》中有个看法："夫庄子者，可谓知本矣，故未始藏其狂言，言虽无会而独应者也。夫应而非会，则虽当无用；言非物事，则虽高不行，与夫寂然不动，不得已而后起者，固有间矣，斯可谓知无心者也？夫心无为，则随

---

❶ 关于今本《庄子注》究竟是向秀的著作还是郭象的著作，《晋书》向秀、郭象本传有不同说法，这一直是个悬而未决的公案。关于这个问题，下面论述向秀、郭象的玄学思想时再谈。

感而应，应随其时，言惟谨尔。故与化为体，流万代而冥物，岂曾设对独遘而游谈乎方外哉？此其所以不经而为百家之冠也。"郭象认为，庄子是"知本"的，知本也就是知"道"。但是，若将知"道"的庄子与体"道"的圣人（孔子）做一对比的话，庄子还是低了一格，因为庄子只知以"无"为心，还未达到使心无为之。孔子则不然，他的心"寂然不动""随感而应"，入世而不为世俗所累，与物相伴而不遗世独立，"故与化为体，流万代而冥物"。所以，庄子还算不得大圣人，而只能成为百家之首。显然，郭象对《庄》的看法与王弼对《老》的看法是一致的，都认为儒圣孔子比他们高。《世说新语·言语》中著录了一则故事，可以看作郭象对庄子看法的脚注。该故事说："孙齐由、齐庄二人小时诣庾公……（公问）'齐庄何字？'答曰：'字齐庄。'公曰：'欲何齐？'曰：'齐庄周。'公曰：'何不慕仲尼而慕庄周？'对曰：'圣人生知，故难企慕。'庾公大喜小儿对。"刘孝标注引《孙放别传》有更明白的记述："放字齐庄，监君〔按：指孙盛，曾任秘书监〕次子也。年八岁，太尉庾公如见之。放清秀，欲观试，乃援纸笔令书，放便自疏名字。公题后问之曰：'为欲慕庄周邪？'放书答曰：'意欲慕之。'公曰：'何故不慕仲尼而慕庄周？'放曰：'仲尼生而知之，非希企所及；至于庄周，是其次者，故慕耳。'公谓宾客曰：'王辅嗣应答，恐不能胜之。'"可见，庄子次于孔子，乃当时思想界的公论。

如此言，"三玄"作为魏晋学者谈玄的思想资料，在内涵上当有品次之别，即《易》《老》《庄》。这表现出魏晋玄学援道入儒或以儒统道的思想潮流的性质和方向。

（三）"玄"

"玄学"是魏晋时代的学术思潮；"三玄"是魏晋人士谈"玄"的思想资料。然而，玄学之所以为玄学，它的真正的哲学意蕴和实质在"玄"上，即究"玄"。那么，何为"玄"呢？

"玄"这个概念首见于《老子》。《老子》第一章开宗明义地说：

> 道可道，非常道；名可名，非常名。无，名天地之始；有，名万物之母。故常无，欲以观其妙；常有，欲以观其徼。此两者同出而异名，同谓之玄。玄之又玄，众妙之门。

《老子》的"玄"是用以表征"道"的"有""无"一体的性质和本质的一个概念。这里的"此两者"即指上文的"有"和"无"。"有"和"无"都是"道"的本质性规定，"道"本身既非单纯的"有"，亦非单纯的"无"，而是"有"和"无"的统一体，有无相生，生生不息。"道"的这种"有""无"一体的性质是至深至微至妙的，故用"玄"来称谓之。"玄"，是一种幽深貌。"玄者，深远而不可分别之义。"（范应元：《老子道德经古本集注》）"玄者，幽昧不可测知之意。"（吴澄：《道德真经注》）"凡物远不可见者，其色黝然，玄也。大道之妙，非意象形称之可指，深矣，远矣，不可极矣，故名之曰玄。"（沈一贯：《老子通》）可见，《老子》中的"玄"是个形容词，是对"道"的"有""无"本质性的一种规定和指谓。

西汉末的严遵（字君平）著《老子指归》一书，它是汉代道家思想的代表作。书中探讨了宇宙生成论问题，但也涉及天地万物之存在、变化的根据、本质问题，即宇宙本体论问题。例如，它在解释《老子》的"道生一，一生二，二生三，三生万物"的宇宙发生论思想时指出："有虚之虚者开导禀受，无然然者而然不能然也；有虚者陶冶变化，始生生者而生不能生也；有无之无者而神明不能改，造存存者而存不能存也；有无者纤微玄妙，动成成者而成不能成也。故虚之虚者生虚虚者，无之无者生无无者，无者生有形者。故诸有形之徒皆属于物类，物有所宗，类有所祖。"这里所提出的"虚之虚者""无之无者""始生生者""造存存者"等等，说的就是天地万物赖以生成的本体问题。所以，这里的"虚之虚者"等等就是"玄"。

继严遵后，扬雄作有《太玄经》。《后汉书·张衡列传》注引桓谭《新论》说："宓羲氏谓之易，老子谓之道，孔子谓之元，而扬雄谓之玄。"这说明，扬雄的"玄"与老子的"道"、伏羲的"易"等是同类性质的概念。在此，"玄"由老子那里的对"道"的性质的形容词上升为具有本体意义的哲学范畴。扬雄指出：

> 夫玄也者，天道也，地道也，人道也。兼三道而天名之。(《太玄·玄图》)

> 玄者，幽攡万类而不见其形者也，资陶虚无而生乎规，揲神明而定摹，通同古今以开类，攡措阴阳而发气。(《太玄·玄攡》)

可见"玄"是天地万物之存在的根据、本原。它"仰而视之在乎上，俯而窥之在乎下，企而望之在乎前，弃而忘之在乎后，欲违则不能，嘿则得其所者，玄也"。(《太玄·玄攡》)它无所在而又无所不在，无所为而又无所不为，"其上也县(悬)天，下也沦渊，纤也入薉，广也包畛。其道游冥而抯盈，存存而亡亡，微微而章章，始始而终终，近玄者玄亦近之，远玄者玄亦远之，譬若天苍苍然在于东面南面西面北面，仰而无不在焉，及其俯则不见也，天岂去人哉，人自去也。"(同上)要理解、认识天下的万事万物，只有通过"玄"这个本体："晓天下之聩聩，莹天下之晦晦者，其惟玄

乎。"（同上）

扬雄之后，东汉著名科学家张衡把宇宙的初始阶段叫"玄"。他说："玄者，无形之类，自然之根，作与太始，莫之与先。""玄者，包含道德，构掩乾坤，橐籥元气，禀受无原。"（张衡：《玄图》）张衡的"玄"兼有宇宙发生论和宇宙本体论的意义，但宇宙发生论的色彩更重。

至曹魏时，扬雄等人的"玄"思想对当时的思想界产生了影响。首先接受扬雄《太玄》思想影响的是魏齐王曹芳正始年间名士夏侯玄。[1]他作有《本玄论》，已佚，其思想在东晋张湛的《列子注》中有部分保存。夏侯玄认为："天地以自然运，圣人以自然用。自然者，道也。"（张湛：《列子·仲尼》注引）他提出了"自然"的概念，认为"自然"就是"道"。这里的"自然"显然有了本体论的意义。值得注意的是，夏侯玄的"自然"不仅是一种本体，同时也是一种思想方法和原则。在他看来，天地万物以其"自然"本性存在着和运动着；人也应该以"自然"为方法和原则来指导认识和活动。从夏侯玄这里可以看出，在曹魏正始时期，汉代的宇宙发生论正在向魏晋时代的宇宙本体论转化，夏侯玄就是这一转化的中间人物。

而完成中国思想史上这一转化工作的是正始玄学思潮的开创者何晏和王弼，特别是王弼。《晋书·王衍传》说：

> 魏正始中，何晏、王弼等祖述老庄立论，以为天地万物皆以"无"［为］为本。"无"也者，开物成务，无往而不存者也。阴阳恃以化生，万物恃以成形，贤者恃以成德，不肖者

---

[1] 参见王葆玹：《正始玄学》，齐鲁书社 1987 年版，第 23 页以下。

恃以免身，故"无"之为用，无爵而贵矣。

"以'无'为本"，这是何、王玄学的纲领。那么，"无"是什么？就是"道"。王弼在《论语释疑》中说："道者，无之称也；无不通也，无不由也，况之曰道，寂然无体，不可为象。"何晏在《道论》中说："有之为有，恃无以生；事而为事，由无以成。夫道之而无语，名之而无名，视之而无形，听之而无声，则道之全焉。"（张湛:《列子·天瑞》注引）何晏、王弼为什么不像老子那样直接以"道"为本原？为何不像扬雄、张衡那样以"玄"为天地万物的始基？为何不像夏侯玄那样以"自然"为"道"呢？他们为何偏偏要称"道"为"无"呢？这正是因为魏晋玄学是一种宇宙本体论。宇宙本体论不同于宇宙发生论。后者实际上是天体物理学的内容，是关于宇宙的起源及演化过程的学说。前者则是哲学，它探讨的是宇宙之存在的可能和根据的问题，即本原、本体问题。人们提出以"道"或"理"等作为宇宙的本原，这并不难。难的是如何来规定和把握"道"。"道"要作为本原，关键的一条就是要去掉其具体性，即有形有象有名的一面，否则的话，"道"就成了具体存在，从"道"出发所建构的宇宙本原（本体）论也就失去了意义而成了宇宙发生论了。所以，作为本原的"道"必须在哲学性质上是"无"，即无形无象无名。

那么，怎么才能把"道"予以"无"化呢？其关键途径是贯彻"无名"的原则和方法。对此，王弼曾这样讲：

> 名也者，定彼者也；称也者，从谓者也。名生乎彼，称出乎我。故涉之乎无物而不由，则称之曰道；求之乎无妙而不出，则谓之曰玄。妙出乎玄，从由乎道。故"生之畜之"，不壅不塞，通物之性，道之谓也。"生而不有，为而不恃，长而

不宰"，有德而无主，玄之德也。"玄"，谓之深者也；"道"，称之大者也。名号生乎形状，称谓出乎涉求。名号不虚生，称谓不虚出。故名号则大失其旨，称谓则未尽其极。是以谓玄则"玄之又玄"，称道则"域中有四大也"。（《老子指略》）王弼在此严格区分了"名"和"称"的不同含义。"名"是命名，它的实质意义在这个"命"字上；"称"是称谓，它的实质意义在这个"称"字上。要命名的话必须先要有对象存在，哪怕是幻想、想象中的对象，所以"名"揭示的是对象的实体性、实存性的性质。而"称"就不是这样了，"称"不是去专指对象，而可以是某种性质，也可以是某种功能和作用等等。拿"道"来说，它不能去"名"，只能去"称"。天地万物的存在是事实，但万物的存在都有其自身之所以存在的根据和可能，即有个"原"或"本"。这个"原"或"本"当然不是像具体事物一样是具体的存在而可以去命"名"，它是非具体的，是非存在者，所以只能去"称"，即称之为"道"。但"称"又有严格的区别：如果是指称某种性质、本质，可以叫"称"，比如说"道"在性质上是"无物而不由"的，故称为"道"；而如果去指称某种功能、功用，则不叫"称"而叫"谓"，比方说"道"是"无妙而不出"的，这是指其功能、功用，故可以"谓"其为"玄"。

王弼在此来区分"名"与"称""谓"，是颇费苦心的。为什么要费这番苦心？这是因为"名"是有局限性的。如果没有"名"（名称、概念），人类无法去进行认识活动，无法思想。而有了"名"后，名总有一定的限制。老子曾发出过"道可道，非常道；名可名，非常名"（《老子》第一章）的慨叹。王弼在解《老》时也说出了这样的话："名必有所分，称必有所由。有分则有不兼，有由则有不尽；不兼则大殊其真，不尽则不可以名，此可演而明也。"（《老子指略》）看来，在怎么用"名"的问题上存在着根本性的哲学思维方式和方法，由此也涉及根本不同的哲学理论。王弼的"无"思想之所以不同于老子的"道"论，之所以不同于两汉时代的宇宙发生论，而被叫作"玄学"，关键正在于用"名"的方法和原则上，这就是他的"无"名的原则。他说："言道以无形无名始成，万物以始以成而不知其所以，玄之又玄也。"（《老子注》第一章）王弼还对《老子》第一章中的"玄之又玄"一语做了详解，谓："玄者，冥也，默然无有也。始，母之所出也。不可得而名，故不可言同名曰玄。而言同谓之玄者，取于不可得而谓之然也。不可得而谓之然，则不可以定乎一玄而已。若定乎一玄，则是名则失之远矣。故曰'玄之又玄'也。"❶（同上）王弼认为，《老子》在行文中不讲"同名曰玄"而说"同谓之玄"，是有所用意的，这是"不可得而谓之然"的办法。"道"是无形无象无名的，这就叫"玄"，即"冥也，默然无有也"，这是一种"玄"，即"无名"之"玄"。但当人们说"道"是"玄"，是"冥"，说它如何如何"玄"时，这是用"玄"这个名称来定谓、称呼"道"，这是另一种"玄"，即"有名"之"玄"。人要把握"道"，必须要同时明白和运用这两种"玄"。若不明白"无名"之"玄"，就不能把握"道"的本原性；若不明白"有名"之"玄"，"道"就不能成为人的谈论对象，就不可被认识。所以，把握"道"就是去"名"不可名，去"说"不可说，故"不可定乎一玄"而要"玄之又玄"矣。王弼在《老子指略》中就是用这种"玄之又玄"的

---

❶ 原文有错讹，据楼宇烈《王弼集校释》（中华书局 1980 年版）校改。

方法来认识"道"的。他说："夫'道'也者，取乎万物之所由也；'玄'也者，取乎幽冥之所出也；'深'也者，取乎探赜而不可究也；'大'也者，取乎弥纶而不可极也；'远'也者，取乎绵邈而不可及也；'微'也者，取乎幽微而不可睹也。然则'道''玄''深''大''微''远'之言，各有其义，未尽其极者也。然弥纶无极，不可名细；微妙无形，不可名大。是以篇云'字之曰道''谓之曰玄'，而不名也。"可以看出，王弼以"玄"称"道"，这里的"玄"重在认识论、方法论意义。

所以，魏晋玄学之所以为"玄学"就在于究"玄"。怎么"究"？其法就是用"寄言出意""忘象得意"等思维方式和方法来讨论"有无""本末""众寡""动静""名教自然"等关系，以之来建构以"无"为本的宇宙本体论。对此，前辈学者汤用彤先生指出：

> 然谈玄者，东汉之与魏晋，固有根本之不同。桓谭曰："扬雄作玄书，以为玄者天也，道也。言圣贤著法作事，皆引天道以为本统。而因附属万类王政人事法度。"亦此所谓天道，虽颇排斥神仙图谶之说，而仍不免本天人感应之义，由物象之盛衰，明人事之隆污。稽察自然之理，符之于政事法度。其所游心，未起于象数。其所研求，常在乎吉凶（扬雄《太玄赋》曰："观大易之损益兮，览老氏之倚伏。"张衡因"吉凶倚伏，幽微难明，乃作《思玄赋》"）。魏晋之玄学则不然。已不复拘拘于宇宙运行之外用，进而论天地万物之本体。汉代寓天道于物理。魏晋黜天道而究本体，以寡御众，而归于玄极（王弼《易略例·明象章》）；忘象得意，而游于物外（《易略例·明象章》）。于是脱离汉代宇宙之论（Cosmology or

Cosmogony）而留连于存存本本之真（ontology or theory of being）。汉代之又一谈玄者曰："玄者，无形之类，自然之根。作于太始，莫之与先。"（张衡《玄图》）此则其所谓玄，不过依时间言，万物始于精妙幽深之状，太初太素之阶。其所探究不过谈宇宙之构造，推万物之孕成。及至魏晋乃常能弃物理之寻求，进而为本体之体会。舍物象，超时空，而研究天地万物之真际。以万有为末，以虚无为本，夫虚无者，非物也。非无形之元气，在太始之时，而莫之与先也。本无末有，非谓此物与彼物，亦非前形与后形。命万有之本体曰虚无，则无物而非虚无，亦即物未有时而非虚无也。汉代偏重天地运行之物理（按扬雄、张衡之玄亦有不同，兹不详析），魏晋贵谈有无之玄致。二者虽均尝托始于老子，然前者常不免依物象数理之消息盈虚，言天道，合人事；后者建言大道之玄远无朕，而不执著于实物，凡阴阳五行以及象数之谈，遂均废置不用。固乃进于纯玄学之讨论。汉代思想与魏晋清言之别，要在斯矣。❶

夫玄学者，乃本体之学。为本末有无之辨。❷

三、魏晋玄学的产生

玄学思潮在魏晋时代出现，这是历史发展的必然。这种必然

---

❶ 汤用彤：《魏晋玄学流别略论》，《汤用彤学术论文集》，中华书局1983 年 5 月版，第 233—234 页。

❷ 汤用彤：《魏晋玄学流别略论》，《汤用彤学术论文集》，中华书局1983 年 5 月版，第 242 页。

性表现在两个方面：一方面是时代条件的历史要求，另一方面是中国思想自身发展的逻辑要求。前者是必要条件，后者是充分条件，这两个条件的结合，构成了玄学思潮出现的必然性。下面分四个方面予以申述。

第一，魏晋玄学是对汉代经学的烦琐形式的否定。西汉武帝建元元年（前140年），"丞相绾奏：'所举贤良，或治申、商、韩非、苏秦、张仪之言，乱国政，请皆罢。'奏可。"（《汉书·武帝纪》）董仲舒亦上书言："《春秋》大一统者，天地之常经，古今之通谊也。今师异道，人异论，百家殊方，指意不同，是以上亡以持一统；法制数变，下不知所守。臣愚以为诸不在六艺之科、孔子之术者，皆绝其道，勿使并进。邪辟之说灭息，然后统纪可一而法度可明，民知所从矣。"（《汉书·董仲舒传》）汉武帝采纳了董仲舒等人的建议，于建元五年立五经博士，汉代经学这一学术形式成了时代风潮。武帝所立的五经博士都是今文经，末年的新莽之乱后，东汉初确立了今文十四博士（见《后汉书·儒林列传》）。今文经学特重师法和家法。东汉初今文十四博士的确立，标志着今文经学家法的完成。今文经学重师法和家法的结果就是经说日繁。"一经之说，至百万余言"（《汉书·儒林传》）；"秦近君《尧典》两字篇目之说，至十余万言；但说'曰若稽古'，三万言"（桓谭：《新论》）。班固在《汉书·艺文志》中对汉代经学的烦琐现象做了这样的记述："古之学耕且养，三年而通一艺，存其大体，玩经文而已，是故用日少而畜德多，三十而五经立也。后世经传既已乖离，博学者又不思多闻阙疑之义，而务碎义逃难，便辞巧说，破坏形体，说五字之文，至于二三万言。后进弥以驰逐，故幼童而守一艺，白首而后能言。安其所习，毁所不见，经以自蔽，此学者之大患也。"这种异常烦琐的注经说经形式严重扼杀了经学的学术生命力。更有甚者，自东汉章帝建初四年（79 年）白虎观会议后，儒学经学堂而皇之地与神学迷信结合起来，谶纬迷信正式成为钦定法典，经学的思想内容日益荒诞不经，经学完全失去了学术性，丧失了生命力。所以，汉代经学的烦琐和衰落成为魏晋玄学产生的学术机缘。

但值得我们思考的是：烦琐只是汉代经学的形式，它为什么要烦琐？这种烦琐的形式中蕴涵什么活的东西？魏晋玄学为什么要否定并能否定汉代经学？

汉代经学之所以要发展出那种烦琐的形式，是儒学被定于一尊后的必然结果。换言之，经学在形式上的烦琐是由其一尊的地位和使命所决定的。儒学被定于一尊后，这在表面上大大提高了其地位，但实际上却严重加大了儒学自身的负荷量，将它推向了重负难支的深渊。因为，当儒学取代了其他的学术思想而成为唯一的社会指导思想后，这就必然要求它要有全功能性，要去解决并要能解决一切社会问题。由于儒学要去完成包罗万象的对社会的解释任务，故就只能对其经学形式做不断的修补和改造，使之能适应各种需要。所以，经学在形式上的烦琐是其社会功能上全功能的要求所致。那么，经学的烦琐形式是否也说明了其思想内容上的烦琐呢？恰恰相反。烦琐的经学形式正好表现了它在内容上的简约和精深。经学家们公认，儒家的"六经"都是些"微言大义"的纲领性经典。董仲舒在《春秋繁露·精华》中说："《诗》无达诂，《易》无达占，《春秋》无达辞。从变从义，而一以奉人（天）。"董仲舒之所以认为《诗》没有固定一致的诠解，《易》没有固定不变的占法，《春秋》没有固定具体的说教，正是因为它们中有一种一般的原则，即"一"。"一以奉人（天）"，从这个"一"出发，能去囊括千千万万的现象。有了这个具有一般性和普遍性的"一"，儒家的经就有了"道"的哲学性质。正是这个董仲舒将儒学定于一尊而导致了其烦琐的经学化形式；也正是这个董仲舒，又把儒学的总原则和总精神视为"一"，从而为儒学的多方面诠释、发挥奠定了基础。

这说明，在汉代经学烦琐、死板的形式中却蕴涵着活的、普遍性的简约内容，即"一"。正是"一"这个简约的内容使得经学能够有一定程度的开放性，能够与其他的文化形式相结合来完成解释和调节复杂的社会有机体的思想任务。这可以从两个方面予以说明：一是从儒学经学内部讲，有些经学家能博采众长，大大扩充了经学的思想内容。例如，东汉的贾逵"所著经传义诂及论难百余万言，又作诗、颂、诔、书、连珠、酒令凡九篇，学者宗之，后世称为通儒"。（《后汉书·贾逵列传》）还有东汉的儒学大师马融，他"注《孝经》《论语》《诗》《易》《三礼》《尚书》《列女传》《老子》《淮南子》《离骚》，所著赋、颂、碑、诔、书、记、表、奏、七言、琴歌、对策、遗令凡二十一篇"，"才高博洽，为世通儒"。（《后汉书·马融列传》）马融的弟子郑玄是东汉末的经学大师，他打通了今文经学与古文经学的界限，在学术风格上转为简洁明快的注解，并表现出一定程度的义理化倾向。这代表了东汉学术风气上的变化。二是从经学的外部来说，两汉时代儒学虽占统治地位，但道家思想并未中断，它作为暗流形成了对汉代经学，特别是谶纬迷信的批判。这方面有桓谭、王充、王符、荀悦、仲长统等人。东汉末年批判思潮的兴起以及道家思想的复兴，为推动经学学术思想的转化起了重要作用。

第二，魏晋玄学是汉魏之际关于社会政治方略的哲学理论。一种新学术思想的出现绝不是空穴来风，它有并一定有其时代的要求。在汉魏之际，一个最紧迫的时代任务就是如何使社会有序化。就历史发展的一般规律言，总是一乱一治，乱不会永远下去，社会总要由乱达到治。如果说乱是社会的无序化表现的话，那么治就是社会的有序化表现。从秦末到汉末，中国历史上已有了三次大的社会治乱，即秦末的陈胜、吴广起义，西汉末新莽政权时的赤眉、绿林起义，东汉末的黄巾等起义。起义标志着社会大乱，社会秩序失衡，但随后而来的就是一种新的社会秩序的建立，使社会达到大治。值得注意的是，农民起义在中国封建社会的社会治乱中有非常重要的作用。农民起义这一武器批判，固然给社会带来了乱，但也正是它给社会带来了治。但东汉末的黄巾起义对社会的影响却与秦末的农民起义、西汉末的农民起义大不一样。在前两次农民起义中，"农民"只是一面旗帜，聚集在这个旗帜下的不只是农民，还有社会的各阶级和阶层的人，特别有封建贵族参与其中，所以前两次农民起义后，都是新的封建贵族篡取了起义的果实，重新建立了有序的封建社会。黄巾起义则不同，它是纯农民性的，当时社会的贵族、官僚阶级和阶层都站在农民的对立面来镇压农民起义以维护封建王朝。所以，黄巾起义后社会并未很快走向有序，而是在国家政权名存实亡、军阀混战中艰难地寻求着有序和统一。用什么样的政治方略使社会有序化，这就是当时时代的紧迫课题。

魏晋玄学孕育、发源于中原曹魏地区，而不是江东孙吴或益州刘蜀地区，这是一个很值得注意的现象。有研究者分析指出，曹魏地处中原，拥有发达的文化优势；更重要的是，曹魏当时的政治实力最强，但政治又最不稳定❶。这种强盛而不稳定的政治形势在客观上促使和要求政治家和理论家努力探讨如何稳定政治的方略和理论，这种政治气候和土壤最适合新思想的孕育和生长。

曹操在讨董卓、战袁绍的过程中发展起了自己的政权。曹魏政权的政治结构主要是以汝颍地区士大夫为首的世族地主集团和以谯沛地区人物为首的新官僚地主集团，建安十三年（208年）秋平荆州后又有一批荆州名士加入。另外，曹操为了加强自己的政权实力，多次下令求贤，不拘一格地网罗人才，如在建安八年、十五年、二十二年就三次下令求贤，广泛争取各地强宗豪右、大姓名士的支持。这样一来，曹魏的政治实力最强，但政治重心却最不稳定。如何驾驭这个政治集团？"曹操以权术相驭"（赵翼：《二十二史札记》卷七），这就造成了"近者魏武好法术而天下贵刑名"（《晋书·傅玄传》）的效果。

以权术驭群臣，这是法家之道，的确易收到政治效果。但玩弄权术终非立国之道。因此，曹操的谋士刘廙以工匠造屋为喻说明为政应当恰当照顾各方面的关系（见《群书治要》卷四十七《备政》）；桓范倡刑德并用（见《群书治要》卷四十七《治本》）；杜恕则干脆主张为政要以儒家思想为指导，认为"今之学者，师商、韩而上法术，竞以儒家为迂阔，不周世用，此最风俗之流弊，创业者之所致慎也"（《三国志·魏书·杜恕传》）。到黄初元年（220年）魏文帝曹丕称帝后，已明确认识到了苛刑的危害，认为"今事多而民少，上下

---

❶ 参见任继愈主编：《中国哲学发展史》（魏晋南北朝），人民出版社1988年版，第59—60页。

相弊以文法，百姓无所措其手足"，因此主张"广议轻刑，以惠百姓"（《三国志·魏书·文帝纪》注引《魏书》）。曹丕自称"朕承唐虞之美"，主张在政治体制上"宜如虞承唐"（《宋书·礼志》），即要"追踪上古"，取法尧舜。曹丕还"常嘉汉文帝之为君"（《三国志·魏书·文帝纪》注引《魏书》），羡慕汉初的黄帝、老子术，史称"魏文慕通达而天下贱守节"（《晋书·傅玄传》）。曹丕这种"追踪上古"、取法清静的政治方略深深影响了曹魏的政治方针。明帝曹叡即位后，倾向于"效法三代"，与文帝曹丕的政治方略稍异。但到魏齐王曹芳即位后，又回到了文帝曹丕的政治轨道上了。

曹魏皇帝的这种慕黄老、追上古的政治态度和政治方略，一方面为当时的思想界营造了一种谈"玄远"的时代气氛，同时也为当时的思想界提出了重要的思想政治任务，这就是如何为此种"追踪上古"的政治方略提供一个哲学上的理论依据，也就是建立一种政治哲学理论。夏侯玄在《本玄论》中提出了"天地以自然运，圣人以自然用"的主张或方针，但显得笼统。到王弼则提出了一个"以无为本"的"守母以存子""举本以统末"的政治哲学理论。王弼在《老子指略》中分析指出："法者尚乎齐同，而刑以检之。名者尚乎定真，而言以正之。儒者尚乎全爱，而誉以进之。墨者尚乎俭啬，而矫以立之。杂者尚乎众美，而总以行之。夫刑以检物，巧伪必生；名以定物，理恕必失；誉以进物，争尚必起；矫以立物，乖违必作；杂以行物，秽乱必兴。斯皆用其子而弃其母。"这是说，儒、墨、名、法、杂诸家的理论只在社会现象的层面上解释社会政治，这不能从根本上解决问题。要从根本上解决问题的话就要抓本质。那么，什么理论才涉及本质呢？王弼说是道家思想，"其大归也，论太始之原以明自然之性，演幽冥之极以定惑罔之迷（谜）。因而不为，损而不施；崇本以息末，守母以存子；贱夫巧术，为在未有；无责于人，必求诸己；此其大要也。"（《老子指略》）这就是玄学"以无为本"原则的政治意义所在。

第三，魏晋玄学是道家思想长期发展的结果。玄学的产生固然有时代机缘，但同时也有思想自身的发展规律。在汉代，儒学被定于一尊，但道家思想的影响和作用并未停止。汉初，窦太后倡黄老术达 45 年之久，"窦太后好黄帝、老子言，帝（景帝）及太子（武帝）诸窦不得不读黄帝老子，尊其术"（《史记·外戚世家》）。景帝时儒、道两家为争夺思想上的统治地位进行了激烈的斗争。到武帝时"黜黄老刑名百家之言"而"独尊儒术"，但道家思想的影响仍存在。司马谈是武帝时代推崇道家思想的代表，他认为其他学说均有不足，只有道家"因阴阳之大顺，采儒墨之善，撮名法之要"（《史记·太史公自序》），是最完美的。刘安集宾客所撰的《淮南子》，"旨近老子，淡泊无为，蹈虚守静"（高诱：《淮南子·叙》）。汉代对《老子》作注疏的有六十余家，学术规模很可观。但汉代注《老》的著作大多亡佚，今存有河上公的《老子道德经河上公章句》严遵（字君平）的《老子指归》等。特别是《老子指归》一书，在汉代道家思想发展中占有重要地位。该书有两点值得注意：一是提出了"有无相包，虚实相含"（《老子指归》卷九）的思想，认为"神明之数，自然之道，无不生无，有不生有，不无不有乃生无有"（《老子指归》卷十一）。这是说只有无形无名的"道"与有形有名的万物"神气相感"，才能使万物生存。书中还提出了"形于无形，事无不理，穷于无穷，极于无有，以能雕琢，复反其母，既复又反，为天下本"（《老子指归》卷九）的命题，这与玄学的命题已相接近。二是表现了《易》《老》相融的思想倾向。严遵在注释《老子》第三十九章"天得一以清"时说："天之性得一之清，而天之所为非清也，无心无意，无为无事，以顺其性；玄玄默默，无容无式，以保其命，是以阴阳自起，变化自正，故能刚健运动以致其高，清明大通，皓白和正，纯粹其茂，不与物糅，确然大易，乾乾光耀，万物资始，云蒸雨施，品物流行，元首性命，玄玄苍苍，无不尽复。"（《老子指归》卷七）这里的"无心无意，无为无事"等是老子的思想；而"确然大易，乾乾光耀"云云是《周易》的思想，严遵试图将此两种思想融合起来。《汉书》卷七十二有王吉等人传，说："扬雄少时从（严遵）游学。"扬雄继承了严遵的思想，作《太玄》，以"玄"为宇宙万物生灭变化的根据（见《太玄·玄摛》）。扬雄的《太玄》作于西汉末，但终不显，东汉张衡"常好《玄经》"，认为《太玄》是"汉家得天下二百岁之书也"，并预言说："汉四百岁玄其兴矣。"（均见《后汉书·张衡列传》）汉四百岁后其时正值东汉的建安时代，张衡的预言竟然应验了。据《隋书·经籍志》著录，东汉末注《太玄》者有：九卷本，宋衷（一作忠）注；十卷本，陆绩、宋衷注；十四卷本，虞翻注；十三卷本，陆凯注；七卷本，王肃注。另据《唐书》著录，有《太玄》十二卷本，晋范望注。又《三国志·蜀书·李谯传》说，李谯有《太玄指归》一书。可见，东汉末对《太玄》的注解大盛。这里要注意两点：其一，对《太玄》的注当时有两种思想倾向，一是以玄数比附天时、历法、阴阳五行之数，用于占筮（参见《太玄》范望注本卷首载陆绩《述玄》一文），这是传统的象数学倾向；二是以"玄"为天地万物的存在根据，这是义理学的新思想倾向。在《太玄》数家注中，宋衷、王肃的注属后者。其二，《三国志·魏书·王肃传》说，王肃18岁时"从宋忠（也作衷）读《太玄》"。宋衷、王肃是师徒传承关系。宋衷乃汉末荆州学的主持者，与在荆州游学的王粲友善，王弼作为王粲的从孙，极有可能了解和接受宋衷的《太玄》学思想。另外，王弼于魏文帝黄初七年（226 年）生于洛阳，其时正是经学革新巨匠王肃（王朗子）学术活动之时，王弼亦当受到王肃思想的影响。所以，汉代的道家思想绵延不绝，最后终于汇归到王弼处，孕育出了一种全新的玄学思想。

第四，魏晋玄学是汉魏时期人物品评制度之发展的结果。这可以说是玄学思想产生的直接诱因。汉代选官实行的是察举和征辟制。察举是地方选官方式，征辟是朝廷选官方式。由皇帝直接选拔人为"征"，由公府州郡选拔人叫"辟"。就征辟选官方式言，这种制度要实施的话必须要有两方面的举措：一是要对人物评品鉴识，这叫"乡评"，这种评议的标准是以德为主；二是由朝廷设立各种称号，以便各地推举合乎相关称号的人才。但这两方面的举措标准都很难把握。如果一个人有意欺世盗名的话，"乡评"就没有什么价值了。再则，如果一群党徒朋比为奸，互相吹捧的话，也会使一些人猎取虚名。汉末的晋文经、黄子艾正是此种欺世盗名之辈（见《后汉书·符融列传》）。所以，汉代的选官制度往往是名实相乖而有名无实。东汉王符在《潜夫论·考绩》中对当时的选举官吏的弊端做了这样的揭露："或以顽鲁应茂才，以桀逆应至孝，以贪饕应廉吏，以狡猾应方正，以谀谄应直言，以轻薄应敦厚，以空虚应有道，以嚚暗应明经，以残酷应宽博，以怯弱应武猛，以愚顽应治剧。名实不相副，求贡不相称。"东晋葛洪在《抱朴子·审举》中也说："时人语曰：举秀才，不知书。察孝行，父别居。寒清素白浊如泥。高第良将怯如鸡。"这表明，汉代的察举选官制完全有改革的必要。

东汉末年，中原战乱，士人流徙，原来由地方官主持的乡举里选的察举制已无法进行。在此时，曹魏创立了一种新的选官制——"九品制度"。关于此种制度的创置，今存两说：一是认为汉献帝延康元年（220年）曹丕即位时陈群所创（见《三国志·魏书·陈群传》；又《通典》卷十四、《太平御览》卷二六五引《傅子》也有此说）；二是认为由曹操创于军中（见《宋书·恩倖传序》，《晋书·李重传》引李重疏）。但不论怎么说，曹魏时代有了新的选官制。这种制度是在各州郡设置中正，由该州名士担任，负责对该州人士进行品评，为政府选拔官吏提供依据。某州的中正不必身在该州，任中正者可以是朝廷大臣。因中正的品评方法是将士人分为上上、上中、上下、中上、中中、中下、下上、下中、下下九等，故也叫"九品中正"制。

"九品中正制"是一种选官制度。那么，选拔官吏的标准是什么呢？在曹魏初期是"唯才是举"，即"或堪为将守，负污辱之名，见笑之行，或不仁不孝而有治国用兵之术，各举所知，勿有所遗"（《三国志·魏书·武帝纪》）。既然"唯才是举"，就有个如何去发现才和如何驾驭才的问题。对此，曹操采取了名法之术，即"近者魏武好法术"（《晋书·傅玄传》）。但后来此种名法之术的弊端愈来愈重，故到曹丕称帝后表现出了"慕通达"（同上）的倾向。与此相适应，在官吏的选拔上开始重视人才理论，出现了刘劭的《人物志》。《人物志》最可注意的地方是人才分类理论，它将人才分为三类：第一类为圣人，这是全才；第二类为兼才，如吕望、伊尹、颜回等人就是；第三类为偏才，如百工众技者流。刘劭在谈这几类的人才时，不是就事论事，而是有了一般的人才概念和理论。这样，《人物志》的人才问题与才性问题、有无问题、一多问题、圣人的情性问题等已有了一定的联系。因此，当曹爽的弟弟曹羲在正始年间说"清议非臧否不显，是非非赏罚不明，故臧否不可以远实，赏罚不可以失中，若乃背清议违是非，虽尧不能一日以治，审臧否详赏罚，故中主可以万世安"（《艺文类聚》卷二十三《至公论》）时，从人才的评论问题已转到了玄学的清谈了。

四、魏晋玄学的评价

人们常用"清谈误国"一语来评价魏晋玄学。对玄学的这种指斥早在两晋当朝就有。例如，三国吴人杨泉就认为："玄学虚无之谈，尚其华藻，此无异于春蛙秋蝉，聒耳而已。"（《太平御览》卷九四九引杨泉《物理论》）《晋书·裴颜传》在谈到裴颜作《崇有论》的目的和动机时说："颜深患时俗放荡，不尊儒术，何晏、阮籍素有高名于世，口谈浮虚，不遵礼法，尸禄耽宠，仕不事事；至王衍之徒，声誉太盛，位高势重，不以物务自婴，遂相放效，风教陵（凌）迟，乃著《崇有》之论，以释其蔽。"裴颜在其《崇有论》中更愤愤不平地指出："玄言借以虚无，谓之玄妙；处官不亲所司，谓之雅远；奉身散其廉操，谓之旷达，故砥砺之风弥以陵迟。放者因斯，或悖吉凶之礼，而忽容止之表，渎弃长幼之序，混漫贵贱之级。其甚者至于裸裎，言笑忘宜，以不惜为弘，士行又亏矣。"

《世说新语·赏誉》第五十四条注引邓粲《晋纪》曰："初，咸和中，贵游子弟能谈嘲者，慕王平子、谢幼舆等为达。壶（即卞壶，字望之）厉色于朝曰：'悖礼伤教，罪莫斯甚。中朝倾覆，实由此！'"卞壶以"中朝倾覆，实由于此"来指责元康时的放达之风，充满了愤慨之情。西晋的王衍在被石勒活埋之前对清谈的消极作用有痛切的认识，《晋书·王衍传》云："衍将死，顾而言曰：'呜呼！吾曹虽不如古人，向若不祖尚浮虚，戮力以匡天下，犹可不至今日。'"

《世说新语·言语》第七十条说："王右军与谢太傅共登冶城。谢悠然远想，有高世之志。王谓谢曰：'夏禹勤王，手足胼胝；文王旰食，日不暇给。今四郊多垒，宜人人自效。而虚谈废务，浮文妨要，恐非当今所宜。'谢答曰：'秦任商鞅，二世而亡，岂清言致患邪？'"王右军（王羲之）和谢太傅（谢安）都是东晋朝的重臣和当时的清谈名流。王羲之尚且认为"虚谈废务，浮文妨要"，可见玄谈清言的时风已影响到政治上的励精图治了。

东晋范宁认为，何晏、王弼倡导的"无"本论是罪甚桀纣。《晋书·范宁传》说，当时有人认为何晏"神怀超绝"、王弼"妙思通微"，范宁却认为："王、何蔑弃典文，不遵礼度，游辞浮说，波荡后生，饰华言以翳实，骋繁文以惑世。……桀纣暴虐，正足以灭身覆国，为后世鉴戒耳，岂能回百姓之视听哉？王、何叨海内之浮誉，资膏粱之傲诞，画魑魅以为巧，扇无检以为俗，郑声之乱乐，利口之覆邦，信矣哉！吾固以为一世之祸轻，历代之罪重，自丧之衅小，迷众之愆大也。"在范宁看来，桀纣尽管暴虐，但只是一世之祸，而何晏、王弼的思想却影响了后世，故其罪甚于桀纣矣。

东晋葛洪在《抱朴子·刺骄》中说："世人闻戴叔鸾、阮嗣宗傲俗自放，见谓大度，而不量其材力非傲生之匹而慕学之，或乱项科头，或裸袒蹲夷，或濯脚于稠众，或溲便于人前，或停客而独食，或行酒而止所亲。……夫古人所谓'通''达'者，谓通于道德达于仁义耳，岂谓通乎亵黩（渎）而达于淫邪哉？"葛洪所刺的是西晋元康时嵇、阮末流的狂放之风。

东晋干宝在《晋纪·总论》中说："风俗淫僻，耻尚失所。学者以庄老为宗而绌六经，谈者以虚薄为辨而贱名检，行身者以放浊为通而斥节信，进仕者以苟得为贵而鄙居正，当官者以望空为高而笑勤恪。"干宝以一个史学家的眼光对玄学的负面作用做了评论。

北齐的颜之推从个人人品及处事方面评价了魏晋清谈者。《颜氏家训·勉学》曰："何晏、王弼祖述玄宗，递相夸尚，景附草靡，皆以农黄之化，在乎己身，周孔之业，弃之度外。而平叔以党曹爽见诛，触死权之网也；辅嗣以多笑人被疾，陷好胜之阱也；山巨源以蓄积取讥，背多藏厚亡之文也；夏侯玄以才望被戮，无支离臃肿之鉴也；荀奉倩丧妻，神伤而卒，非鼓缶之情也；王夷甫悼子，悲不自胜，异东门之达也；嵇叔夜排俗取祸，岂和光同尘之流也？郭子玄以倾动专势，宁后身外己之风也？阮嗣宗沉酒荒迷，乖畏途相诫之譬也；谢幼舆赃贿黜削，违弃其余鱼之旨也。彼诸人者，并其领袖，玄宗所归。其余桎梏尘滓之中，颠仆名利之下者，岂可备言乎？"但颜之推并非对玄学一概否定，他尚认为"其清谈雅论，辞锋理窟，剖玄析微，妙得入神，宾主往复，娱心悦耳"。这是说玄谈在辩名析理、娱人心志方面尚有一定作用。但是，玄学充其量也只能是清言，"济世成俗，终非急务"。

唐代房玄龄等在《晋书·儒林传》的前序中这样评价了魏晋玄学："有晋始自中朝迄于江左，莫不崇饰华竞，祖述虚玄。摈阙里之典经，习正始之余论，指礼法为流俗，目纵诞以清高。遂使宪章弛废，名教颓毁，五胡乘间而竞逐，二京继踵以沦胥，运极道消，可为长叹息者矣。"把五胡入主中原视为魏晋玄学所造成的名教颓废的结果。这种指斥不可谓不严厉。

宋代吕祖谦在《晋论》中说："晋室南迁，士大夫袭中朝之旧，贤者以游谈自逸，愚者以放诞为娱，庶政陵迟，风俗大坏。"可见玄言清谈的消极影响。

明清之际的顾炎武大概有感于明亡的苦痛，对魏晋玄学大发不满之论。他在《日知录·两汉风俗》中说："至正始之际，而一二浮诞之徒，骋其智识，蔑周孔之书，习老庄之教，风俗又为之一变。"在《日知录·正始》中说："名士风流，盛于雒下，乃其弃经典而尚老庄，蔑礼法而崇放达，视其主之颠危若路人然，即此诸贤为之倡也。自此以后，竞相祖述。……以至国亡于上，教沦于下，羌戎互僭，君臣屡易，非林下诸贤之咎而谁咎哉？"

可以看出，从两晋当朝到明清之际，历史上对魏晋玄学的评价有两点值得注意：一是在总的倾向上对玄学持否定态度；二是用于评价玄学的标准是其政治影响。基本上未重视或没有看到魏晋玄学作为一种时代思潮在思想学术史上的贡献和地位。

当然，明清以降随着中国思想的发展和人们学术眼光的扩大，对魏晋玄学的作用和价值逐渐有了新的认识。比如说，明代杨慎就指出："六朝风气，论者以为浮薄，败名检，伤风化，固亦有之。然予核其实，复有不可及者数事。一曰尊严家讳也，二曰矜尚门第也，三曰慎重婚姻也，四曰区别流品也，五曰主持清议也。盖当时士大夫，虽祖尚玄虚，师心放达，而以名节相高，风义自矢者，咸得径行其志。至于冗末之品，凡琐之材，虽有陶猗之赀，不敢妄参乎时彦；虽有董邓之宠，不敢肆志于清流，而朝议之所以不及，乡评巷议犹足倚以轻重，故虽居偏安之区，当陆沉之后，而人心国势犹有与立，未必非此数者补救之功、维持之效也。"❶这种观点倒认为，东晋朝之所以能在江左偏安下来，与魏晋玄学高榜名节之世风不无关系。

清代朱彝尊作《王弼论》，认为："汉儒言《易》，或流入阴阳灾异之说，弼始畅其义理。……惟因范宁一言，诋其'罪深桀纣'，出辞太激，学者过信之。读其书者，先横'高谈理教、祖尚清虚'八字于胸中，谓其以老庄解易。"朱彝尊开始注意到王弼《易》学的价值。

清代钱大昕作《何晏论》，从学术贡献的角度对何晏、王弼有所肯定。他说："典午之世，士大夫以清谈为经济，以放达为盛德，竞事虚浮，不修边幅，在家则纲纪废，在朝则公务废。……然以是咎嵇、阮可，以罪王、何不可。……自古以经训颛门者，列入儒林。若辅嗣之《易》、平叔之《论语》，当时重之，更数千载不废，方之汉儒即或有间，魏晋说经之家未能或之先也。（范）宁既志崇儒雅，固宜尸而视之，顾诬以'罪深桀纣'，吾见其蔑儒，未见其崇儒也。论者又以王、何好老庄，非儒者之学。然二家之书具在，初未尝援儒以入老庄，于儒乎何损？"

清末章太炎有《五朝学》一文，认为："玄学者固不与艺术文行牾，且翼扶之。……夫经莫穷乎礼乐，政莫要乎律令，技莫微乎算术，形莫急乎药石，五朝诸名士皆综之。其言循虚，其艺控实，故可贵也。……五朝有玄学，知与恬交相养，而和理出其性，故骄淫乎上，躁竞弭乎下。……世人见五朝在帝位日浅，国

---

❶ 转引自侯外庐等：《中国思想通史》第三卷，人民出版社 1957 年版，第 35 页。

又削弱，因遗其学术行义弗道。五朝所以不竞，由任世贵，又以言貌举人，不在玄学。""言虚艺实"，可谓把握住了玄学的精神实质。玄学虽以"虚言"立论，但它探讨的是宇宙的本体问题，追思的是言外之"意"，这正是它的学术贡献和生命力之所在。

清末刘师培则从玄学能陶冶人的精神境界的意义上对它的作用予以肯定。他说："两晋六朝之学，不滞于拘墟，宅心高远，崇尚自然，独标远致，学贵自得。……故一时学士大夫，其自视既高，超然有出尘之想，不为浮荣所束，不为尘纲所搅，由放旷而为高尚，由厌世而为乐天。……虽曰无益于治国，然学风之善犹有数端，何则？以高隐为贵，则躁进之风衰；以相忘为高，则猜忌之心泯；以清言相尚，则尘俗之念不生；以游览歌咏相矜，则贪残之风自革，故托身虽鄙，立志则高。被以一言，则魏晋六朝之学不域于卑近者也，魏晋六朝之臣不染于污时者也。"（《左盦外集》卷九）"托身虽鄙，立志则高"，这是看到了魏晋玄谈者放达的行为后面真实的思想动机和追求。

以上是关于魏晋玄学的历史评价。这种评价多在玄学的政治影响方面。有清以来，学者们看到了玄学在学术、思想方面的意义。但是，以往关于魏晋玄学的评价，无论或基于其政治影响，或基于其学术贡献，均忽视了其哲学实质和价值。

首先发掘出魏晋玄学的哲学实质和价值的是前辈学者汤用彤。他于1940年撰《魏晋玄学流别略论》一文，认为玄学"乃本体之学，为本末有无之辨"。"汉代寓天道于物理。魏晋黜天道而究本体……而流连于存存本本之真"，"汉代思想与魏晋清言之别，要在斯矣"。❶这明确将魏晋玄学定义为关于宇宙本体之学。

宗白华于 1940 年撰文《论〈世说新语〉和晋人的美》，从美学角度对魏晋玄学的价值做了发掘。他认为："这时代以前——汉代——在艺术上过于质朴，在思想上定于一尊，统治于儒教；这时代以后——唐代——在艺术上过于成熟，在思想上又入于儒、佛、道三教的支配。只有这几百年间是精神上的大解放，人格上思想上的大自由。人心里面的美与丑、高贵与残忍、圣洁与恶魔，同样发挥到了极致。这也是中国周秦诸子以后第二度的哲学时代。"宗白华把魏晋这一时代比拟为欧洲 16 世纪的"文艺复兴"，认为"西洋'文艺复兴'的艺术（建筑、绘画、雕刻）所表现的美是浓郁的、华贵的、壮硕的；魏晋人则倾向简约玄澹、超然绝俗的哲学的美"。❷他还具体列出了八个方面以发掘魏晋玄学中的美和艺术精神。

在 20 世纪的五六十年代，中国大陆的学术研究受政治影响，对魏晋玄学的评价也明显政治化了。例如，认为"何晏、王弼以无为本的贵无哲学是当时门阀士族地主阶级取得政权后，开始走向堕落的世界观；嵇康、阮籍的哲学是寒门庶族地主阶级在门阀士族的巨大压力下表示的软弱和抗议；向秀、郭象的哲学思想是直接为门阀士族的特权进行辩护的理论武器"。❸总之，"魏晋南北朝时期的门阀士族地主阶级的哲学家就是从各方面给当

---

❶ 汤用彤：《魏晋玄学论稿》，上海古籍出版社 2001 年版，第 43—55 页。

❷ 宗白华：《美学散步》，上海人民出版社 1981 年版，第 208—226 页。

❸ 任继愈主编：《中国哲学史》第二册，人民出版社 1963 年版，第156 页。

时的剥削制度和享乐腐朽的生活方式进行辩护的"。❶

从 20 世纪 70 年代末以后,随着中国政治上的拨乱反正和随后思想上、学术上的拨乱反正,人们对魏晋玄学的意义和价值有了全新的看法。比如,认为玄学的"辩名析理"的方法对"训练和提高人的抽象思维的能力"很有用处,"魏晋玄学是对两汉哲学的一种革命","是中华民族抽象思维的空前发展"。❷认为"玄学家们采取了思辨哲学的形式,提出有无、体用、本末、一多、言意、动静以及自然和名教等范畴,对天人关系问题赋予新的含义,展开了关于本体和现象、运动和静止、认识和对象、天道和人事等方面的新的论证,开辟了一代哲学新风"。❸认为"魏晋玄学,是中国哲学史乃至整个中华文化发展史上的一个颇为重要的阶段。它上承汉代的儒学与道家思想,下开了东晋、南北朝、隋、唐整个一代我国的佛学,直至影响到宋明理学的建立(如:玄学所提出的有无、本末、体用的哲学本体论思想,影响了佛学与宋明理学等等),同时它还对魏晋南北朝整个一代的文学艺术,乃至文人学士们的生活习俗等,都给予了深刻的影响。"❹认为"魏晋玄学家都不太留意于宇宙构成论的问题的讨论,而讨论'本末有无'这个形而上学本体论则是它的特质",而"这样一些问题

---

❶ 任继愈主编:《中国哲学史》第二册,人民出版社 1963 年版,第157 页。

❷ 冯友兰:《中国哲学史新编》第四册,人民出版社 1986 年版,第44 页。

❸ 肖萐父、李锦全主编:《中国哲学史》上卷,人民出版社 1982 年版,第365 页。

❹ 许抗生等:《魏晋玄学史》,陕西师范大学出版社 1989 年版,第 7 页。

的提出和探讨不能不说在哲学史上有着非常重要的意义"。●认为
"魏晋玄学是一种思辨性较强的哲学",它"使中国哲学的概念、
范畴大大地丰富起来。……我们可以看到,在魏晋玄学中概念、
范畴往往是成对的,如有无、体用、本末、一多、言意、性情、名教
自然、独化相因等等,这就对中国传统哲学的范畴体系的形成和
发展起着重要的作用。由于有了一套新的概念或赋予过去已有的
概念以新的含义,而形成了若干在中国哲学史的发展中有很大影
响的新命题,如'体用如一''本末不二''无因于有''崇本举
末''言意之辨''相因之功莫若独化之至'等等"。●认为魏晋玄
学结束了神学经学的时代而开始了理性主义精神,它打破了儒家
一尊的地位,使老、庄等著作的地位可与孔子并列,活跃了学术
思想;它打破了中华传统文化的独霸地位,使外来佛教与中国传
统文化相结合而成为中华文化的一部分。●认为魏晋玄学促进了
人的解放和人的自觉。●认为"魏晋人无不充满热烈的个人的浪
漫主义的精神",他们"从过去那种伦理道德和传统思想里解放
出来,无论对于宇宙、政治、人生或是艺术,都持有大胆的独立
的见解"。●认为魏晋玄学"创造了一种自由开放、会通融合的良
好学风"。●认为魏晋玄学"为我们民族创造了一种独立的、自由

● 汤一介:《郭象与魏晋玄学》,湖北人民出版社 1983 年版,第 31 页。

● 汤一介:《郭象与魏晋玄学》,湖北人民出版社 1983 年版,第 32 页。

● 任继愈主编:《中国哲学发展史》(魏晋南北朝),人民出版社 1988
年版,第 17—18 页。

● 李泽厚:《美的历程》第五章,中国社会科学出版社 1984 年版。

● 刘大杰:《魏晋思想论》,上海古籍出版社 1998 年版,第 1 页。

● 余敦康:《玄学的学风》,《孔子研究》1994 年第 3 期。

的、敢于争辩、善于争辩的空气,创造了一种袒露性情、洒脱自如以及既渊综广博,又精通简要的魏晋风度"。❶如此等等。与以往相比,20 世纪 70 年代以来学界关于魏晋玄学的评价其特点有三:一是对玄学的价值做了充分的正面肯定;二是撇开了政治的纠缠,就玄学思想的学术性、思想性、哲学性予以评论;三是评价角度和方法的多样化,从哲学、美学、文学、史学等方面来发掘玄学的时代的和历史的意义。

五、魏晋玄学的分期

《世说新语·文学》有"袁伯彦(宏)作《名士传》成"条,下有刘孝标注说:

> 宏以夏侯太初(玄)、何平叔(晏)、王辅嗣(弼)为正始名士。阮嗣宗(籍)、嵇叔夜(康)、山巨源(涛)、向子期(秀)、刘伯伦(伶)、阮仲容(咸)、王濬冲(戎)为竹林名士。裴叔则(楷)、乐彦辅(广)、王夷甫(衍)、庾子嵩(敳)、王安期(承)、阮千里(瞻)、卫叔宝(玠)、谢幼舆(鲲)为中朝名士。

袁宏是东晋人,他的《名士传》是对东晋以前的玄学思想发展的一个分期,即正始玄学、竹林玄学、中朝玄学三个阶段或时期。如果再加上袁宏自己所处的东晋时期,可以说魏晋玄学的发展有四个时期:正始时期、竹林时期、中朝时期、东晋时期。

袁宏是对魏晋玄学做分期的第一人,他的分期就大端言是符合历史事实的。但他的分类还相当表面化。特别是用"中朝"一

---

❶ 辛冠洁:《说谈玄》,《孔子研究》1994 年第 3 期。

语来分期西晋时代的玄学,更成问题。"中朝"指西晋的中后期。西晋从武帝司马炎泰始元年(265 年)至愍帝司马邺建兴四年(316 年),共 51 年,其中晋武帝在位 25 年。西晋的中后期主要是晋惠帝司马衷的元康时期(291—299 年)和晋怀帝司马炽的永嘉时期(307—313 年)。在此阶段,玄学名流不仅有贵游子弟阮瞻、王澄、谢鲲、胡毋辅之之徒,他们"去巾帻(帻),脱衣服,露丑恶,同兽禽"(《世说新语·德行》之"王平子,胡毋彦国诸人"条注引王隐《晋书》);更有乐广、裴頠、郭象等人对名教的护维,特别是裴頠的崇"有"论和郭象的"独化"论是深刻的哲学理论,在玄学发展史上占有十分重要的地位。但袁宏在此分期中只列出了阮瞻、谢鲲等林下玄学的末流,而根本没有看到裴頠、郭象的玄学思想,这说明他的分期是相当表面化的。

在 1919 年的"五四"运动以前,中国没有专门的思想史、哲学史。关于魏晋玄学,人们只是在史学的范围中谈论它、认识它,所以未能注意到魏晋玄学自身的思想分期问题。20 世纪 40 年代,前辈学者汤用彤对魏晋玄学做了开拓性的研究。他撰有《魏晋思想的发展》一文,对玄学的发展作了这样的分期:

关于魏晋思想的发展,粗略分为四期:(一)正始时期,在理论上多以《周易》《老子》为根据,用何晏、王弼作代表。(二)元康时期,在思想上多受《庄子》学的影响,"激烈派"的思想流行。(三)永嘉时期,至少一部分人士上承正始时期"温和派"的态度,而有"新庄学",以向秀、郭象为代表。(四)东晋时期,亦可称"佛学时期"。我们回溯魏晋思潮的源头,当然要从汉末三国时荆州一派《易》学与曹魏

“刑名家”言的综合说起。❶

汤用彤指出了魏晋玄学的起源与汉末荆州《易》学以及曹魏名法之学的关系，特别以对待“名教”的态度为依据来划分西晋时期的玄学流派及思想分期，有重要的学术意义。但细细考察，汤用彤先生的玄学分期法尚有不足处：其一，未将竹林玄学列为一个时期。“竹林”不是一个历史标志，而是一个思想派别或一种思想倾向的名称。竹林玄学中的一些人，如嵇康、阮籍的生活时期大体与何晏、王弼等正始名士的生活时期同时，但作为一个学派，竹林玄学的思想与正始玄学的思想倾向却大不一样，而且竹林玄学的思想活动基本上是接着正始玄学出现的，所以无论如何它应该在魏晋玄学发展史上占一个位置。其二，所谓元康时期的“激烈派”是指阮瞻、谢鲲之流的竹林玄学末流的放达派，这个派别虽然所造成的社会影响不小，但思想上却没有什么创新，所以从思想史这个角度来说它并不能代表元康玄学。其三，把向秀、郭象划归为永嘉时期与史实不合。史载，向秀约生于魏明帝太和元年（227年），卒于晋武帝咸宁三年（277年，一说卒于咸宁六年）。郭象生于魏齐王曹芳嘉平四年（252年），卒于晋怀帝永嘉六年（312年）。这样，在永嘉时期（307—313年），向秀早已去世，郭象也仅活了6年，这表明向、郭的学术活动并不在永嘉时期。而单就郭象的学术活动言，只能在元康时期。其四，未将裴頠列入，是个明显不足。裴頠生于西晋武帝泰始三年（267年），卒于晋惠帝永康元年（300年）的“八王之乱”中，是西晋惠帝朝的重臣和学界的清谈名流，理应作为元康玄学的代表之一。其

---

❶ 汤用彤：《魏晋玄学论稿》，上海古籍出版社2001年版，第120页。

五，汤用彤先生以对待"名教"的态度（分为"温和派"和"激烈派"）来作为玄学思想发展分期的依据，这与他关于魏晋玄学是有无、本末之辨的宇宙本体论之学的思想并不一致。

汤用彤之后，关于魏晋玄学分期问题的研究有所进展。正始时期为玄学发展之初始阶段，这没有问题。把东晋时期作为玄学发展的终结阶段，亦不成问题，至于称此阶段为"后玄学"或"玄学的尾声"，那是另外的问题。问题的核心是如何对竹林七贤及裴頠、郭象等人的玄学做划归。有人将竹林七贤单独列为一个时期，把裴頠、郭象列为一个时期；有人则把竹林七贤中的嵇康、阮籍与裴頠列为一个时期；把郭象单独列为一个时期，等等。之所以要做不同的划分，关键是对魏晋玄学的主题的看法。总结一下学界对魏晋玄学的分期，主要是三分法和四分法的问题。

冯友兰先生指出："玄学中是有派别的，玄学家们对于有无的了解有所不同，因此就分为三派，都是围绕着有无问题立论的。一派是王弼、何晏的'贵无论'，一派是裴頠的'崇有论'，一派是郭象的'无无论'。"而"'正始'和'竹林'应该是一个阶段，即贵无论阶段。'竹林名士'的主要代表人物阮籍和嵇康主张'越名教而任自然'，实际上是对正始玄风的一种补充。正始玄风的代表人物何晏、王弼是在自然观方面讲贵无；阮籍、嵇康是在社会思想方面讲贵无。这种贵无表现在对于名教的批判，所以他们是互相补充的"。冯友兰先生的划分标准是如何看待"有""无"问题。他实际上将整个魏晋玄学分为两个时期三个阶段，即正始时期为第一阶段，中朝时期包括两个阶段，一个是裴頠的"崇有论"阶段，另一个是郭象的"独化论"（即"无无论"）阶段。冯友兰先生总结说："魏晋玄学的发展，主要有三个阶段：第一阶段是贵无论,第二阶段是裴頠的崇有论,第三阶段是郭象的无无论。就玄学说,贵无论是肯定,裴頠的崇有论是否定,郭象的无无论是否定之否定。郭象的《庄子注》是魏晋玄学发展的高峰。郭象以后,出现了《列子》和张湛的《列子注》。《列子》是一部拼凑的书,《列子注》也没有提出什么新的论点,这不能算是玄学发展的一个阶段,只能算是一个尾声。"❶

　　肖萐父和李锦全先生认为,以何晏、王弼为代表的"正始玄学"是魏晋玄学发展的第一阶段,此阶段的主要任务是以"自然"来统御"名教",论证"名教本于自然";以嵇康、阮籍为代表的"名教不合自然"论和以裴頠为代表的"崇有"论是玄学发展的第二阶段,此时嵇、阮的思想是玄学贵无论的畸形发展,乐广的"名教中自有乐地"的思想和裴頠的"崇有"思想是纠偏之论,这"预示着玄学世界观的发展,理应把'贵无'和'崇有'、自然和名教在理论上更好地统一起来";"郭象以他的《庄子注》完成了这一任务,论证了名教和自然在理论上的一致性。……这是魏晋玄学发展的第三阶段。"肖萐父先生等人以如何对待"名教"与"自然"的关系为标准来划分玄学的分期,认为"'儒道兼综'是玄学的基本特征,其中心议题是通过'有无''本末''体用''动静''一多'等关系的思辨推理,来论证自然和名教的统一。""至于东晋以后的玄学,一方面与佛教合流,逐步变为佛教哲学的附庸;一方面本身向神秘化的方向发展,变为神仙道教;反

　　❶ 冯友兰:《中国哲学史新编》第四册,人民出版社 1986 年版,第40—42 页。

映了东晋以后门阀士族势力的进一步腐化与日趋没落。"❶言下之意，东晋玄学不足列为一个发展阶段。

方立天先生也持三阶段说。他说："陈寅恪先生十分强调玄学家与政治的内在联系，指出，玄学一旦脱离政治，它的生命也就结束了。这是十分深刻的。据此，魏晋玄学仍可分为三期:(一)何晏、王弼，宣传'名教'本于'自然'，主张贵无论;(二)嵇康、阮籍，重自然，主张'越名教而任自然';(三)裴頠、郭象，重名教，主张崇有。王弼是魏晋玄学的重要奠基者，郭象是魏晋玄学的顶峰。其后的张湛，虽也讲贵无，但与王弼不同，且讲生死，离开政治，是玄学家向宗教家的过渡人物。至于佛教学者僧肇，在理论上取消有无、本末的对立，宣扬出世主义，与政治失去联系，客观上宣布了玄学的终结。"❷

许抗生先生等认为:魏晋玄学的发展是以"正始之音"为一派，此派以老学为主，提出了以无为本、以有为末的宇宙本体论，此乃玄学贵无派;以嵇康、阮籍为代表的竹林玄学为一派，他们崇尚老庄，宣扬道家的自然主义，抨击虚伪的儒家名教。此派的放达之风到西晋元康年间发展为裸袒蹲夷的狂放，遂有裴頠、郭象"揭起了玄学崇有论的旗帜，起来批评何晏、王弼的玄学贵无论思想和当时所谓的放达之风。裴頠从维护儒家礼教的立场，著《崇有论》一文，批评了玄学贵无论和玄学放达派思想。郭象则从调和儒道的立场出发，提出了名教即自然的主张，在哲学

❶ 肖萐父、李锦全主编:《中国哲学史》上卷，人民出版社 1982 年版，第368—371 页。

❷ 方立天:《玄学的范围、主题和分期》，《文史哲》1985 年第 4 期。

上也批评了何晏、王弼的贵无论,而坚持了自己的崇有论思想,从而把玄学哲学理论发展到了顶峰","东晋张湛的《列子》注的玄学思想,只不过是企图把何、王玄学,林下老庄学和郭象玄学三者思想加以综合杂糅而已,并没有更多的新的创见。"❶

高晨阳先生认为:"从总体上看,魏晋玄学的理论宗旨是通过本末有无之辨以确定自然与名教的关系。尽管玄学家所依据的经典有别和理论视角不完全相同,但无不关注和致力解决这一时代性的课题。"以此为划分标准,他认为"可以把魏晋玄学分为两系,其发展过程划为三个阶段。第一时期为正始玄学,以何晏、王弼为代表,此为老学系,属于'贵无论'玄学。第二时期为竹林玄学,以阮籍、嵇康和向秀为代表,此为庄学系。……第三时期为元康玄学,以郭象为代表,属庄学系,'独化论'玄学的成熟形态。正始玄学开创了魏晋哲学一代玄风,其中王弼哲学是玄学发展史上的一个高峰。竹林玄学作为从正始玄学至元康玄学的过渡,为元康玄学的形成作了理论的铺垫。以郭象为代表的元康玄学是与正始玄学相对待的另一个理论高峰,它的产生标志着玄学的终结"。❷

钱穆先生认为,玄学"言其派别,大率可分三宗。一曰王何,二曰阮嵇,三曰向郭"。❸他指出:"辅嗣注易,平叔解论语,皆显

---

❶ 许抗生等:《魏晋玄学史》,陕西师范大学出版社 1989 年版,第5—7 页。

❷ 高晨阳:《论魏晋玄学派系之别与阶段之分》,《山东大学学报》1999年第 4 期。

❸ 钱穆:《庄老通辨》,台北东大图书股份有限公司 1991 年版,第345 页。

遵儒辙。阮嵇则菲薄经籍，直谈庄老，此一异也。王何喜援老子，少及庄周。阮嵇则庄老并称，而庄周尤所尊尚，此二异也。"[1] "昔王弼何晏，以老子书上通儒术，今王衍之徒，乃以儒术下同老庄，推波助澜，凡以奖借而助成之者，则向郭也。"[2]钱穆先生的划分标准实际上是如何对待"名教"的态度。

以上是玄学三分法。三分法诸家的划分标准不同，对竹林玄学和中朝玄学各代表人物的看法也不同；再则，他们都不将东晋玄学列入。

与三分法不同的是，四分法明确将东晋玄学视为魏晋玄学发展中的最后阶段。前引汤用彤先生的分期就是四分法。汤一介先生也明确认为："袁宏这里［按：即东晋袁宏在《名士传》中的分期］把魏晋以来学术思想的发展分为正始、竹林和中朝（指西晋以来，主要是指元康时期）三个时期，大体上说是看到了当时思想发展的变迁，如果再加上袁宏自己所处的东晋，我们说玄学发展大体上有以下四个时期：以王弼、何晏为代表的正始时期；以嵇康、阮籍、向秀为代表的竹林时期；以裴頠、郭象为代表的元康时期；以道安、张湛为代表的东晋时期。"[3]汤一介先生分析指出，正始阶段王弼哲学体系中的矛盾使玄学在竹林时期向两个方向发展：一是嵇、阮的"越名教而任自然"的思想，另一是向秀

---

[1] 钱穆：《庄老通辨》，台北东大图书股份有限公司 1991 年版，第 353 页。

[2] 钱穆：《庄老通辨》，台北东大图书股份有限公司 1991 年版，第 363 页。

[3] 汤一介：《郭象与魏晋玄学》，湖北人民出版社 1983 年版，第 38—39 页。

的"儒道为一"思想。而到了西晋中期即元康时期，社会现实要求进一步解决"名教"与"自然"的矛盾，所以就接着向秀的思想发展为两支：一为裴頠，一为郭象。"到东晋，玄学虽不能说有什么大的发展，然而一方面有像张湛这样比较重要的玄学家出现；另一方面则表现为佛教和道教接着玄学而又有较大的发展。"❶汤一介先生对魏晋玄学的分期既注意到了玄学思想之变迁的史实，又注意到了这一变迁中的思想自身的逻辑演进，故其说有一定的代表性。

1994 年 5 月，在太湖之滨召开了全国第二次魏晋玄学研讨会。玄学的分期问题是大会讨论的议题之一。大会认为："玄学的阶段应划分为：1. 玄学的前史；2. 何、王的贵无派；3. 阮、嵇的自然派；4.《列子》的贵虚派；5. 裴頠的崇有派；6. 郭象的独化派；7. 南北朝时的玄学。"❷这个分期比较泛，也没有充分考虑思想史自身的发展逻辑。

总之，关于魏晋玄学思想发展的分期问题，目前学界并没有完全一致的意见。由于对玄学主题的看法不同，采用的分期标准不同，自然就有不同的分期结果。但总的说来，治哲学史的人偏重于魏晋玄学演进的思想逻辑，故多重视魏和西晋时期的玄学思想，不大重视东晋时期的玄学。而治思想史的人则偏重于魏晋玄学发展的历史，这自然会将东晋时期作为玄学思想发展的一个阶段。

现在，我们以史为纬，以思想为经，对魏晋玄学的思想发展

---

❶ 汤一介：《郭象与魏晋玄学》，湖北人民出版社 1983 年版，第 78 页。

❷ 启迪：《"两岸谈玄"综述》，《孔子研究》1994 年第 3 期。

做以下分期：正始玄学、竹林玄学、西晋玄学、东晋玄学。这里要说明的是：西晋玄学和东晋玄学作为玄学发展的两个阶段是很清楚的。但正始玄学和竹林玄学就历史时期而言均在魏晋之际，二者的区分时限并不十分分明，不过正始玄学偏于魏晋之际的魏代，而竹林玄学则偏于魏晋之际的晋代，所以正始玄学和竹林玄学仍可以依历史发展时期做划分。

第二章　正始玄学

一、正始名士

（一）正始之音

"正始"乃三国魏废帝齐王曹芳的年号❶，时为 240—249
年，整十年。"正始"是中国思想史上一个很响亮的名称，因为
此期间产生了一种"玄学"思想，它对整个魏晋时代以及尔后中
国思想学术的发展有深远影响，史称"正始玄音"或"正始之音"。

"正始之音"这个名称早在东晋时就有。《世说新语·文
学》载：

> 殷中军（浩）为庾公（亮）长史，下都，王丞相（导）为
> 之集，桓公（温）、王长史（濛）、王蓝田（述）、谢镇西（尚）并
> 在。丞相自起解帐，带麈尾，语殷曰："身今日当与君共谈析
> 理。"既共清言，遂达三更。丞相与殷共相往反，其余诸贤略

---

❶ 据《三国志·魏书·三少帝纪》，曹芳乃魏明帝之子，于明帝青龙
三年（235 年）立为齐王，于明帝景初三年（239 年）正月即帝位，次年改
元正始，至正始十年四月改元嘉平，于嘉平六年（254 年）九月被废，仍为
齐王。

无所关。既彼我相尽，丞相乃叹曰："向来语乃竟未知理源所归，至于辞喻不相负，正始之音，正当尔耳。"明旦，桓宣武语人曰："昨夜听殷、王清言甚佳。仁祖亦不寂寞，我亦时复造心。顾看两王掾，輒翣如生母狗馨。"

王导是东晋的开国丞相，他所谓的"正始之音"是对曹魏正始年间兴起的玄谈之风的追思和倾慕。刘勰在《文心雕龙·论说》中指出：

> 魏之初霸，术兼名法，傅嘏王粲，校练名理。迄至正始，务欲守文，何晏之徒，始盛玄论，于是聃、周当路，与尼父争途矣。

刘勰的叙述说明了两方面的问题：一是关于曹魏政治方略的改变，即由曹操的"名法"政治转到废帝齐王芳时的"守文"政治；二是随着曹魏的政治政策的变动，在正始年间兴起了"玄论"，从而老聃、庄周的思想已在思想界"当路"了，形成了与孔子的儒家思想"争途"的格局。这里说的就是正始之音的兴起情况。

清初的顾炎武在《日知录·正始》中对"正始之音"的历史做了如下评论：

> 一时名士风流，盛于雒下。乃其弃经典而尚老庄，蔑礼法而崇放达，视其主之颠危，若路人然，即此诸贤之倡也。自此以后，竞相祖述。如《晋书》言：王敦见卫玠，谓长史谢鲲曰："不意永嘉之末，复闻正始之音！"沙门支遁，以清谈著名于时，莫不崇敬，以为造微之功，足参诸正始。《宋书》言：羊玄保二子，太祖赐名，曰咸曰粲，谓玄保曰："欲令卿二子有林下正始余风。"王微与何偃书曰："卿少陶玄风，淹雅修畅，自是正始中人。"《南齐书》言：袁粲言于帝曰："臣观张绪有正始遗风。"《南史》言：何尚之谓王球："正始之风

尚在。"

顾炎武对魏晋玄学持否定的态度，是因为他认为它弃经典蔑礼法，尚老庄而崇放达，影响和破坏了儒家的纲常礼教。但顾炎武在此却道出了正始玄学的影响力，后世对正始玄风多有仰慕之情。

那么，现在如何来看这个"正始之音"呢？对此，拟谈以下三点。

第一，关于正始玄学的产生。这个问题我们在前面谈魏晋玄学的产生时已涉及，但那是从大背景上讲的。现在有必要就正始玄学的产生予以简要阐述。关于"正始玄音"的出现，值得注意的主客观条件是：

一是曹魏的"追踪上古"、思慕通达的政治方略为"正始之音"的出现提供了政治气候。前已指出，玄学思想不在东吴或西蜀萌发而要在曹魏统治的中原地区萌生，这与曹魏时期的政治气候不无关系。概括言，曹操为了在乱世称雄，不得不采取"挈申商之法术，该韩白之奇策"（《三国志·魏书·武帝纪》），但这终非长久之策。曹丕于黄初元年（220 年）受汉禅称帝后，很快就推行了一套"追踪上古"的政治方针，而且他本人就"常嘉汉文帝之为君"（《三国志·魏书·文帝纪》注引《魏书》），即史称"魏文慕通达"（《晋书·傅玄传》）。明帝曹叡于太和元年（227 年）即位后，总的政治方略仍是推行儒术，他认为"尊儒贵学，王教之本也"（《三国志·魏书·明帝纪》引太和二年诏）。但他的具体政策与曹丕有别。曹丕推行的是追踪尧舜上古，而他却效法汤武三代。因此，曹叡一方面崇扬儒学，另一方面却打击重清谈的"浮华"。他在太和四年的诏书中说："兵乱以来，经学废绝，后生进取，不由典谟。岂训导未洽，将进用者不以德显乎？其郎吏学通一经，才任牧民，博士课试，擢其高第者，亟用；其浮华不务道本者，皆罢退之。"(《三国志·魏书·明帝纪》)罢退的结果如何呢？《三国志·魏书·诸葛诞传》注引《世说新语》曰："是时，当世俊士散骑常侍夏侯玄、尚书诸葛诞、邓飏之徒共相题表，以玄（畴）四人为四聪，诞（备）八人为八达，中书监刘放子熙，孙资子密，吏部尚书卫臻子列三人，咸不及比，以父居势位，容之为三豫，凡十五人。帝以构长浮华，皆免官废锢。"这使得清谈思潮暂被抑制。但到了齐王曹芳于景初三年（239 年）即位后，又回到了曹丕的"追踪上古"的政治轨道上了。相应地，追慕通达的思想风气又开始兴起。这种风气在齐王曹芳正始年间终于形成了气候。

二是汉末以来的清议风尚为正始之音的出现提供了思想营养。东汉末年，桓、灵帝昏庸无能，政治腐败，国家政权落入宦官、外戚之手。此时，耿直派官僚掀起了评论朝政、褒贬公卿的时风，史称"匹夫抗愤，处士横议，遂乃激扬名声，互相题拂，品核公卿，裁量执政，婞直之风，于斯行矣"(《后汉书·党锢列传序》)。在批评朝政的汉末名士中，郭泰是个值得重视的人物。他是清流领袖，但他能免于党锢之祸，是因为他不直抨朝政，而是以人的道德情操为主来臧否人物，这开了清议的先河。到曹魏时，实行了"九品中正"制的选官制度。曹丕即位后，将汉末"月旦评"(见《后汉书·许劭列传》)的私人品评风尚改为"九品中正"制的官方品评，从而使品评活动从具体的人物批评转向对选举标准的探讨。这方面的积极成果就是刘劭的《人物志》。刘劭认为，人的才性是自然存在的，取决于他秉受了五行中的何种物质。《人物志·体别》将人的才性分为强毅、柔顺、雄悍、惧慎、凌楷、辨博、弘普、狷介、休动、沉静、朴露、韬谲十二种，刘劭认为这都是偏才之性。最好的才性是"中和"之性，他说："中和之质，必平淡无味，故能调成五材，变化应节醸。"（《人物志·九征》）这种中和之才是一种"纯粹之德"，也叫"中庸之德"："夫中庸之德，其质无名，故咸而不碱，淡而不醸，质而不缦，文而不缋，能威能怀，能辩能讷，变化无方，以达为节。"（《人物志·体别》）有这种"中庸之德"的人是全才，是圣人。值得注意的是，刘劭在讲人才标准时所提出的这个"中和之质"已接触到了"有""无"问题。因为"中和之质"必平淡无味，以此才能去调成众味，若有一味的话就不可调众味了。显然，这已涉及了玄学的"无名"问题。王弼在《论语释疑》中说："至和之调，五味不行，大成之乐，五声不分，中和备质，五材无名也。"这个观点与刘劭的说法何其相似！

三是汉魏之际出现了一批富有创造精神的年少思想家，这是"正始之音"出现的人才基础。关于这一点，侯外庐先生等人有一中肯的分析，我们不妨引述一下："然而学术的形成并不是自流自变的，也要看执行学术任务的人物，有没有受了社会风尚和政治意图的影响。如果汉魏之际学术仍然被那些以家法师法号召的宿儒所支配，则搢绅端委实在脱化不出异说来。名流名胜之所以能走向学术，在我们看来，有一点确为不可忽视的变化，即汉末魏晋以来的人物，大体上都是被当时反对者指斥的所谓'高门子弟'，'浮华少年'，'当今年少'，'荒教废业'而'轻毁礼法'的后起之秀。其所以有这样的变化，曹魏政权的奖励那种权变起家的人物以及九品中正制的高下任意品题的风尚，是有作用的。而党派朋比的清议正是这种人物起家的先奏。"侯外庐等还具体分析了汉魏之际的有创造性人物的年龄及才性特征，比如说：何晏

"少以才秀知名，七岁明惠若神"，"以神自况"；夏侯玄"少知名，弱冠即官"，"尚玄远"；傅嘏"弱冠知名"，"有清理识要"；管辂"号神童"，"好天文地理"；王弼"幼察而惠，十岁通辩能言"；钟会"少敏慧夙成，五岁即知名"，"博学好辩"；嵇康"少有隽才"，"旷迈不群"；阮籍"少能论道"，"旷远不羁"；向秀"少为人所知"，"有拔俗之韵"；等等。这些人"大都是少年显名的，甚至很多是被称为'神童'的。他们少不更事的幻想，的确可以跳出了皓首穷经的圈子，别寻玄远的抽象概念世界"。❶这些人大多为建安名士的后代，他们的显赫家世，早慧年龄，超迈气质，旷达性情，玄思爱好，渊博学识，都成为"正始之音"产生的人才基础。

所以，正是在社会政治、思想、人物的多因素共同作用的基础上，终于在曹魏的正始时代奏出了不同凡响的时代之音——"正始玄音"。

第二，关于"正始"的时限。"正始"作为魏废帝齐王曹芳的年号，其时限为240—249年。但作为"正始之音"中的"正始"，其时限远不止240—249年间。魏明帝太和六年（232年），曹植卒。曹植是建安士风的最后一位重要代表，他的死标志着建安时代的结束，建安风骨成为绝响，而接着建安风骨名标于思想史的就是正始玄学。这是一个方面的历史依据。另一方面的历史依据是：魏明帝太和四年（230年）下诏对"浮华不务道本者，皆罢退之"（《三国志·魏书·明帝纪》）；太和六年司徒董昭上书陈述浮华之弊，明帝曹叡览后"于是发切诏，斥免诸葛诞、邓飏等"（《三

---

❶ 侯外庐等：《中国思想通史》第三卷，人民出版社1957年版，第63—65页。

国志·魏书·董昭传》)。从这里可以看出两点：一是所谓"浮华"的玄谈风气在太和年间已经出现，且已有一定的势头和社会影响，否则的话魏明帝不会对其做明确抑制；二是大约在太和末年（太和年为227—233年）时对当时的"浮华"风做了一次限制和处理，但这并没有将"浮华"玄风完全根除（事实上，曹魏的政治方略也不允许完全根除浮华玄风），只是为此种玄风的进一步发展做了暂时的铺垫和准备。依据以上两点史实，"正始之音"的上限可定在魏明帝青龙元年（233年）。

那么，关于"正始之音"的下限呢？这个问题比确定上限更为复杂，因为这里的关键是如何看待竹林玄学。因为"竹林"不是一个历史年代的标志，而是关于一种学派学风的代称。就竹林玄学的活动时间言，它大致在正始年间或稍后，所以在广义上讲的话，整个竹林玄学都应算在"正始之音"中。如果这样的话，"正始之音"的下限当在魏元帝曹奂景元末（景元为260—264年），因为景元三年嵇康被杀，景元四年阮籍卒，嵇、阮之死标志着林下玄风已成过去。因此，广义的"正始之音"的时限是从青龙元年（233年）到景元五年（或咸熙元年，264年），共31年时间。

究竟如何看待竹林玄学？这个问题我们下面再谈。如果将竹林玄学作为一个具有独特玄风特点的独立学派看的话，那么"正始之音"的下限就有了狭义之别。史载，夏侯玄卒于魏废帝齐王芳嘉平六年（254年），何晏被杀于齐王芳正始十年（249年），同年秋王弼病逝，管辂死于魏废帝高贵乡公曹髦正元三年（256年）。这些人都是正始年间的玄学主将，特别是何晏、王弼，尤其是王弼，更是正始时代玄学的中坚人物，他们的死自然标志着那股强劲的正始玄风已成青蘋之末了。所以，从狭义上讲，"正始之音"的下限当在正始末或嘉平初，学界一般习惯于以正始十年（249年）为限。这样，狭义的"正始之音"的时间当为青龙元年到正始十年，计15年时间。我们这里讲的"正始之音"，就是其狭义。

第三，关于"正始"人物。对"正始"时限的不同确定，当然所涉及的"正始"人物也不一样。在广义的"正始"时限下，"正始"人物应包括竹林七贤在内，至少也应包括嵇康、阮籍在内。但我们在此讲的是狭义的"正始之音"，因此其"正始"人物也就有了限制。这里的限制标准有三：其一，主要是"正始"前和"正始"期间的清谈人士；其二，主要是以何晏、王弼为中坚力量的洛阳谈玄圈中的人物。《三国志·魏书·管辂传》注引《辂别传》引裴徽答管辂云："吾数与平叔共说老、庄及《易》，常觉其辞妙于理，不能折之。又时人吸习，皆归服焉，益令不了。"《辂别传》又云："辂辞裴使君，使君言：'何、邓二尚书有经国才略，于物理无不精也。何尚书神明精微，言皆巧妙，巧妙之志，殆破秋毫，君当慎之！自言不解《易》九事，必当以相问。比至洛，宜善精其理也。'"《世说新语·文学》注引《文章叙录》云："晏能清言，而当时权势，天下谈士多宗尚之。"当时洛阳是一个谈玄的中心，谈玄活动的组织者有身居高位的曹爽、曹羲兄弟，如《北堂书钞》卷九八引《何晏别传》云："曹爽常大集名德，长幼莫不预会，及欲论道，曹羲乃叹曰：'妙哉平叔之论道，尽其理矣！'既而清谈雅论，辨难纷纭，不觉诸生在坐。"除曹氏兄弟外，另一个谈玄组织者和核心人物就是何晏。《世说新语·文学》言："何晏为吏部尚书，有位望。时谈客盈坐，王弼未弱冠，往见之。"这说明以何晏为中心聚集了一大批清谈玄言者。《世说新语·赏誉》注引王隐《晋书》言："卫瓘有名理，及与何晏、邓飏等数共谈讲。"正始年间卫瓘作为一名刚弱冠的青年得以参与何、邓的谈玄，此事给他留下了难忘的印象，以至他后来成为尚书令时还对乐广回忆起这件事。《世说新语·赏誉》注引孙盛《晋阳秋》记有卫瓘对乐广的一段话："昔何平叔诸人没，常谓清言尽矣，今复闻之于君。"其三，所谈的内容主要是"有""无"等天人之际的问题。《世说新语·文学》云："何晏注《老子》未毕，见王弼自说注《老子》旨，何意多所短，不复得作声，但应之，遂不复注，因作《道德论》。"又说："何平叔注《老子》始成，诣王辅嗣，见王注精奇，乃神伏曰：'若斯人可与论天人之际矣！'因以所注为《道德二论》。"这两条材料的意思大体相同，从这里我们起码可以看出两点：其一，何晏、王弼等人当时都着眼于《老》，尚未重视《庄》；其二，他们从《老子》中所发掘出的主要是关于"有""无"这样的天人之际的本体论问题，这诚如《晋书·王衍传》云："魏正始中，何晏、王弼等祖述老、庄，立论以为天地万物皆以'无'为本，'无'也者，开物成务，无往不存者也。"这与竹林玄学大谈《庄子》，以对生命意义的体悟的旨趣明显有别。

有了以上关于"正始"人物的限制标准，我们也就易于确定"正始"人物的遴选了。"正始"玄谈中的人物大致有这样几位：何晏、王弼、夏侯玄、裴徽、傅嘏、钟会、荀粲、管辂，这就是通常所谓的正始名士。

（二）正始名士

何晏、王弼是正始名士中的佼佼者，其思想是正始玄学的基本内容。因此，关于何、王的思想我们下面辟专节论述。这里主要对其他几位正始名士的思想予以概述。

夏侯玄　《世说新语·文学》注引东晋袁宏《名士传》说："夏侯太初（玄）、何平叔（晏）、王辅嗣（弼）为正始名士。"这里以夏侯玄为正始名士之首。当时的浮华派曾有"四聪""八达""三预"之名，夏侯玄乃"四聪"之一，足见其风采高俊。何晏曾称他"唯深也，故能通天下之志"（《三国志·魏书·曹爽传》附《何晏传》注引《魏氏春秋》）。《世说新语·雅量》说："夏侯太初尝倚柱作书，时大雨，霹雳破所倚柱，衣服焦，然神色无变，书亦如故。宾客左右，皆跌荡不得住。"又《世说新语·赏誉》说："裴令公目夏侯太初：'肃肃如入廊庙中，不修敬而人自敬。'一曰：'如入宗庙，琅琅但见礼乐器。'"又《世说新语·容止》说："魏明帝使后弟毛曾与夏侯玄共坐，时人谓'兼葭倚玉树'。"

夏侯玄字太初，生于汉献帝建安十四年（209 年），卒于魏废帝齐王曹芳嘉平六年（254 年）。《三国志·魏书·夏侯玄传》云："少知名，弱冠为散骑黄门侍郎。尝进见，与皇后弟毛曾并坐，玄耻之，不悦形之于色。明帝恨之，左迁为羽林监。正始初，曹爽辅政。玄，爽之姑子也。累迁散骑常侍，中护军。"他是夏侯尚子，明帝时因耻于与皇后弟毛曾并坐，得罪了明帝，未受重用。曹爽当政时，因和爽有中表亲关系，受到重用。此期间他出任征西将军，曾向司马懿上书建议改革，云："古之建官，所以济育群生，统理民物也，故为之君、长，以司牧之。司牧之主欲一而专。一，则官任定而上下安；专，则职业修而事不烦。"（《三国志·魏书·夏侯玄传》）他任中护军时负责武官选举，拔用人才"无非俊杰"（《三国志·魏书·夏侯玄传》注引《世语》）。"爽诛，征玄为大鸿胪，数年徙太常。玄以爽抑绌，内不得意。"(《三国志·魏书·夏侯玄传》)后来中书令李丰结交皇后父光禄大夫张缉，欲图以夏侯玄辅政，取代司马师。事泄后，夏侯玄和李丰、张缉等均被司马氏所杀，并夷三族(见《三国志·魏书·夏侯玄传》)。

在正始诸名士中，夏侯玄重视品格修养。《三国志·魏书·夏侯玄传》注引孙盛《杂语》说："玄在囹圄，会因欲狎而友玄，玄正色曰：'钟君何相逼如此也！'"《世说新语·方正》亦载："夏侯玄既被桎梏，时钟毓为廷尉，钟会先不与玄相知，因便狎之。玄曰：'虽复刑余之人，未敢闻命！'"钟毓乃钟会兄，钟会想乘机结交夏侯玄，但被他拒绝了。《夏侯玄传》云："玄格量弘济，临斩东市，颜色不变，举动自若。"《夏侯玄传》注引《魏氏春秋》曰："太傅薨，许允谓玄曰：'无复忧矣。'玄叹曰：'士宗，卿何不见事乎？此人犹能以通家年少遇我，子元、子上不吾容也。'"这说明夏侯玄人格高尚，还有知人之明。

关于夏侯玄的著作，《三国志·魏书·夏侯玄传》注引《魏氏春秋》云："玄尝著《乐毅》《张良》及《本无》《肉刑论》，辞旨通远，咸传于世。"《世说新语·文学》注引《晋诸公赞》云："自魏太常夏侯玄，步兵校尉阮籍等，皆著《道德论》。"《文心雕龙·论说》云："详观兰石之《才性》、仲宣之《去伐》、叔夜之《辨声》、太初之《本玄》……并师心独见，锋颖精密，盖人伦之英也。"夏侯玄的这些著作，《肉刑论》在《通典》卷一六八中载有佚文，并载有《答李胜难肉刑论》；《乐毅论》《张良论》见《史记·乐毅列传集解》和《艺文类聚》卷二二。这里颇有歧义的是关于《本无》《本玄》《道德论》三文。这究竟是三文还是一文？今据有关专家考证，这三文实为一文，都叫《本玄论》^❶。《夏侯玄传》注引《魏氏春秋》所言"《本无》《肉刑论》"，是将"本玄""肉刑"连读时误将"玄"为"无"所致，今中华书局 1959 年标点本《三国志》的《夏侯玄传》注中就作《本无肉刑论》，此即为例。至于《道德论》，大概是对《本玄论》的一种泛泛之称，因为它阐发的是《老子》即《道德经》的思想，故按魏晋隋唐人的习惯，也通常称论述《老子》的书为《道德论》。

夏侯玄的玄学思想就表现在《本玄论》中。惜乎此书已佚，东晋张湛在注《列子·仲尼》的"荡荡乎民无能名焉"一语时引了何晏《无名论》中的话，还引到夏侯玄的话：

> 天地以自然运，圣人以自然用。自然者，道也。道本无名，故老氏曰"强为之名"。仲尼称尧"荡荡无能名焉"，下云"巍巍成功"，则强为之名，取世所知而称耳，岂有名而更当云"无能名焉"者邪？夫唯无名，故可得遍以天下之名名之。然岂其名也哉？惟此足喻而终莫悟，是观泰山崇崛而谓元气不浩芒者也。

现代学者研究指出，这段话就是夏侯玄《本玄论》中的话。但也有人认为此段中的"天地以自然运，圣人以自然用"两句为《本玄论》中的话，其余为何晏《无名论》所有。不过绝大多数人认为此段都是夏侯玄《本玄论》中的话。

从夏侯玄《本玄论》的此段话中，可以看出他的玄学思想

---

❶ 关于夏侯玄《本玄论》的考证，参见范文澜的《文心雕龙注·论说篇》与王葆玹的《正始玄学》（齐鲁书社 1987 年版，第 23—24、120—121 页）。

有三点：一是以"自然"为道为体。"天地以自然运"，此话的表面意思是天地万物都自然地运动着、存在着。正因为如此，"自然"就成了天地万物的本性、本原，它就有了本体的意义。当夏侯玄说"自然者，道也"时，"自然"的本体性就更明显了。二是以"自然"为用。"圣人以自然用"，是说圣人以"自然"为方法和准则。既然天地万物都以"自然"为体，那么人的活动原则也就应该是"自然"，即自然无为，这就是《老子》第五章所谓的"天地不仁，以万物为刍狗；圣人不仁，以百姓为刍狗"。三是"无名"的认识原则和方法。夏侯玄在此提出了一个十分重要的认识原则和方法，即"无名"。这个"无名"就是"无"，实际上是指具有最高抽象性和最大普遍性的"一"。因为无名，所以才能去遍"名"天下之名；如果有名的话，那就会为名所限，就不能去遍名天下之名了。后来的王弼也正是这么讲的，认为："无形无名者，万物之宗也。不温不凉，不宫不商……故能为品物之宗主，苞通天地，靡使不经也。"（《老子指略》）

可以看出，夏侯玄的《本玄论》在正始玄学乃至整个魏晋玄学中具有奠基性。他所提出的"自然者，道也"的本体论原则成为整个玄学思想的总纲。王弼讲"道者，无之称也，无不通也，无不由也，况之曰道。寂然无体，不可为象"（《论语释疑》）的"无"本论，郭象讲"万物万情，趣舍不同，若有真宰使之然也。起索真宰之朕迹，而亦终不得，则明物皆自然，无使物然也"（《庄子·齐物论注》）的"独化"论，这都可以看作是夏侯玄的"自然"为体思想合乎逻辑的发展。同时，夏侯玄的"自然"论将汉代扬雄那里的"玄者，幽摛万类而不见其形者也，资陶虚无而生乎规，揆神明而定摹，通同古今以开类，摛措阴阳而发气"（《太玄·玄摛》）的具有宇宙发生论思想痕迹的"玄"过渡到魏晋玄学的具有宇宙本体论意义的"道"了。

裴徽 裴徽也是"正始玄音"中的重要角色之一，他的谈玄活动主要在正始前。《三国志·魏书·裴潜传》注说："潜少弟徽，字文季，冀州刺史。有高才远度，善言玄妙。"《晋书·裴秀传》载："（裴）徽有盛名，宾客甚众。"关于裴徽的谈玄活动，大概有如下方面：其一，《三国志·魏书·管辂传》注引《辂别传》云："冀州裴使君才理清明，能释玄虚，每论《易》及老庄之道，未尝不注精于严、瞿之徒也。"这是说裴徽善于谈玄，精通《易》《老》《庄》之义理。他任冀州刺史时曾与傅嘏、荀粲、王弼、何晏、管辂等有过接触，与何晏讨论过《易》《老》，与管辂讨论过《易》九事，他还介绍管辂为秀才进京与何晏论《易》。其二，《世说新语·文学》载："傅嘏善言虚胜，荀粲谈尚玄远，每至共语，有争而不相喻。裴冀州释二家之义，通彼我之怀，常使两情相得，彼此俱畅。""虚胜""玄远"均是玄学义理。傅嘏和荀粲因对玄理的理解和看法不同而各执一端。裴徽则能"释二家之义"，"通彼我之怀，常使两情相得，彼此俱畅"，这明显表明裴徽的组织能力和玄理见识。其三，《世说新语·文学》又载："王辅嗣弱冠诣裴徽，徽问曰：'夫无者，诚万物之所资，圣人莫肯致言，而老子申之无已，何邪？'弼曰：'圣人体无，无又不可以训，故言必及有，老、庄未免于有，恒训其所不足。'"《三国志·魏书·钟会传》注中有大体相同的记载。对《世说新语》中的此段记载，刘孝标注引《弼别传》说："弼父为尚书郎，裴徽为吏部郎，徽见异之，故问。"可见，这是裴徽任吏部郎时与王弼的一段对话。从这次对话中可以看出裴徽思想的基本倾向：他认为"无"是"万物之所资"，即"无"是本；但同时，他尚未将儒、道兼综起来，比王弼的思想识见较低。

傅嘏　傅嘏字兰石，北地泥阳（今陕西耀州东南）人，生于汉献帝建安十四年（209 年），卒于魏废帝高贵乡公曹髦正元二年（255 年）。《三国志·魏书·傅嘏传》说："正始初，除尚书郎，迁黄门侍郎。时曹爽秉政，何晏为吏部尚书，嘏谓爽弟羲曰：'何平叔外静而内铦巧，好利，不念务本，吾恐必先惑子兄弟，仁人将远，而朝政废矣。'晏等遂与嘏不平，因微事以免嘏官。起家拜荥阳太守，不行。太傅司马宣王请以为从事中郎。曹爽诛，为河南尹，迁尚书。"可见，傅嘏与何晏有隙，他先投曹爽而未被重用，曹爽被诛后他受到司马氏的重用。《傅嘏传》注引《傅子》还讲到这样一事："是时何晏以材辩显于贵戚之间，邓飏好变通，合徒党，鬻声名于闾阎，而夏侯玄以贵臣子少有重名，为之宗主，求交于嘏而不纳也。嘏友人荀粲，有清识远心，然犹怪之……"此事《世说新语·识鉴》中亦有载。如从这条史料看，傅嘏的身价是很高的，远在夏侯玄之上。但后世学者认为此事不可靠。因为《傅子》系傅嘏之弟傅玄作，有有意美化傅嘏之嫌，不可信。再说，何晏、夏侯玄乃当时声名显赫之人，他们的名望远在嘏上，不可能去求交嘏而竟被嘏拒绝之。[●]

关于傅嘏的玄学活动，我们大概知道两点：一是他曾与荀粲有论辩，他"善言虚胜，荀粲谈尚玄远"，二人争执不下，裴徽曾为之释义，使二人"彼此俱畅"（事见《世说新语·文学》）。二是他曾谈论过才性问题。《三国志·魏书·傅嘏传》说："嘏常论才

● 参见余嘉锡：《世说新语笺疏·识鉴》，上海古籍出版社 1993 年版。

性异同，钟会集而论之。"又，该传中裴松之注引《傅子》说："嘏既达治好正，而有清理识要，好论才性，原本精微，尟能及之。司隶校尉钟会年少，嘏以明智交会。"这是说才性之辨由傅嘏倡，钟会为之发挥。而此处并说傅嘏论的是"才性异同"问题。但《世说新语·文学》注引《魏书》言："尚书傅嘏论同。"关于傅嘏究竟是怎样谈才性的？今已不得而知。但《三国志·魏书·傅嘏传》中有这样的话："昔先王之择才，必本行于州闾，讲道于庠序，行具而谓之贤，道修则谓之能。乡老献贤能于王，王拜受之，举其贤者，出使长之，科其能者，入使治之，此先王收才之义也。方今九州之民，爰及京城，未有六乡之举，其选才之职，专任吏部，案品状则实才未必当，任薄伐则德行未为叙，如此则殿最之课，未尽人才。"从傅嘏讲的这段话看，他的人才思想有汉代的察举制的遗风。刘勰在《文心雕龙·论说》中指出："详观兰石之《才性》……并师心独见，锋颖精密，盖人伦之英也。"大概傅嘏论才性有独到见解，惜乎不传矣。

钟会 钟会字士季，颍川长社（今河南长葛东）人，生于魏文帝黄初六年（225 年），卒于魏元帝景元五年（264 年）。《三国志·魏书·钟会传》云：会乃"太傅繇小子也。少敏惠夙成。中护军蒋济著论，谓'观其眸子，足以知人。'会年五岁，繇遣见济，济甚异之，曰：'非常人也。'及壮，有才数技艺，而博学精练名理，以夜续昼，由是获声誉。正始中，以为秘书郎，迁尚书中书侍郎。高贵乡公即位，赐爵关内侯。"钟会出身名公子，自幼受到蒋济的赏识。他少有胆识，《世说新语·言语》载："钟毓、钟会少有令誉。年十三，魏文帝闻之，语其父钟繇，曰：'可令二子来。'于是敕见。毓面有汗，帝曰：'卿面何以汗？'毓对曰：'战战惶惶，汗出如浆。'复问会：'卿何以不汗？'对曰：'战战慄慄，汗不敢出。'"钟会正始中就受到重用，以后又备受擢拔。但他的人格却有些龌龊。魏晋之际，名士难以全身者多有，但钟会却能独步青云，就因为他陷害他人，取悦于权臣。《晋书·嵇康传》载，钟会以贵公子身份往造嵇康，康与向秀锻铁于树下而不予理睬，会于是心衔恨之，对司马昭说："嵇康，卧龙也，不可起，公无忧天下，顾以康为虑耳。"他还诬陷嵇康欲助毌丘俭造反，康被杀。《晋书·阮籍传》说钟会还欲图害籍，但籍"皆以酣醉获免"。钟会后入川伐蜀，意欲谋反，被杀。

钟会生于文化世家。《世说新语·言语》注引《魏书》曰：会父钟繇历任大理、相国，迁太傅，"为周易、老子训"。《三国志·魏书·钟会传》注说：钟会的母亲"雅好书籍，涉历众书，特好《易》《老子》，每读《易》孔子说鸣鹤在阴，劳谦君子，籍用白茅，不出户庭之义，每使会反复读之"。所以，钟会自幼就受到《易》《老》思想的影响。这为他以后的"精练名理"打下了良好的基础。

关于钟会的著作，《隋书·经籍志》录有《周易尽神论》一卷，《七录》载有《周易无互体论》三卷，《释文叙录》载有《老子道德经注》二卷，《三国志·魏书·钟会传》记载有《道论》二十篇。但这些著作已佚。《道藏》辑有《老子注》的部分佚文。明人辑有《钟司徒集》。

钟会青年时就与傅嘏、何晏、王弼等相识。关于钟会的玄学活动，会本传谓："会尝论《易》无互体，才性同异。及会死后，于会家得书二十篇，名曰《道论》，而实刑名家也。"这表明钟会的玄学活动有三方面内容：其一，《易》无互体说。"互体"乃汉易的象数学方法，认为一卦之爻，二至四、三至五，两体互交各成一卦，故一卦含有四卦。这种互体方法支离烦琐，遭到玄学家的反对。比如王弼在《周易略例·明象》中指出："互体不足，遂及卦变，变又不足，推致五行，一失其原，巧愈弥甚。从复或值，而义无所取。盖存象忘义之由也。"钟会论《易》无互体，也是要摈弃汉代象数学的易学方法，寻求义理学的易学新方法。其二，关于道论。至于钟会"道论"的真正内容，会本传说"实刑名家也，其文似会"。刑名是关于名实关系的学问，涉及名理学的问题。名理学在汉魏之际先是关于设官分职的政治学，后来转为研究"无名"原则和方法的道家哲学。史称钟会"精练名理"，这大概表明他的思想处于从名理学向玄学"无"本论的转化中。其三，关于才性论。《世说新语·文学》载："钟会撰《四本论》始毕，甚欲使嵇公一见。置怀中，既定，畏其难，怀不敢出，于户外遥掷，便回急走。"刘孝标在该条下注引《魏志》曰："会论才性同异，传于世。四本者：言才性同，才性异，才性合，才性离也。尚书傅嘏论同，中书令李丰论异，侍郎钟会论合，屯骑校尉王广论离。文多不载。"这里只知钟会持"才性合"的观点。至于才性如何合，不得而知。但"才性"问题在正始玄学中占有重要地位，却是事实。《世说新语·文学》曰："殷中军虽思虑通长，然于才性偏精。忽言及四本，便若汤池铁城，无可攻之势。"殷中军乃殷浩，是东晋著名清谈家。《南齐书·王僧虔传》引其《诫子书》云："又才性四本，声无哀乐，皆言家口实，如客至之有设也。"这足见"才性论"在清谈中的地位。

谈钟会时涉及李丰和王广，亦需顺便谈谈。李丰，字安国，北地泥阳（今陕西耀州东南）人，与傅嘏同州，约生于汉献帝建安十一年（206 年），卒于魏废帝齐王曹芳嘉平五年（253 年）。李丰是卫尉李义的儿子，年轻时被邺下士人赏鉴为"清白"，后到许昌"声称日隆"，他又善于"识别人物，海内翕然，莫不注意"。他的名望很大，远播吴越。魏明帝曾庭审吴国降人，问："江东闻中国名士为谁？"降人曰："闻有李安国者是。"(均见《三国志·魏书·夏侯玄传》注引《魏略》)他历官黄门郎、骑都尉、永宁太仆、侍中尚书仆射、中书令。后与张缉、夏侯玄等谋诛司马师，事泄被杀。李丰很有操守，"砥砺名行以要世誉……丰竟驰名一时，京师之士多为之游说"(《三国志·魏书·杜恕传》注)。他的儿子尚公主，他告诫儿子勿趋炎附势。凡所赏赐钱帛，他均布施亲族，从不家藏。丰死后查抄其家，无有积余，可见其为官之廉。关于李丰的玄学活动，是他论"才性异"。但怎么"异"？具体内容尚不可知。不过，李丰本人德有余而才不足，史称他"名过其实，能用少也"(《三国志·魏书·夏侯玄传》)，"当路者或以丰名过其实"(《三国志·魏书·杜恕传》注引)。这是说李丰虽有名，但却缺乏为官理民之才能。李丰自己重德行，但在实际生活中却多是有才而不能做善事的人，故他的"才性异"大概反映了此种现实。

王广，字公渊，太原祁人。他是王凌之子，凌讨吴有功封征东将军，为南乡侯。凌因谋立楚王彪，于嘉平三年（251 年）被司马氏灭三族，广同死，年四十余。王广以学识品行为世称颂《世说新语·贤媛》注引《魏氏春秋》曰：广"有风量才学，名重当世"。《三国志·魏书·王凌传》说："广有志，尚学行。"蒋济曾说：王凌"文武俱擅，当今无双，广等志力有美于父耳"(《三国志·魏书·王凌传》注引《魏氏春秋》)。王广的玄学活动是主张"才性离"。怎么叫"离"？《三国志·魏书·王凌传》注引《汉晋春秋》中有王广对曹爽和司马懿的评价："凡举大事，应本人情。今曹爽以骄奢失民，何平叔虚而不治，丁、毕、桓、邓虽并有宿望，皆专竞于世……故虽势倾四海，声震天下，同日斩戮，名士减半，而百姓安之，莫或之哀，失民故也。今懿情虽难量，事未有逆而擢用贤能，广树胜己，修先朝之政令，副众心之所求。爽之所以为恶者，彼莫不必改，夙夜匪解，以恤民为先，父子兄弟并握兵要，未易亡也。"这是王广劝父王凌停止废立事时讲的。王广认为，曹爽等手握兵要，但却少恩于民；司马懿虽改爽之疾，"以恤民为先"，但终"情虽难量"，这些人大多都才大德少。可见，王广看到了现实生活中才性（德）的不统一现象。

荀粲　荀粲字奉倩，颍川颍阴（今河南许昌）人，约生于汉献帝建安十四年（209年），卒于魏明帝景初二年（238年）。他是荀彧的幼子。他的玄学活动主要在正始前，但思想对尔后玄学的发展有一定影响。在正始众名士中，粲以笃情而名标史册。《三国志·魏书·荀彧传》注引何劭《荀粲传》云："粲常以妇人者，才智不足论，自宜以色为主。骠骑将军曹洪女有美色，粲于是娉焉，容服帷帐甚丽，专房欢晏历年。后妇病亡，未殡，傅嘏往唁粲。粲不哭而神伤。嘏问曰：'妇人才色并茂为难。子之娶也，遗才而好色，此自易遇，今何哀之甚？'粲曰：'佳人难再得，顾逝者不能有倾国之色，然亦未可谓之易遇。'痛悼不能已，岁余亦亡，时年二十九。粲简贵，不能与常人交接，所交皆一时俊杰。至葬夕，赴者裁十余人，皆同时知名士也。哭之感动路人。"《世说新语·惑溺》亦载："荀奉倩与妇至笃，冬月妇病热，乃出中庭自取冷，还以身熨之。妇亡，奉倩后少时亦卒。"荀粲笃情，可谓真风流名士也。

关于荀粲的玄学活动及思想，有以下几点：其一，《世说新语·文学》言："傅嘏善言虚胜，荀粲谈尚玄远，每至共语，有争而不相喻。裴冀州（徽）释二家之义，通彼我之情，常使两情皆得，彼此俱畅。"《三国志·魏书·荀彧传》注引何劭《荀粲传》云："太和初到京邑，与傅嘏谈。嘏善名理而粲尚玄远，宗致虽同，仓卒时或有格而不相得意。裴徽通彼我之怀，为二家骑驿。顷之，粲与嘏善，夏侯玄亦亲。常谓嘏、玄曰：'子等在世途间，功名必胜我，但识劣我耳。'嘏难曰：'能盛功名者，识也。天下孰有本不足而末有余者邪？'粲曰：'功名者，志局之所奖也。然则志局自一物耳，固非识之所独济也。我以能使子等为贵，然未必齐子等所为也。'"这则史料说明，荀粲尚"玄远"。他还对学识和能力做了区分。"识"指天才和学识，"志局"指能力和事功。傅嘏、夏侯玄辈长于事功。傅嘏认为学识为事功之本，荀粲则认为功名非独依赖于学识而得。这表明荀粲崇尚老庄而鄙视功名。其二，何劭《荀粲传》又说："又论父彧不如从兄攸。彧立德高整，轨仪以训物。而攸不治外形，慎密自居而已。粲以此善攸，诸兄怒而不能回也。""立德高整""轨仪训物"，这是传统的儒家礼法之治；"不治外形，慎密自居"，则是道家的崇尚自然的风气。可见，荀粲崇尚的是道家的"自然"法则。其三，何劭《荀粲传》曰："粲诸兄并以儒术论议，而粲独好言道，常以为子贡称夫子之言性与天道，不可得而闻，然则六籍虽存，固圣人之糠秕。粲兄俣难曰：'易亦云，圣人立象以尽意，系辞焉以尽言，则微言胡为不可得而闻见哉？'粲答曰：'盖理之微者，非物象之所举也。今称立象以尽意，此非通于意外者也；系辞焉以尽言，此非言乎系表者也。斯则象外之意、系表之言，固蕴而不出矣。'及当时能言者不能屈也。"可以看出，荀粲持"言不尽意"的观点。他尚"玄远"，"玄远"非言辞所能道出，故要究象外之意、系表之言。后来王弼讲"得象忘言""得意忘象"，可以说正是荀粲的玄意思想的发展。

荀粲属颍川荀氏家族。该家族在汉魏之际大有名望，素来重《易》。粲的叔祖父荀爽作有《周易注》，以阴阳之升降解《易》，是汉代易象数派大家。粲兄颛反对钟会的"易无互体"说，"尝难钟会易无互体"（见《三国志·魏书·荀彧传》注引《晋阳秋》）。还有粲的堂侄荀融，亦属正始名士之列。荀融，"字伯雅，与王弼、钟会俱知名，为洛阳令，参大将军事，与弼、会论《易》《老》传于世"（《三国志·魏书·荀彧传》注引《荀氏家传》）。他"难王弼的'大衍义'"（见《三国志·魏书·钟会传》注引何劭《王弼传》），这也是从汉易象数学的立场出发来反对王弼的易义理学思想的。他还持"圣人无情"论，王弼曾著文以戏之（见何劭：《王弼传》）。

管辂 管辂字公明，平原（今属山东）人。《三国志·魏书·管辂传》裴松之案说："辂自说云，本命在寅，则建安十五年生也。"辂本传云："正元二年弟辰谓辂曰：'大将军待君意厚，冀当富贵乎？'辂长叹曰：'吾自知有分直耳，然天与我才，明不与我年寿，恐四十七八年间，不见女嫁儿娶妇也。若得免此，欲作洛阳令，可使路不拾遗，枹鼓不鸣。'"裴注案云："正元三年卒，应四十七。"所以管辂的生平当在公元210—256年间。他是三国魏的术士，故《三国志·魏书》将其列入"方伎传"类。《三国志·魏书·管辂传》云：辂"容貌粗丑，无威仪，而嗜酒饮食，言戏不择非类，故人多爱之而不敬也"。裴松之注引《辂别传》曰："辂年八九岁，便喜仰视星辰，得人辄问其名。夜不能寐，父母常禁之，犹不可止。自言：'我年虽小，然眼中喜视天文，常云家鸡野鹄犹尚知时，况于人乎？'与邻比儿共戏土壤中，辄画地作天文及日月星辰，每答言说事，语皆不常，宿学耆人不能折之，皆知其当有大异之才。及成人，果明《周易》，仰观风角占相之道，无不精微。"他少好占卜术，长大以其见长。管辂初为清河太守华表文学掾，后冀州刺史裴徽辟为文学从事，迁治中别驾、少府丞。

管辂以《易》术而在正始名士中占有一席之地。关于其《易》学活动，有这样四次：一是与钟毓论《易》。《三国志·魏书·管辂传》曰："辂过魏郡，太守钟毓共论《易》义。辂因言卜可知君生死之日。毓使其筮其生日月，如言，无蹉跌，毓大愕然曰：'君可畏也，死以付天，不以付君。'遂不复筮。"这是他与钟毓的一次占筮活动。二是与诸葛原的一次论辩。辂本传裴注引《辂别传》云："诸葛原，字景春，亦学士，好卜筮。数与辂共射覆，不能穷之。景春与辂有荣辱之分，因辂饯之。大有高谭之客诸人，多闻其善卜，仰观，不知其有大异之才。于是先与辂共论圣人著作之源，又叙五帝三王受命之符。辂解景春微旨，遂开张战地，示以不固，藏匿孤虚。"《辂别传》还以文学笔触描写了此次开战之精彩的论辩场面，云："其欲战之士，于此鸣鼓角，举云梯，弓弩大起，牙旗雨集。然后登城曜威，开门受敌，上论五帝，如江如汉；下论三王，如翩如翰；其英者若春华之俱发，其攻者若秋风之落叶。听者眩惑，不达其义；言者收声，莫不心服。虽白起之坑赵卒，项羽之塞濉水，无以尚之。于时客皆欲面缚衔璧，求束手于军鼓之下。辂犹总干山立，未便许之。"论战场面真是精彩激烈。三是与裴徽的谈论。《辂别传》云，赵孔曜曾告诉管辂说："冀州裴使君才理清明，能释玄虚，每论《易》及老庄之道，未尝不注精于严、瞿之徒也。"后来裴徽召辂为"文学从事，一相见，清论终日，不觉罢倦。天时大热，移床在庭前树下，乃至鸡向晨，然后出。再相见，便转为钜鹿从事。三见，转治中。四见，转为别驾。至十月举为秀才，辂辞裴使君，使君言：'丁、邓二尚书，有经国才志，殆破秋毫，君当慎之，自言不解《易》九事，必当以相问'"。裴徽与管辂一连四次相谈，都涉及《易》事。四是与何晏的谈论。辂本传云："十二月二十八日吏部尚书何晏请之，邓飏在，晏许。晏谓辂曰：'闻君著爻神妙，试为作一卦，知位当至三公不？'又问：'连梦见青蝇数十头来在鼻上，驱之不肯去，有何意故？'"管辂做了这样的回答："……履道休应，非卜筮之所明也。今君侯位重山岳，势若雷电，而怀德者鲜，畏威者众，殆非小心翼翼，多福之仁。又鼻者艮，此天中之山，高而不危，所以长守贵。今青蝇臭恶，而集之焉，位峻者颠，轻豪者亡，不可不思害盈之数，盛衰之期。"管辂还据《艮》《谦》《壮》三卦卦象对何晏的所作所为做了讽劝。占后十余日，"闻晏、飏皆诛"。管辂与何晏还谈论了《易》中的具体问题。《辂别传》云："辂为何晏所请，果其论《易》九事。九事皆明。晏曰：'君论阴阳，此世无双。'"在这几次活动中，辂所论《易》多为象数学，但也有了"清论"的成分。这表明，管辂从《易》这条线上，推动了汉象数易向魏晋义理易的转化。

最后，有必要提一下邓飏。邓飏与何晏都是正始时期的显赫人物。邓虽不以清谈著称，但对玄学清谈的推波助澜不无作用。关于邓飏生平，《三国志·魏书·曹爽传》中附及，裴松之注引《魏略》亦有说明。《世说新语·识鉴》有刘孝标注引《魏略》曰："邓飏，字玄茂，南阳宛人，邓禹之后也。少得名士，明帝时为中书郎，以与李胜等为浮华被斥。正始中迁侍中尚书。为人好货，臧艾以父妾与飏，得显官，京师为之语曰：'以官易富邓玄茂。'何晏选不得人，颇由飏。以党曹爽，诛。"可见，邓飏是个贪财好色之人，德行亏矣。

二、何晏的《无名论》

（一）何晏生平

何晏，字平叔，南阳宛（今河南南阳）人。何晏卒于正始十年（249年），即在高平陵事变中他和曹爽、邓飏等均被司马懿所杀。但关于何晏的生年，史未有载。《世说新语·夙惠》载："何晏七岁，明惠若神，魏武奇爱之，因晏在宫内，欲以为子。晏乃画地令方，自处其中，人问其故，答曰：'何氏之庐也。'魏武知之即遣还。"《太平御览》卷三八五引《何晏别传》载："晏时小养魏宫，七八岁便慧心大悟。众无愚智，莫不贵异之。"《三国志·魏书·曹爽传》注引《魏略》曰："太祖为司空时纳晏母，并收养晏。"按：曹操为司空始于汉献帝建安元年（196年）十月，他纳晏母事当在196年或其后还许都不复朝见之时（参见《三国志·魏书·武帝纪》）。若曹纳晏母在建安二年，晏时三四岁或六七岁的话，何晏生年当在汉献帝兴平二年（195年）前后。究竟为哪一年，今有190年、193年、195年几说。王葆玹先生对上引史料中的"晏在宫内""养魏宫"的"宫"的含义做了考察分析，指出，在两汉，皇帝的住所称"宫"，诸侯王的住所也称"宫"，但诸王以下的公卿贵族则罕以"宫"称住所，一般称为"宅""第"。据此判断，曹操在建安十八年（213年）位同王爵，在建安十九年三月已超过了王爵，这样，称曹操的住所为"魏宫"的时间当在建安十九年（214年）二月。以此来判定何晏生年的话，晏当生于建安十二年（207年）时❶。这些说法可供参考。

关于何晏的生平事迹，有这样一些史料。《三国志·魏书·曹爽传》附《何晏传》云："晏，何进孙也。母尹氏，为太祖夫人。晏长于宫省，又尚公主。少以才秀知名，好老、庄言，作《道德论》及诸文赋著述凡数十篇。"又说："晏等专政，共分割洛阳、野王典农部桑田数百顷，及坏汤沐地以为产业，承势窃取官物，因缘求欲州郡，有司望风，莫敢忤旨。"还说"爽与晏阴谋反逆"。《三国志·魏书·曹爽传》注引《魏略》曰："太祖为司空时纳晏母，并收养晏。其时秦宜禄儿阿苏亦随母在公家，并见宠，为太子。苏即朗也。苏性谨慎，而晏无所顾惮，服饰拟于太子，故文帝特憎之。每不呼其姓字，尝谓之假子。晏尚主，又好色，故黄初时无所事任。及明帝立，颇为冗官。至正始初，曲合于曹爽，亦以才能故，爽用为散骑侍郎，迁侍中尚书。晏前以尚主，得赐爵为列侯，又其母在内，晏性自喜，动静粉白不去手，行步顾影。晏为尚书，主选举，其宿与之有旧者，多被拔擢。"这些都是贬损的评论。《世说新语·容止》曰："何平叔美姿仪，面至白。魏明帝疑其傅粉，正夏月与热汤饼，既啖，大汗出，以朱衣自拭，色转皎然。"这说明何晏天生有一副白皙的皮肤，并非涂以脂粉。《世说新语·言语》载："何平叔云：'服五石散，非唯治病，亦觉神明开朗。'"五石散又叫寒石散，葛洪《抱朴子》云："五石：丹

---

❶ 参见王葆玹：《正始玄学》，齐鲁书社1987年版，第124—126页。

砂、雄黄、白礬、曾青、磁石也。"五石散有毒,服后身发热,须用酒和冷水把药中毒性散发掉。但服用后可使人精神兴奋,容光焕发。自何晏后,服用五石散等药物成了魏晋人的时尚。

据以上史料,我们可以把何晏的生平大体分为两个阶段。以"正始"年为界,小时的何晏长于曹操的魏宫,多受宠。建安二十五年(220 年)曹操去世后,何晏离开魏宫。此后直到正始初年,他政治上"无所事任"(《三国志·魏书·曹爽传》注引《魏略》)。但这时的他却好老、庄言,在清谈圈中大有声名。但魏明帝曹叡不喜欢这种清谈,称其为"浮华",并于太和四年(230 年)下诏"其浮华不务道本者,皆罢退之"(《三国志·魏书·明帝纪》)。两年后,司徒董昭上书言"浮华"之弊,曹叡又"发切诏,斥免诸葛诞、邓飏等"(《三国志·魏书·董昭传》)。"是时,当世俊士散骑常侍夏侯玄,尚书诸葛诞、邓飏之徒共相题表……凡十五人,帝以构长浮华,皆免官废锢。"(《三国志·魏书·诸葛诞传》注引《世语》)魏明帝景初四年齐王曹芳即位,同年改号为"正始"。此时曹爽秉政,何晏受到重用。他主选举,也进行过一些吏制改革。关于何晏在选举位上的功过,《三国志·魏书·曹爽传》注引《魏略》曰:"何晏选举不得人,颇由(邓)飏之不公忠,遂同其罪,盖由交友非其才";又曰:"晏为尚书,主选举,其宿与之有旧者多被拔擢。"同出《魏略》的这两种说法颇有出入。按前者,何晏选官尚谈不到徇私,只是用人不当罢了;但按后者,他大有徇私之嫌。这究竟是怎么回事?《史通·古今正史》言:"魏时京兆鱼豢私撰《魏略》,事止明帝。"这一方面说明鱼豢的《魏略》取材不严;同时表明,《魏略》"事止明帝",而裴松之注引《魏略》却道明帝后的何晏之事,有疑。所以,关于何晏主选举事,我们还是看看晋人的说法。西晋惠帝初的傅咸说："正始中，任何晏以选举，内外之众职各得其才，粲然之美于斯可观。"（《晋书·傅玄传》附《傅咸传》）傅咸之父为傅玄，从父为傅嘏，他们都与何晏有隙（参见《晋书·傅玄传》题下注、《三国志·魏书·傅嘏传》等），能从傅咸口中说出关于何晏的这些话，是可信的。在正始期间，何晏官位显赫，他的玄谈活动亦大有影响。这里起码有两次大规模的谈玄活动。《北堂书钞》卷九八引《何晏别传》云："曹爽常大集名德，长幼莫不预会。及欲论道，曹羲乃叹曰：'妙哉平叔之论道，尽其理矣！'"这是曹爽主持的一次谈玄活动，何晏的"道"论独占鳌头。又，《世说新语·文学》曰："何晏为吏部尚书，有位望，时谈客盈坐。王弼未弱冠，往见之。晏闻弼名，因条向者胜理，语弼曰：'此理仆以为极，可得复难不？'弼便作难，一坐人便以为屈。于是弼自为客主数番，皆一坐不及。"这是何晏主持的一次大规模玄谈，少年王弼独占鳌头。这都说明何晏在正始年间是玄谈方面的十分重要的人物。

关于何晏的著作，有《论语集解》，今存。《三国志·魏书·曹爽传》附《何晏传》说他著有"《道德论》"，《世说新语·文学》中亦有此说，但《道德论》今已佚，在东晋张湛的《列子·天瑞》和《列子·仲尼》注中保留有一些片段。另外，姚振宗补《三国志·艺文志》著录有何晏《周易说》一卷，而《清史稿·艺文志》著录有何晏《周易解》，《册府元龟》记载何晏撰有《周易私记》《周易讲说》，均佚。还有，《七录》记载何晏有《孝经注》一卷；《旧唐书·经籍志上》记载何晏有《魏明帝谥议》二卷（《北堂书钞》所摘明帝《谥议》可能是其中一部分）；《隋书·经籍志》记载何晏有《官族传》十四卷、《乐悬》

一卷，均佚。今《全三国文》中收集了何晏的遗文，可参考。

（二）何晏的《道论》和《无名论》

《三国志·魏书·曹爽传》附《何晏传》说，何晏年少时就"好老、庄言"，还著有"《道德论》"。其实，何晏，还有王弼，以及整个正始玄风时期的人物，都不好《庄》，但对《老》却情有独钟。何晏正是通过研注《老子》来发挥其玄学思想的。那么，何晏注《老子》注出了什么结果呢？《世说新语·文学》中有两条有关材料：

> 何平叔注《老子》始成，诣王辅嗣，见王注精奇，乃神伏曰："若斯人可与论天人之际矣！"因以所注为《道德二论》。

> 何晏《老子》未毕，见王弼自说注《老子》旨，何意多所短，不复得作声，但应之，遂不复注，因作《道德论》。

看来，《道德论》就是何晏留下的玄学著作。可惜此书早佚。这个《道德论》是一书还是二书？如果是二书，二书的名称都叫《道德论》呢，还是一书叫《道论》而另一书叫《德论》？目前尚无可靠材料予以判定之。冯友兰先生有个说法："《世说新语》所说的《道德论》当即《道论》《德论》的统称。《列子·天瑞》篇张湛注引的《道论》就是《世说新语》所说的《道论》。《仲尼》篇所引的《无名论》，可能就是《世说新语》所说的《德论》。"❶今暂取此说。

何晏《道论》曰：

> 有之为有，恃无以生；事而为事，由无以成。夫道之而

---

❶ 冯友兰：《中国哲学史新编》中册，人民出版社 1998 年版，第418—419 页。

无语，名之而无名，视之而无形，听之而无声，则道之全焉。故能昭音响而出气物，包形神而章光影；玄以之黑，素以之白，矩以之方，规以之员（圆）。员方得形而此无形，白黑得名而此无名也。（《列子·天瑞》张湛注引何晏《道论》）

何晏在这里提出了正始玄学的总纲，即"以无为本"。《晋书·王衍传》说："魏正始中，何晏、王弼等祖述老、庄，立论以为天地万物皆以'无'为本。"何晏的《道论》就提出了正始玄学的这一总原则。

何晏《道论》主要讲了两个方面的思想：其一，以"无"为本，即"有之为有，恃无以生；事而为事，由无以成"。这是说，天地万物都是有，是存在；但有之所以为有，存在者之所以能存在和要存在，根据和原因就在于"无"。这与王弼所讲的"凡有皆始于'无'"（王弼《老子注》第一章）、"无形无名者，万物之宗也"（王弼《老子指略》）的思想是一致的。其二，为什么要以"无"为本？这个"无"究竟是指的什么呢？何晏认为，"无"是对"道"的存在性质的一种规定，"道之而无语，名之而无名，视之而无形，听之而无声，则道之全焉"。这是说，"道"是无语、无名、无形、无声的东西；也就是说，"道"是超感觉的东西。那么，什么才是超感觉的东西呢？这就是抽象性、普遍性的"一"。只有这个高度抽象化了的"一"，才不是具体的东西，但却能囊括一切具体的东西，这就叫"能昭音响而出气物，包形神而章光影；玄以之黑，素以之白，矩以之方，规以之员（圆）"。倘若没有"无"的性质的话，"道"就是具体，它就只能表现为一物一象一形一名，而不能去象万物、形万名、物万物了，也就自然不能是本体了。可见，何晏的《道论》讲了正始玄学的两大宗旨："道"的原则和

"无"的方法。

如果说何晏的《道论》主要是提出了"无"的总纲的话，那么他的《无名论》即《德论》却主要阐述的是"无"的方法论原则。何晏《无名论》曰：

> 为民所誉，则有名者也；无誉，无名者也。若夫圣人，名无名，誉无誉，谓无名为道，无誉为大。则夫无名者，可以言有名矣；无誉者，可以言有誉矣。然与夫可誉可名者岂同用哉？此比于无所有，故皆有所有矣。而于有所有之中，当与无所有相从，而与夫有所有者不同。同类无远而相应，异类无近而不相违。譬如阴中之阳，阳中之阴，各以物类自相求从。夏日为阳，而夕夜远与冬日共为阴；冬日为阴，而朝昼远与夏日同为阳，皆异于近而同远也。详此异同，而后无名之论可知矣。凡所以至于此者何哉？夫道者，惟无所有者也。自天地以来皆有所有矣，然犹谓之道者，以其能复用无所有也。故虽处有名之域，而没其无名之象；由以在阳之远体，而忘其自有阴之远类也。夏侯玄曰："天地以自然运，圣人以自然用。"自然者，道也。道本无名，故老氏曰强为之名。仲尼称尧荡荡无能名焉，下云巍巍成功，则强为之名，取世所知而称耳。岂有名而更当云无能名焉者邪？夫唯无名，故可得遍以天下之名名之，然岂其名也哉？惟此足喻而终莫悟，是观泰山崇崛而谓元气不浩芒者也。（《列子·仲尼》张湛注引何晏《无名论》）

此段通篇讲的都是如何建构"以'无'为本"的方法论和方法论原则，即"无名"原则。在谈何晏的这个原则前，这里先说一个相关的小问题。何晏在此引述了夏侯玄的话，那么他引了多少呢？不得而知。所以，有人认为何晏在此只引述了夏侯玄的两句话，即"天地以自然运，圣人以自然用"；但也有人认为从"夏侯玄曰"以下都是夏侯玄《本玄论》中的话[1]。我们在前面讲夏侯玄的思想时亦将"夏侯玄曰"以下全作为夏侯玄的话。即使何晏引述了夏侯玄的这一段话，那此段话的思想也肯定是与何晏要讲的玄学思想相一致，否则的话何晏是不会去引述它的。因此，我们在此把这一整段都作为何晏的思想来分析。

既然此篇名为《无名论》，顾名思义，它是讲"无名"的。那么，为什么要讲"无名"呢？目的就是为了把握"道"，也就是去求那个"象外之意""系表之言"的东西。前已指出，正始之前的荀粲就讨论过言意问题，认为"六籍虽存，固圣人之糠秕"。这是说，圣人之"意"并不是"六经"的表面文字，"斯则象外之意，系表之言，固蕴而不出矣"（《三国志·魏书·荀彧传》注引何劭《荀粲传》）。这里讲的也是玄学的总原则问题。但荀粲当时未能清晰地构建起正始玄学的"无"本论原则，但这个原则的方向已在他这里提出来了。何晏（还有王弼）作为正始玄学的创立者，首先提出和确立了"无"本论原则。这个"无"是个什么？何晏在《道论》中已有所论述，即它是对"道"的称谓，是对"道"的存在本性、性质的一种规定。在此，何晏从方法论的意义上阐述了为什么要将"道"予以"无"化，就是说为什么要用"无"来规定"道"的问题。

概括一下，何晏的《无名论》讲了三方面的思想。其一，他提出了"有所有"和"无所有"这两个新概念。所谓"有所有"即

---

[1] 参见王葆玹：《正始玄学》，齐鲁书社1987年版，第24—25页。

天地万物，指开天辟地以来的一切的存在物。这些存在物都是具体的东西，它们有形有象，有生有灭，故也有名去定谓之。而所谓的"无所有"即"道"。"道"与万物不一样，它无形无象，无生无灭，"未有天地，自古以固存"（《庄子·大宗师》）；既然它无形无象，所以就不能用名去定谓之，它是"无名"的。很明显，何晏在此从"无名"的意义上再次确定了"无"的本体论原则。其二，"道"虽然"无名"，虽然是"无"而不是有，但它却是有的存在根据，即为有之本，这就叫"则夫无名者，可以言有名矣；无誉者，可以言有誉矣"。那么，为什么"无名"可以言有名、"无誉"可以言有誉呢？原因就在于这里的"无"是对"道"的规定，表现的是"道"的性质，即"谓无名为道"。以"无"为"道"的存在本质，那么这个"道"就表现出了或者说就有了两方面的性质，即一方面它具有了抽象性和普遍性，它是个高度抽象化了的"一"或一般；另一方面它又具有了自然性和无为性，就是说它是自然无为的，它在功能上是自然地存在着和运动着，不假外求。"道"的"无"性的这两种表现是一样的，不过把握的角度不同，前者是从认识论的意义上去把握"道"的，后者则是从功用、功能方面去把握"道"的。正因为"道"既是个抽象的"一"或一般，又是个"自然"地存在，所以它才能是本原、本体。其三，何晏在此讲到了如何把握"道"或"无"的方法问题，这就是从特殊中、具体中寻求普遍和一般，或者说是从多中抽象出"一"。对此，何晏以阴阳为例做了分析。任何事物都是阴阳相辅以相成的，如一年中有阴有阳，即冬夏是也；一日中也有阴有阳，即夜昼是也；等等。但这些阴、阳都是具体的阴与阳，是"有所有"者，它们是此而不是彼，彼此界限分明，不可通约。但如果撇开阴与阳的具体的形、象,就阴之为阴、阳之为阳的"阴""阳"之性而言,夏日的夜晚之阴与冬日之阴同为"阴";冬天的白昼之阳与夏天之阳同为"阳",这里的"阴""阳"就有了一般性、抽象性了,它们可以去"阴"天下的一切之阴,可"阳"天下的一切之阳,而自身永存。总之,何晏的《无名论》侧重于从认识论上讲"无名"的原则和方法。但总的思想取向和目的仍是为了建构正始玄学的"以'无'为本"的原则。如果说《无名论》的前部分是从认识论的角度来讲"道"的"无"性的话,那么从"夏侯玄曰"以下的后部分则是从功能、功用的角度来讲"道"的"无"性的。

(三)何晏玄学思想的局限性

《世说新语·文学》中有两条说,何晏原打算对《老子》作注,但后来听到王弼谈自己的注《老》之旨并且看了王弼的《老子注》后,何晏"不复得作声","乃神伏"于弼,故改变了原来的打算,只作了《道德论》。那么,何晏为什么要神伏于王弼呢?可以肯定,何晏神伏于王弼并不在于王弼的"以'无'为本"的玄学纲领,因为这一纲领何晏自己就提出来了;而只能在这一纲领的运用上,即如何用此纲领去合理、圆融地解释现象界,或者说如何将"以'无'为本"的玄学原则转化成思想方法和认识方法去分析、认识现实。黑格尔在《哲学史讲演录》的"导言"中这样指出:"每一原则在一定时间内都曾经是主导原则。当整个世界观皆据此唯一原则来解释时——这就叫作哲学系统。我们自然必须了解这全部解释。但如果这原则还是抽象的,不充分的,则它就不能充分地解释属于我们世界观内的各种形态。"❶这是说一

---

❶ [德]黑格尔:《哲学史讲演录》第一卷,商务印书馆1959年版,第

个哲学系统即哲学体系是由紧密相关的两个步骤或方面构成的，一方面或第一步先要抽象出一个"原则"作为主导或纲领；另一方面或第二步是要将这个"原则"具体化，用它去解释现象世界。相比之下，这第二步显得更为必要和重要。一个哲学体系是否有生命力，并非在于它是否有一个一般的纲领或原则，而恰恰在于如何将这一纲领或原则运用到对现象界的认识和解释中去，否则的话这一哲学原则就会干瘪而枯死。

何晏和王弼（甚至还有夏侯玄等）都完成了正始玄学体系之建构的第一步，即提出和确立了"以'无'为本"的原则。但在如何去运用这一总原则解释现象世界上，何晏就显得力不从心了，只能神伏于天才少年王弼。所以，可以判定，何晏玄学中的"以'无'为本"的原则尚是黑格尔所说的"抽象的、不充分的"原则。严格地讲，何晏并未建构起一个完整的玄学理论体系。关于这一点，我们可以从何晏思想自身中得到内证。

内证一：何晏将孔子和老子相提并论，认为他们都是圣者。《世说新语·文学》"何晏注《老子》未毕"条下刘孝标注引《文章叙录》曰："自儒者论，以老子非圣人，绝礼弃学。晏说与圣人同，著论行于世也。"这段话我们在第一章中也引过，并援引后世学者的论证以证明何晏与王弼等人一样走的是孔高于老的儒学路线。认为何晏的思想真谛是孔高于老，这毕竟是别人的观点。而何晏自己的确有老子"与圣人同"的思想。将老子也视为圣人，认为孔、老同，这看来是一个简单的学术观点，无碍大局。但实际上却透露出一个重要的学术信息：如何调和儒、道？用什么原则和方法来调和之？在汉魏之际，儒学经学已到穷途末路，急需要为儒学的复兴注入新的思想营养，这个营养就是道家思想，即要援道入儒。那么，将"道"引入到儒学中后，它在儒学中处何地位？儒学怎样去消化、吸收它呢？这是一个大问题。如果认为孔、老同的话，那必然就将儒家的"道"与道家老子的"道"相并列而并存了，这是一种外在的儒、道结合。表现在哲学原则上，只能是将道家的"道"作为一个抽象的原则来对待，尚谈不到将这一原则具体化而形成一个以"一"贯之的理论体系。何晏恰是这么做的。所以，何晏的玄学思想只能是处于建设中的思想，尚未形成玄学理论体系。东汉桓谭在《新论》中早就说过："宓羲氏谓之易，老子谓之道，孔子谓之元，而扬雄谓之玄"（《后汉书·张衡列传》注引），认为"易""道""元""玄"是一样的。但这里所说的一样仍在汉代经学的框架中，尚不是新思想。而当王弼答裴徽之问，说"圣人体无，无又不可以训，故言必及有。老、庄未免于有，恒训其所不足"（见《世说新语·文学》）时，就将道家老子融进了儒家孔子的思想中，也就将老子之"道"从抽象的原则转化为具体的诠释方法了。《世说新语·文学》"何平叔注《老子》始成"条下刘孝标注引《魏氏春秋》曰："弼论道，约美不如晏，然自然出拔过之。"《三国志·魏书·钟会传》注引何劭《王弼传》也说："其（弼）论道，附会文辞不如何晏，自然有所拔得，多晏也。"这说明，何晏注《老》时只在附会文辞、约取众美上下功夫，并未拔出"以'无'为本"这一原则的系统的理论体系。

内证二：何晏的易学思想仍未脱离汉代象数学的影响。《三国志·魏书·管辂传》注引《辂别传》说，正始九年（248年）裴徽举管辂为秀才去京都洛阳，裴徽曾告诉管辂说：何晏"自言不解《易》九事，必当以相问"，言下之意是要管辂做好准备。正始九年十二月二十八日，何晏召见了管辂，让他为自己占卜，并谈论了《易》之九事，"九事皆明，晏曰：君论阴阳，此世无双"。管辂是魏正始时代的象数易学的代表，他研《易》主要在占卜，而不在义理。何晏能佩服管辂之论《易》，对他称赞有加，这必然表明，何晏的《易》学思想也是象数派的，起码未脱离开象数学的思想影响，并未转到以王弼为首的《易》学义理派。这就大大影响了何晏玄学体系的建构。汤用彤先生曾指出："何晏对于体用之关系未能如王弼所体会之亲切，何氏仍犹未脱汉代之宇宙论，末有本无分为两截，故动静亦遂对立。"❶这正是何晏的"无"本论玄学体系尚不能以"一"贯之的表现。

　　内证三：何晏将性与情分为两截。《三国志·魏书·钟会传》注引何劭《王弼传》云："何晏以为圣人无喜怒哀乐，其论甚精，钟会等述之。"这说明，何晏认为圣人是无情的。他在《论语集解》中解说颜渊"不迁怒"句时说："凡人任情，喜怒违理。颜渊任道，怒不过分。"孔子是圣人，颜渊只是低一等的贤人，所以颜渊有"怒"之情在，但颜渊能以"道"行事，"怒不过分"。但无论怎么说，何晏是将情排除在圣人之外的。没有情的圣人看起来非常之崇高、纯净，但却因此而失去了圣人的意义，这种圣人也就成了干瘪的木乃伊了。从这里就可以看出，何晏是将玄学的"无"本论原则与其具体运用辟为两截的。王弼就反对何晏的"圣人无情"说，认为"圣人茂于人者神明也，同于人者五情也"，圣

---

❶ 汤用彤：《汤用彤学术论文集》，中华书局1983年版，第263页。

人仍是有情的，只是"圣人之情应物而无累于物"罢了（均见何劭:《王弼传》）。这就将性与情统一了起来，表现在哲学体系上就是将体与用统一了起来。所以汤用彤先生指出："平叔言圣人无情，废动言静，大乖体用一如之理，辅嗣所论天道人事以及性情契合一贯，自较平叔为精密。"❶

三、王弼与正始玄学理论的诞生

（一）王弼生平

王弼，字辅嗣。关于王弼的籍贯与生年，我们先看一些史料:《三国志·魏书·钟会传》说钟会"与山阳王弼并知名"；又《钟会传》注引何劭《王弼传》云:"正始十年，曹爽废，（弼）以公事免。其秋，遇疠疾亡，时年二十四。无子，绝嗣。弼之卒也，晋景王闻之，嗟叹者累日，其为高识所惜如此。"可知，王弼祖籍是山阳高平（今山东金乡县西北）人。不过，王弼自己并不出生于山阳。弼是王业子、王凯孙、王粲从孙。汉献帝初平元年（190年）董卓挟汉帝西迁时，王凯和王粲随至长安；初平三年为避李傕、郭汜乱，凯、粲又到荆襄依刘表，表"以女妻凯"（《博物志·人名考》），生王业。建安十三年（208年）凯、粲随刘琮降曹，建安十七年还邺，随后又迁许昌、洛阳，王弼出生时已在洛阳了。王弼卒于正始十年（249年）秋，享年24岁，故其出生年为魏文帝黄初七年（226年）。

王弼一生短暂，没有什么功业。但他也求取过功名。何劭《王弼传》这样说:"正始中，黄门侍郎累缺，晏既用贾充、裴乐、

---

❶ 汤用彤:《汤用彤学术论文集》，中华书局1983年版，第263页。

朱整，又议用弼。时丁谧与晏争衡，致高邑王黎于曹爽。爽用黎，于是以弼补台郎。初除，觐爽，请问。爽为屏左右，而弼与论道移时，无所他及，爽以此嗤之。时爽专朝政，党与共相进用，弼通俊不治名高。寻黎无几时病亡，爽用王沈代黎，弼遂不得在门下。晏为之叹恨。弼在台既浅，事功亦雅非所长，益不留意焉。"可见，王弼想谋黄门侍郎一职，但终未如愿。他本人也不善于谋政，故终生致力于思想建树。

王弼是正始玄学的奠基者。他之所以能创建开一代新风的玄学思潮，这除了一些时代条件外，与他本人的家世不无关系。王弼出身于一个显赫世家。这个世家可追踪到东汉王龚，他历任司隶校尉、太仆、太常、太尉；其子王畅，为东汉党人名士领袖，与陈蕃、李膺齐名，历任太守、尚书、司空；畅子谦，乃汉末大将军何进长史，位居枢要；谦子粲，是汉魏时代的著名文学家，是曹魏制度的创始人之一。王凯是王粲的族兄。初平三年粲、凯共到了荆州依刘表，表以女妻王凯而生王业，业之子为宏、弼。王粲本有二子，但在建安二十四年（219年）的魏讽之乱中因参与谋反被诛，魏文帝曹丕将王业过继给王粲（粲卒于建安二十二年）。所以，王弼是王粲的从孙。在汉末天下大乱之时，刘表所治的荆州却是一块相对安乐的净土，其时大批文士趋之。刘表乃重儒业，开学官，撰五经章句，遂成荆州学。其时，宋衷（又作忠）为荆州学的主持者，他重汉代扬雄的《太玄》思想，曾注《太玄》。王粲与宋衷善。这些家世，不能不对少年王弼产生影响，王弼所练就的玄学"童子功"正是其家世的表现。

王弼的著作有《老子注》或《老子道德经注》，今存。《老子指略》，原佚，由王维诚于《云笈七签》和《道藏》中发现辑出，经整理后发表于建国前北京大学《国学季刊》第七卷第三期上。《周易注》，见阮刻《十三经注疏》本。《论语释疑》，已佚，片断散见于梁皇侃的《论语义疏》和北宋邢昺的《论语正义注疏》中。今有楼宇烈的《王弼集校释》上、下册，中华书局1980年版，收有王弼的全部著作。

《老子注》和《周易注》是王弼阐发其玄学思想的两部重要著作。关于这两部注的先后，现在学者们公认《老子注》在前而《周易注》在后。而关于这两部注的具体完成时间，一说《老子注》完成于正始五年以前❶，一说《老子注》完成于正始八年前；而《周易注》完成于正始八年至十年之间，约在正始九年十二月前后❷。这些说法可供参考。这里之所以要考较王弼的《老子注》和《周易注》的完成先后，是因为这涉及一个重要的玄学理论建设问题。我们在前面谈何晏玄学思想时指出，何晏只提出了"以'无'为本"的玄学总纲或原则，并未能再把这一原则贯彻下去以具体解释现象世界，所以他并未完成玄学理论的建构任务。王弼则完成了。王弼之完成玄学理论建构任务的标志就是《老子注》和《周易注》这两部注。《老子注》偏重于讲"以'无'为本"的总纲，即偏重于抽象理论；《周易注》则偏重于讲具体事件中的"无"本论原则，即偏重于将"无"本原则贯彻到具体事例中去。二注结合，完成了由具体到抽象又由抽象到具体的统一，终于建构起了正始玄学的理论体系。

---

❶ 参见刘汝霖：《汉晋学术编年》卷六，上海书店1992年版。

❷ 参见王葆玹：《正始玄学》，齐鲁书社1987年版，第163—166页。

（二）王弼的玄学思想

关于王弼的玄学思想，我们分以下四个方面予以概述。

1.“无”本论。“以‘无’为本”，这是何晏和王弼建构起来的正始玄学的基本纲领。当然，王弼不仅确定了这一“无”本论的原则，而且能反过来将这一原则运用到对现象世界的解释中去，终于成就了一个比较成熟的玄学理论。

在讨论王弼“无”范畴的含义以前，我们有必要先来了解一下学界对王弼“无”范畴的看法。其看法有这样几种：

其一，认为“无”是体。汤用彤先生指出：“万有群变以无为本。是则万有归于一本。群变原即寂无。未有非于本无之外，另有实在，与之对立。故虽万物之富，变化之烈，未有不以无为本也。此无对之本体（substance），号曰无，而非谓有无之无。因其为道之全，故超乎言象，无名无形。圆方由之得形，而此无形。白黑由此得名，而此无名。万有群生由之以成，而非器形之所谓生。形器之生，如此生彼，昭然二物。而宇宙之本，虽开物成务，然万物未尝对本而各有实体。”❶这是说王弼的“无”并非有无之无，它是宇宙万物及社会人生的存在依据、本原。这个“无”与群有的关系是体用关系，体用如一，与汉代的宇宙发生论完全不同。

其二，认为“无”是抽象的一般。如说：“在王弼那里，所谓‘无’实际上是把客观世界的一切属性抽空了的、最高的抽象

---

❶ 汤用彤：《魏晋玄学流别略论》，载《魏晋玄学论稿》，上海古籍出版社 2001 年版。

概念"❶;"王弼的'无'实际上是指抽掉一切具体规定性的'有'(pure being),即最抽象的'一般'。如果说,任何具体的事物都有其具体的规定性,即以某种规定性为'性',那么王弼的'无',它不是什么具体的东西,它是无规定性的,即以'无规定性'为'性'。无规定性的'无'是不存在的,但它又是一切存在的根据,是'纯有'(pure being)。"❷"'无'作为'品物之宗主',不具有任何具体性质,它听不到、看不到、摸不到,也嗅不到。正因为这样,它才能'苞通天地,靡使不经',即主宰天地万物的存在及其有规律的运动变化。"❸

其三,认为"无"是共相。如说:"王弼这个本体的虚静的'无'是没有任何物质属性和内容的东西,是'无形无名''无状无象,无声无响'……'无'不是感性存在着的东西,是纯粹思想的创造物。因此这样的东西是不能被我们感觉器官所感触到的。"❹冯友兰先生更明确地指出:"'群'有就是一大群殊相,一大群具体的事物。寓于一大群殊相的就是'有'这个共相,'有'这个共相不可能是任何殊相,不可能是任何具体事物。因为如果它是这种具体事物,它就不可能是那种具体的事物了。……在理论上说,它可能是任何东西;在实际上说,它不可能是任何东西,它

---

❶ 汤一介:《郭象与魏晋玄学》(增订本),北京大学出版社 2000 年版,第 44 页。

❷ 汤一介:《论魏晋玄学》,载《中国哲学的诠释与发展——张岱年先生九十寿庆纪念文集》,北京大学出版社 1999 年版。

❸ 肖萐父、李锦全:《中国哲学史》上卷,人民出版社 1982 年版,第 374 页。

❹ 许抗生等《魏晋玄学史》,陕西师范大学出版社 1989 年版,第 93 页。

是不是任何东西的东西。可是实际上不可能有不是任何东西的东西，因此，'有'又变成'无'了。"❶这个看法与黑格尔《逻辑学》中讲的"纯有""纯无"的思想相一致。

其四，认为"无"是万物的"本始"或生成者。如说："这个'道'，他（即王弼）又称做极或宗主"，"现实世界有'宗主'，万物的最后根源也有'宗主'，因此，抽象的形而上学的道便是像上帝一样的一种'宗主'了，它掌握着人类社会的一切命运。唯心主义必然要走进有神论的宗教世界观，这里就是例子。不过这种狡猾的有神论比汉儒的神学要显得较多理论化一些罢了。"❷这是认为王弼的"无"与汉代神学没有什么本质区别。这个看法有点简单。但认为王弼的"无"仍有某些汉代宇宙生成论的痕迹，却是有见地的。如说："王弼的'本体论'仍然带有从生成论向本体论过渡的某种特征。"❸"王弼哲学既是玄学本体论的早期形态，便不可能十分成熟；它既是由宇宙构成论演化来的，便不可能割断同宇宙构成论的联系。"❹

其五，认为"无"相当于黑格尔哲学中的"纯无"的意义。如说："贵无论的最高范畴'无'就是由'无为''无形''无名''无音''无声'等等特定的有限的无中抽象出来的'一般的无'。……这个被玄学视为本体的'无'，相当于黑格尔所谓的'纯无'的意义，即它是一个抽象的、一般的无。而无形、无名、无为、无事

---

❶ 冯友兰：《哲学回忆录》，载《中国哲学》第 7 辑。

❷ 侯外庐等：《中国思想通史》第三卷，人民出版社 1957 年版，第114—115 页。

❸ 金春峰：《从比较联系中考察玄学》，《文史哲》1985 年第 4 期。

❹ 王葆玹：《怎样认识王弼的本体论》，《文史哲》1985 年第 3 期。

则是某种规定物、某一内容的无。"并说:"从共相和殊相,从一般和个别的方面来看,'无'并不是普遍意义上的一般或共相,它只是一个特定的一般,即无的一般,而不是指的人一般、桌子的一般等等。"❶

其六,认为"无""是某种'作用方式'或原理、原则,其内容指自然无为"。如说:"'无'作为自然或无为之义,可由客观和主观两面而定。所谓客观是从宇宙本体方面说,主观则是从人事或主体的精神境界方面说。……可见,在玄学中,'无'不管是作为客观性的原则,还是作为主观性的原则,总是表示自然之义,或说表示无为之义。"❷

总之,王弼的"无"是个含义很丰富的范畴。但这种丰富性也说明了"无"范畴的多义性和一定程度上的不成熟性和过渡性。下面我们就王弼的"无"含义做一分疏。

王弼的"无"本论主要是在注《老》和论《老》中发挥出来的。在《周易注》中,王弼则对这个"无"本论做了具体运用,即将"以'无'为本"的原则与具体事例结合起来以阐发具体的道理。所以,我们在此谈王弼的"无"本论时以《老子注》为主。

王弼的"无"有三种含义❸:

---

❶ 陈来:《魏晋玄学的"有""无"范畴新探》,《哲学研究》1986 年第 9 期。

❷ 高晨阳:《论玄学"有""无"范畴的根本义蕴》,《文史哲》1996 年第 1 期。

❸ 康中乾在《有无之辨——魏晋玄学本体思想再解读》(人民出版社 2003 年 5 月版)一书中将王弼的"无"分疏为五个方面的含义,可参考。

其一，以"无"为体。这是"无"的本体义。王弼在注《老子》第一章时，就开宗明义地指出：

> 凡有皆始于"无"。故未形无名之时，则为万物之始；及其有形有名之时，则长之、育之、亭之、毒之。为其母也。言"道"以无形无名始成，万物以始以成而不知其所以[然]，玄之又玄也。❶

"凡有皆始于'无'"，可谓一语中的。这里的"有"是指物质世界的存在，我们常称之为现象；"无"就是一切物质现象所赖以存在的根据，即本体。在王弼看来，现象之所以存在，就在于有非现象的本体"无"存在。"万物以始以成而不知其所以然"，这个"所以然"正是现象之所然、所是的根据。这里的"长之、育之、亭之、毒之"之说出自《老子》第五十一章："故以道生之，德畜之：长之、育之、亭之、毒之、养之、覆之。"此处的"亭""毒"二字各有两解：一是解"亭"为"定"，《苍颉篇》："亭，定也"；解"毒"为"安"，《广雅·释诂》："毒，安也"。二是解"亭"为"成"，解"毒"为"熟"，如《老子》河上公本及其他古本就将"亭之毒之"作"成之熟之"。王弼注说："[亭谓品其形，毒]谓成其[质]，各得其庇荫，不伤其体矣。"（《老子注》第五十一章）王注中的"亭""毒"在字义上有"定""安"义，在思想上有"成""熟"义。这是说，"无"（或"道"）作为万物的存在依据成就着万物，而当万物被成就之后它又生长、养育着万

---

❶ 此处所引王弼的文字，据上海古籍出版社 1989 年出版的线装本《老子》和中华书局 1980 年出版的楼宇烈校释本《王弼集校释》，方括号中的文字依楼宇烈本校改，下同。

物。正因为这样，"无"才是应有的本原或本体，故"万物之始于无"（《老子注》第二十一章）也。

王弼在注《老》时，随文多处发挥了"以无为本"的思想。比如，在注《老子》第六章"绵绵若存"句时说："欲言存邪，则不见其形；欲言亡邪，万物以之生，故'绵绵若存'也。"在注《老子》第十四章"其上不皦……"句时说："欲言无邪，而物由以成；欲言有邪，而不见其形，故曰'无状之状，无物之象'也。"在注《老子》第二十一章时说："以无形始物，不系成物，万物以始以成而不知其所以然，故曰'恍兮惚兮，[其中有物]；惚兮恍兮，其中有象'也。"在注《老子》第二十五章时说："寂寥，无形体也。无物[匹之]，故曰'独立'也。返化终始，不失其常，故曰'不改'也。"在注《老子》第三十四章时说："万物皆由道而生，既生而不知其所由。故天下常无欲之时，万物各得其所，若道无施于物，故名于小矣。""万物皆归之以生，而力使不知其所由，此不为小，故复可名于大矣。"在注《老子》第三十八章时说："故物，无焉，则无物不经；有焉，则不足以免其生。""本在无为，母在无名。弃本舍母，而适其子，功虽大焉，必有不济；名虽美焉，伪亦必生。""[万物]虽贵以无为用，不能舍无以为体也。舍无以为体，则失其为大矣。""载之以道，统之以母，故显之而无所尚，彰之而无所竞。用夫无名，故名以笃焉；用夫无形，故形以成焉。守母以存其子，崇本以举其末，则形名俱有而邪不生，大美配天而华不作。"在注《老子》第四十章时说："天下之物，皆以有为生。有之所始，以无为本。将欲全有，必反于无也。"在注《老子》第四十二章时说："万物万形，其归一也；何由致一，由于无也。由无乃一，一可谓无矣。"在注《老子》第五十七章时说："夫以道治国，崇本以息末；以正治国，立辟以攻末。本不立而末浅，民无所及"。"立正欲以息邪，而奇兵用；多忌讳欲以耻贫，而民弥贫；利器欲以强国者也，而国愈昏多。皆舍本以治末，故以致此也。""上之所欲，民从之速也。我之所欲唯无欲，而民亦无欲而自朴也。此四者，崇本以息末也。"在注《老子》第五十八章时说："以光鉴其所以迷，不以光照求其隐匿也，所谓明道若昧也。此皆崇本以息末，不攻而使复之也。"王弼在此从多方面阐述了"以'无'为本"的本体思想，提出了有无、本末、母子、体用等成对范畴，用以说明现象界的存在有一个根据和本体。

王弼的"无"本论论述不是非常系统，他是在注《老子》时随文发挥的。但其思想却是清楚的，即"以'无'为本"。这里值得注意的是王弼对《老子》中宇宙生成论思想的改造。《老子》第四十章讲："天下万物生于有，有生于无。"这里的"生"明显有宇宙生成论思想。王弼对此有所觉察。他在注"有生于无"句时指出："有之所始，以无为本。"这是说"有"不是从"无"中生出来的，而是"本"于"无"的。"生"于无和"本"于无，一字之差，思想倾向不同，前者讲的是宇宙生成论，后者就成了宇宙本体论了。在前引王弼注《老子》第一章的话中，从字面意思看，"凡有皆始于无，故未形无名之时，则为万物之始"中的"始"字有开始义，即宇宙万有都从"无"开始，这就带有宇宙生成论的痕迹了。但王弼并未到此为止，他紧接着说："及其有形有名之时，则长之、育之、亭之、毒之，为其母也。言道以无形无名始成万物"。"道"（或"无"）作为"母"，固然有生成的意味；但它与万物的关系不仅仅是生出，生出后还要"长之、育之、亭之、毒之", 这样一来"道" (或"无") 就成了万物生长过程中的依据即本体了。王弼在注《老子》第六章的"谷神不死, 是谓玄牝"时说: "谷神, 谷中央无者也。无形无影, 无逆无违, 处卑不动, 守静不衰, 物以之成, 而不见其形, 此至物也。……欲言存邪, 则不见其形; 欲言亡邪, 万物以之生。"从字面看, 这里也有宇宙生成论的痕迹。但体味整段注文却不难看出, 这里的"物以之成""万物以之生"之说并不是简单地指"道"生出万物, 而是说"玄牝" ("道") 这个天地之根本身"无形无影, 无逆无违"地处在万物之生、之成的过程中, 它是万物之生成的本原和本体。在注《老子》第十章"生而不有, 为而不恃, 长而不宰, 是谓玄德"一语时, 王弼说: "不塞其原, 则物自生, 何功之有? 不禁其性, 则物自济, 何为之恃? 物自长足, 不吾宰成, 有德无主, 非玄而何? 凡言玄德, 皆有德而不知其主, 出乎幽冥。"老子的原义有生成论的思想, 王弼则提出了"自生""自济""自长足"的思想, 这就有了本体论的意义。还有, 如在注《老子》第二十五章"有物混成, 先天地生"时说: "混然不可得而知, 而万物由之以成, 故曰'混成'也。"在注《老子》第三十四章"万物恃之而生而不辞"时说: "万物皆由道而生, 既生而不知其所由。"在注《老子》第四十二章"道生一, 一生二, 二生三, 三生万物"时说: "万物万形, 其归一也。何由致一, 由于无也。由无乃一, 一可谓无。已谓之一, 岂得无言乎? 有言有一, 非二如何? 有一有二, 遂生乎三。从无之有, 数尽乎斯, 过此以往, 非道之流。"在注《老子》第五十一章"道生之, 德畜之, 物形之, 势成之"时说: "何由而生? 道也。何得而畜? 德也。""凡物之所以生, 功之所以成, 皆有所由。有所由焉, 则莫不由乎道也。""道者，物之所由也；德者，物之所得也。"在这几章中，《老子》原文均有"生"字，其宇宙生成论思想是明显的。王弼的注文则将"生"换成"由"。"由"按杨树达《词诠》的解释，当作介词时有"自""从""因""于"诸义，而"因"字义的"由"就是根据、依据义。❶可见，王弼在注《老子》时的确改造了《老子》中的宇宙生成论思想，起码淡化了《老子》中的宇宙生成论，突出了或者说建构了宇宙本体论。

其二，以"无"为用。这是"无"的功能义。《老子》中有自然无为的思想，主张"圣人处无为之事，行不言之教，万物作而弗始"（第二章）、"我无为而民自化"（第五十七章）、"无为而无不为"（第四十八章）等。王弼发挥了《老子》的这一思想，把它贯彻在以"无"为本的本体论中，这就是"无"范畴的功能义。王弼说：

> 凡有之为利，必以无为用。欲之所本，适道而后济。（《老子注》第一章）

> 言无者，有之所以为利，皆赖无以为用也。（《老子注》第十一章）

> 夫无不可以无明，必因于有。故常于有物之极，而必明其所由之宗也。（韩康伯《系辞注》引王弼《大衍义》）

王弼在此提出了"以'无'为用"的问题。"以'无'为本"是王弼玄学的主旨。但这个作为"本""体"的"无"不是绝对的虚无或没有，它有，它是万事万物之存在的根据。所以，这个"无"要发挥本体的作用，还必须与有结合起来，在有中以显示

---

❶ 关于王弼对《老子》宇宙生成论思想的改造，请参见许抗生先生《关于玄学哲学基本特征的再研讨》（《中国哲学史》2000 年第 1 期）一文。

自己的存在，这就是"以'无'为用"。作为"用"的"无"是一种作用方式或方法，它的具体内容就是"无为"或"自然"，也常叫"自然无为"。

王弼在注《老子》第一章时开宗明义地阐发了"无"的本体义。同样地，他在此也开宗明义地阐发了"无"的功能义，即"凡有之为利，必以无为用"。这是说，有之所以能有实效、实利，是由于"无"的作用结果，"无"之无为而成就了有的有为。王弼在注《老子》第十一章"三十辐共一毂，当其无，有车之用"时更明确地发挥了"以'无'为用"的思想。他指出：

> 毂所以能统三十辐者，无也。以其无能受物之故，故能以寡统众也。木、埴、壁所以成三者，而皆以无为用也。言无者，有之所以为利，皆赖无以为用也。

"三十辐共一毂，当其无，有车之用。埏埴以为器，当其无，有器之用。凿户牖以为室，当其无，有室之用。故有之以为利，无之以为用。"这是《老子》的名言。"辐"，车轮中的直木，即辐条，它外接辋而内连毂。"毂"，车轮中心的圆孔，即插车轴的地方。《说文解字》曰："毂，辐所凑也。"《六书故·工事三》："轮之中为毂，空其中，轴所贯也，辐凑其外。""埏"，当作"挺"。马叙伦说："《说文》无'埏'字，当依王本作'挺'，而借为'抟'……《说文》曰：'抟，以手圜之也。'于义较当。《风俗通》曰：'俗说，天地初开辟，未有人民，女娲抟土为人。''抟土'与'抟埴'同。"❶"埴"即土，《说文解字》："埴，黏土也。"《老子》的意思是说，三十根辐条汇集于毂中，有了毂之中空的地方，才

---

❶ 转引自陈鼓应：《老子注译及评介》，中华书局1984年版，第102页。

有车的作用；抟土为器皿，有了器皿中空的地方，才有器皿的作用；开凿门窗以成室屋，有这门窗中空的地方，才有室屋的作用，所以有能给人以利益，是因为"无"（空）发挥了其作用。王弼的注文就是来诠释《老子》的这个思想的。不过，他在此着重强调了"无"的作用。他认为，毂之所以能将三十根辐条容纳于一身，是因为有其中间的空的地方，因为中空，所以才能受物，否则的话它是不能将三十根辐条容于身的；即使容了，那也不成为车。同理，器皿、屋室之所以有用，是因为它们自身中的空（"无"）。因此，王弼的结论是："有之所以为利，皆赖无以为用也。"在王弼的玄学中，"无"本来是体，是本，它不是用，它是用的存在依据。但王弼在这里却大讲"无"的用。那么，王弼玄学中的这个"无"究竟是体还是用？王弼自己也没有分疏明白。这一方面表明了王弼"无"本论的理论深度和成熟程度还不够，但另一方面也表明了"无"本论的体用不二的特征，这恰是"无"范畴的理论长处，即没有使这个"无"成为一条单纯抽象的原则而与众有脱离，它与众有相即不离，因此完成了抽象与具体的统一。不过要明白，王弼"无"本论中的体用不二思想尚有自发性。

王弼在注《老》《易》时，在不少地方随文发挥了"无"的功能义的思想。比如说：

> 冲而用之，用乃不能穷。满以造实，实来则溢。故冲而用之又复不盈，其为无穷亦已极矣。（《老子注》第四章）

> 天地任自然，无为无造，万物自相治理，故不仁也。仁者必造立施化，有恩有为。造立施化，则物失其真；有恩有为，则物不具存。物不具存，则不足以备载。地不为兽生刍

而兽食刍，不为人生狗而人食狗，无为于万物而万物各适其所用，则莫不赡矣。(《老子注》第五章)

橐籥之中空洞，无情无为，故虚而不得穷屈，动而不可竭尽。天地之中，荡然任自然，故不可得而穷，犹若橐籥也。(同上)

橐籥而守数中，则无穷尽。弃己任物，则莫不理。若橐籥有意于为声也，则不足以其吹者之求也。(同上)

谷神，谷中央无者也。无形无影，无逆无违，处卑不动，守静不衰，物以之成而不见其形，此至物也。(《老子注》第六章)

道常无为。侯王若能守，则万物自化。(《老子注》第十章)

不塞其原，则物自生，何功之有？不禁其性，则物自济，何为之恃？物自长足，不吾宰成，有德无主，非玄而何？(同上)

朴之为物，以无为心也。……朴之为物，愦然不偏，近于无有，故曰莫能臣也。抱朴无为，不以物累其真，不以欲害其神，则物自宾，而道自得也。(《老子注》第三十二章)

天地相合，则甘露不求而自降。我守其真性无为，则民不令而自均也。(同上)

以无为用，则莫不载也。(《老子注》第三十八章)

为功之母不可舍也。是以皆无用其功，恐丧其本也。(《老子注》第三十九章)

虚无柔弱，无所不通，无有不可穷，至柔不可折。以此推之，故知无为之有益也。(《老子注》第四十三章)

有为则有所失，故无为乃无所不为也。(《老子注》第四十八章)

神则无形者也，不见天之使四时，而四时不忒；不见圣

人使百姓，而百姓自服也。(《周易注·观》)

这些注文都是围绕一个中心，即无为而无不为，这就是"以'无'为用"。"以'无'为用"是"以'无'为本"的本体论在现象界的贯彻和表现。

其三，与"道"("无")同体。这是"无"的境界义。《三国志·魏书·钟会传》注引何劭《王弼传》云：

> 时裴徽为吏部郎，弼未弱冠，往造焉。徽一见而异之，问弼曰："夫无者诚万物之所资也，然圣人莫肯致言，而老子申之无已者何？"弼曰："圣人体无，无又不可以训，故不说也。老子是有者也，故恒言无，所不足。"

《世说新语·文学》中也有记载：

> 王辅嗣弱冠诣裴徽。徽问曰："夫无者诚万物之所资，圣人莫肯致言，而老子申无已，何邪？"弼曰："圣人体无，无又不可以训，故言必及有。老、庄未免于有，恒训其所不足。"

这两则史料有些出入。何劭是西晋人，他作《王弼传》当然在前。等南朝的刘义庆作《世说新语》时，大概将《王弼传》所载弼见裴徽的事作为逸闻故事录入。但这里都说，王弼有"圣人体无"的思想。"体"与认识活动不同，体者体察、体会、体尝、体恤、体验等之谓也。所以，"体无"就要与"无"为一体，即主体要处在"无"之中去。然而"无"不同于有，它无形无象无名，怎么去与之一体呢？这就非境界莫属。因此，"体无"说所讲的就是"无"的境界义。

王弼在注《老子》第三十八章时说："天地虽广，以无为心；圣王虽大，以虚为主。"这是从外、内，即从客观和主观两个方面来说明"无"本论思想的。天地"以无为心"也就是"以无为本"。王弼在《周易注·复卦》中说:"天地以本为心者也。……然则天地虽大,富有万物,雷动风行,运化万变,寂然至无,是其本矣。"天地怎么"以无为本"呢?王弼在注《老子》第五章时说:"天地任自然,无为无造,万物自相治理,故不仁也。仁者必造立施化,有恩有为。造立施化,则物失其真;有恩有为,则物不具存。物不具存,则不足以备载矣。地不为兽生刍而兽食刍,不为人生狗而人食狗。无为于万物而万物各适其所用,则莫不赡矣。若慧由己树,未足任也。"这是说,天地自然而然,无欲无为,生而不有,为而不恃,顺物之性,任物之情,这就是"法自然",也叫"以'无'为本"。天地万物皆以"无"为本,按自然无为的原则行事,就能达到和谐统一,生生不息,这就是"莫不赡矣"。

圣人行事也应该如此,这就叫"以虚为主"。"以虚为主"也就是"以无为本"。那么,要"虚"什么呢?就是要虚"心"或无"心"。天地无心,故才能无为无造,才能任自然。但人却不然。人生而有"心",有心就有执,就有意识,有目的,有欲求,就要有作有为。所以,若按人的本性说的话,人是有为的而不是无为的。圣人之所以异于常人并高于常人,就在于圣人能"虚其心",即能按照自然无为的原则行事。王弼说:"道以无形无为成济万物,故从事于道者以无为为君,不言为教,绵绵若存,而物得其真。与道同体,故曰'同于道'。"(《老子注》第二十三章)"道"以无事无为成济万物。圣人从事于"道"或按"道"行事,当然要无事无为,这就叫"以无为为君",也叫"以无为本"。这样,就会"与道同体",就会"同于道",即达到与"道"合一的境界。可见,要体"道"("无")就要"以无为为君",即主体之"我"先做到无心,处在一种无思无虑、无适无莫的境界中。

王弼在注《老》时多处发挥了这种无心无虑、无适无莫而与"道"同体的境界思想。他说：

与天合德，体道大通，则乃至于极虚无也。（《老子注》第十六章）

穷极虚无，得道之常。（同上）

鱼相忘于江湖之道，则相濡之德生也。（《老子注》第十八章）

我廓然无形之可名，无兆之可举，如婴儿之未能孩也。（《老子注》第二十章）

我独廓然无为无欲，若遗失之。（同上）

绝愚之人，心无所别析，意无所好欲，犹然其情不可睹，我颓然若此也。（同上）

圣人不立形名以检于物，不造进向以殊弃不肖，辅万物之自然而不为始，故曰"无弃人"也。（《老子注》第二十七章）

圣人达自然之性，畅万物之情，故因而不为，顺而不施，除其所以迷，去其所以惑，故心不乱而物性自得之也。（《老子注》第二十九章）

是以上德之人，唯道是用。不德其德，无执无用，故能有德而无不为。不求而得，不为而成，故虽有德而无德名也。下德求而得之，为而成之，则立善以治物，故德名有焉。求而得之，必有失焉；为而成之，必有败焉，善名生则有不善应焉。故下德为之而有以为也。（《老子注》第三十八章）

任自然之气，致至柔之和，能若婴儿之无所欲乎，则物全而性得矣。（《老子注》第十章）

有德而不知其主也，出乎幽冥，是以谓之玄德也。（《老

子注》第五十一章）

这里所说的"体道大通""穷极虚无""得道之常""廓然无为""达自然之性""畅万物之情""任自然之气""玄德"等等，都是圣人的自然无为的行为。这是圣人的行为，也是圣人的处事方式，同时还是一种工夫，亦是一种境界。按自然无为的方式行事，就是体"道"。这是一种工夫，有了这种工夫，也就有了与"道"一体的境界了。

总之，王弼通过"以'无'为本""以'无'为用""与'道'同体"的三个方面的阐述，建构起了一个比较系统的、体用统一的"无"本论玄学理论。而且，"以'无'为本"和"以'无'为用"这两个方面的相辅相成，建构了一个宇宙本体论的玄学理论；"与'道'同体"则关乎人的内在的心性问题，属人生哲学方面。王弼"无"本论玄学的"以'无'为本""以'无'为用""与'道'同体"这三方面的统一又将宇宙本体论与人的心性论结合了起来。可见王弼玄学思想的丰富和一定程度的博精，因此它代表了和标志着正始玄学理论的诞生。

"无"本论是王弼玄学思想的核心。围绕这一核心，王弼玄学思想还有几个方面。这就是：

2. 言意论。玄学要究"玄"，即要探讨现象后面的本体问题，而"无"就是这样的本体。但"无"和"有"不一样，"有"是有形有象有名的，而"无"却无形无象无名。那么，怎么来认识这个本体之"无"？人如何去把握它呢？这就涉及了正始玄学中的另一个重要问题：言意之辨。

正始之前的荀粲就提出了言不尽意的问题，主张要寻求和把握"象外之意""系表之言"的东西。何晏在《无名论》中讲"有所有"和"无所有"，也涉及言意问题。王弼对这些思想做了提升，非常系统地提出了魏晋玄学的言意问题。他在《周易略例·明象》中指出：

> 夫象者，出意者也；言者，明象者也。尽意莫若象，尽象莫若言。言生于象，故可寻言以观象；象生于意，故可寻象以观意。意以象尽，象以言著。故言者所以明象，得象而忘言；象者所以存意，得意而忘象。犹蹄者所以在兔，得兔而忘蹄；筌者所以在鱼，得鱼而忘筌也。然则，言者，象之蹄也；象者，意之筌也。是故，存言者，非得象者也；存象者，非得意者也。象生于意而存象焉，则所存者乃非其象也；言生于象而存言焉，则所存者乃非其言也。然则，忘象者，乃得意者也；忘言者，乃得象者也。得意在忘象，得象在忘言。故立象以尽意，而象可忘也；重画以尽情，而画可忘也。

王弼的此段话论述了三层意思：其一是关于言、象的来源问题。王弼在此并非讨论一般的言和象。一般意义上的言象问题是有关名形或名实问题，对此王弼有"名以定形"（《老子注》第二十五章）、"名号生乎形状"（《老子指略》）、"凡名生于形，未有形生于名者也"（同上）、"核实定名"（同上）之说。他在此讨论的是关于《易经》中的卦名、卦象的来源问题。《易》是一部筮书，它由☰（乾）、☷（坤）……六十四个卦形以及用于解说这些卦形的卦辞、爻辞所组成。那么，这些卦形（象）和卦、爻辞（名）是怎么来的呢？《易传·系辞下》说："古者包牺氏之王天下也，仰则观象于天，俯则观法于地，观鸟兽之文与地之宜，近取诸身，远取诸物，于是始作八卦，以通神明之德，以类万物之情。"看来，之所以会有卦象，是圣人仰观俯察、观物取象的结果。"天垂象，见吉凶，圣人象之。"(《易传·系辞上》)圣人通过观物取象,悟到了天地万物之存在和运动变化之理,故可"通神明"而"类万物",这就是圣人之意。圣人为了把自己的这个"意"传达出来,就画成了卦象,然后再对这些卦象做解说,就有了辞,即名。所以,意→卦象→辞(名)是《易》之形成的过程。这是秦汉以来儒家的传统《易》学观。王弼也继承了这种观点,他在此处所发挥的就是儒家传统的"名""象"来源问题。他明确认为,"言生于象","象生于意"。意是最根本的,言、象都是派生物。所以,"言生于象而存言焉,则所存者乃非其言也";"象生于意而存象焉,则所存者乃非其象也。"

其二是关于"言""象"的功能问题。言、象不是固有的,它们都派生于意。那么,为什么要生出言和象呢?因为它们是理解、掌握圣人之意的工具,必不可少。《庄子·外物》说:"筌者所以在鱼,得鱼而忘筌;蹄者所以在兔,得兔而忘蹄;言者所以在意,得意而忘言。""筌"是鱼笱,"蹄"是兔置,它们是捕猎鱼兔的工具。没有筌、蹄,人们捕不到鱼、兔。同样,言、象是理解、掌握"意"的工具,没有它们的话圣人之意就不可得而知了。

其三是关于使用"言""象"的目的问题。言、象在《易》中尽管重要和必要,但毕竟是工具而已,它们的作用就在于帮助人去通达那个"意",理解了"意"后,言、象的任务就完成了。王弼关于"言""象""意"之关系的侧重点在"意"上。他明确指出:"故言者所以明象,得象而忘言;象者所以存意,得意而忘象。犹蹄者所以在兔,得兔而忘蹄;筌者所以在鱼,得鱼而忘筌也。"人们之所以要用筌、蹄,目的在于捕鱼猎兔。同理,人们之所以要用言、象,目的就在于去达"意"。如果不以达"意"为目的，为言而言，为象而象，就会本末倒置，最终只能走入死胡同。正是基于达"意"之目的，王弼对汉《易》之烦琐的象数学十分鄙视。他说："是故，触类可为其象，合义可为其征。义苟在健，何必马乎？类苟在顺，何必牛乎？爻苟合顺，何必坤乃为牛？义苟应健，何必乾乃为马？而或者定马于乾，案文责卦，有马无乾，则伪说滋漫，难可纪矣。互体不足，遂及卦变；变又不足，推致五行。一失其原，巧愈弥甚。从复或值，而义无所取，盖存象忘意之由也。忘象以求其意，义斯见矣。"（《周易略例·明象》）汉《易》之象数学之所以有互体、卦变、卦气、五行等等之说而愈说愈繁，愈演愈烈，根本原因就在于"存象忘意"，失去了《易》的精神实质，按图索骥，终难见《易》之"意"。王弼认为，《易》之"言""象"只是用于表现"意"的手段。拿"象"来说，"象"本来就是象征，所以，"义苟在健，何必马乎？类苟在顺，何必牛乎？""义苟应健，何必乾乃为马？爻苟合顺，何必坤乃为牛？"《易》之刚健之义可以用马作象，也可以用乾作象；《易》之柔顺之义可以用牛作象，亦可以用坤作象，但不论用什么作象，《易》之"意"不变。否则，如果只见"象"而不见"意"，"伪说滋漫"就会是必然的。从这个意义上说，王弼讲"得象忘言""得意忘象"是有道理的。

庄子讲"得意忘言"（《庄子·外物》）。德国现代哲学家维特根斯坦说："我的命题可以这样来说明：理解我的人当他通过这些命题——根据这些命题——越过这些命题（他可以说是在爬上梯子之后把梯子抛掉了）时，终于会知道是没有意思的。他必须排除这些命题，那时他才能正确地看世界。"❶王弼在这里讲"得象忘言""得意忘象"的"忘"，其思想与庄子、维特根斯坦是一致的。"忘"的目的是很明确的，即为了得"意"。但如何去"忘"？如何才能做到"忘"呢？"忘"不是简单的抛弃，不是将人的思想窒息。"忘"是一种思想，是一种思想方法和认识方法。值得注意的是，王弼在此是在"言—象—意"的链条中来谈"忘"的，"象"处在这个链条的十分重要的中介地位。这就涉及两个层次："言—象"和"象—意"。由"言—象"层，可以与客观现实相关系。尽管这里的"言""象"是卦爻辞和卦象，但它却是圣人仰观俯察的取象的结果，所以可以导向现实的事物。而由"象—意"层，就导向了超现实，即导向"道"。《易传·系辞上》讲"形而上者谓之道，形而下者谓之器"，讲"一阴一阳之谓道""阴阳不测之谓神"。《易》之"道"就是天地万物的运行之道，这就是圣人的"意"。但不论向下导入或向上导入，"象"是个中介者。所以，"忘"的实现就在也只能在这个"象"上。这里已经涉及名思维之外的"象思维"问题了。❷

　　3. 动静论。这是王弼的"无"本论玄学在动静观上的表现。就

---

❶ ［德］维特根斯坦：《逻辑哲学论》，郭英译，商务印书馆 1962 年版，第 97 页。

❷ 关于"象思维"的问题在此处不宜展开。目前已有学者对此做了讨论，如王树人、喻柏林的《论"象"与"象思维"》(《中国社会科学》1988年第 4 期)；刘文英的《论中国传统哲学的名象交融》(《哲学研究》1995年第 11 期)等。另外，康中乾在《有无之辨——魏晋玄学本体思想再解读》(人民出版社 2003 年 5 月版)一书中对王弼的"象思维"有所论述，可参考。

王弼玄学的整个致思方向和思想来源言，他通过注《老》阐发了"以'无'为本"的思想，通过注《易》则阐发了"无"本论原则的具体运用。所以，在动静观上，《老子注》主静而《周易注》主动。

王弼不能不面对现象界，也不能无视大千世界的种种运动变化。他指出：

> 无往而不复也，无平而不陂也。处天地之将闭，平路之将陂，时将大变，世将大革，而居不失其正，动不失其应，艰而能贞，不失其义，故"无咎"也。（《周易注·泰》）
>
> 泰者，阴阳交通之时也。（同上）
>
> 凡物极则反，故畜极则通。（《周易注·大畜》）
>
> 天地万物之情，见于所感也。凡感之为道，不能感非类者也，故引取女以明同类之义也。同类而不相感应，以其各亢所处也。（《周易注·咸》）
>
> 凡不合然后乃变生，变之所生，生于不合者也。故取不合之象以为革也。（《周易注·革》）

在王弼看来，世上的事物千差万别，故必有不合出现，就必有变化发生。"变者何也？情伪之所为也。"（《周易略例·明爻通变》）这里的"情"是指事物的真实情况和表现，"伪"则是事情的反面，"情伪"连用就如同"长短""大小""多少"等连用一样，表示的是事物的存在情况。❶"夫情伪之动，非数之所求也；故合、散、屈、伸，与体相乖。形躁好静，质柔爱刚，体与情反，质与愿违。"（《周

---

❶ 对王弼"情伪"的解释，参看冯友兰：《中国哲学史新编》第四册，人民出版社 1986 年版，第 60—61 页。

易略例·明爻通变》)王弼认为，凡变化都是事物自身情况的表现。如说"泰者，阴阳交通之时也"。阴、阳交通，必然有变产生，有变化才会有"泰"。

王弼还看到，所谓变是"感"的结果。《易·咸卦》的象辞说："咸，感也。柔上而刚下，二气感应以相与。止而说（悦），男下女，是以亨，利贞，取女吉也。天地感而万物化生，圣人感人心而天下和平。观其所感，而天地万物之情可见矣。"王弼的注说："二气相与，乃化生也。天地万物之情，见于所感也。"怎么"感"呢？王弼认为："凡感之为道，不能感非类者也，故引取女以明同类之义也。"这是说，感是有种类之别的，同类可以感应，异类就不行。例如，男、女同为人，故属一类，可以相感，人与别的动物就不能相感，人之中的二男或二女也不能相感。王弼还看到了相感的条件性和复杂性。他指出："同类而不相感应，以其各爻所处也。故女虽应男之物，必下之而后取女乃吉也。"（《周易注·咸》）"亢"，高也。男女虽然能感，但如果各自把自己的地位看得过高而不肯屈就的话，亦终感不成。所以，古代的婚俗就是男要亲迎女入门，这是男屈就于女；女被迎进门后，就屈就于男，这才是正常的男女感生之道，故吉。王弼在《周易略例·明爻通变》中还列举了感应的复杂情况，指出："近不必比，远不必乖。同声相应，高下不必均也；同气相求，体质不必齐也。召云者龙，命吕者律。故二女相违，而刚柔合体。隆墀永叹，远壑必盈。投戈散地，则六亲不能相保；同舟而济，则吴、越何患乎异心。故苟识其情，不忧乖远；苟明其趣，不烦强武。能说诸心，能研诸虑，暌而知其类，异而知其通，其唯明爻者乎！故有善迩而远至，命宫而商应；修下而高者降，与彼而取此者服矣！"可见，物物相感的情况是复杂的，是有条件的。比如说，六亲相和相感，这是正常条件下的情形。但在"投戈散地"的兵荒马乱之年，六亲也很难相和了。再如，吴、越是世仇，在正常情况下是反目的，但在大风浪中同乘一条船的话，也会相互帮衬。

事物是变化的，那么如何把握这个变化呢？王弼提出了"恒"的思想。王弼在注《易·恒卦》的卦辞时说："恒之为道，亨乃无咎也。恒通无咎，乃利正也。各得所恒，修其常道，终则有始，往而无违，故利有攸往也。"（《周易注·恒》）他认为"恒"就是常道，若能"修其常道"就会把握事物的变化规律，就能"终则有始"，"往而无违"。所以，王弼承认变化以及研究变化之复杂性、条件性的目的，就是为了寻求变中之"恒"或"常"，因为"得其常道，故终则复始，往无穷极"，"各得其所恒，故皆能长久"（同上）。那么，王弼所认为的"恒"或"常"是什么呢？他在注《易·恒卦》的"上六"卦辞时这样说："夫静为躁君，安为动主。故安者，上之所处也；静者，可久之道也。"原来，他的"恒"就是"静"，他要以"静"来制"动"。王弼指出：

　　夫动不能制动，制天下之动者，贞夫一者也。故众之所以得咸存者，主必致一也；动之所以得咸运者，原必无二也。（《周易略例·明象》）

　　品制万变，宗之存焉。（同上）

　　复者，反本之谓也。天地以本为心者也。凡动息则静，静非对动者也；语息则默，默非对语者也。然则天地虽大，富有万物，雷动风行，运化万变，寂然至无，是其本矣。故动息地中，乃天地之心见矣。（《周易注·复》）

　　以虚静观其反复。凡有起于虚，动起于静。故万物虽并

动作，卒复归于虚静，是物之极笃也。(《老子注》第十六章)

静则全物之真，躁则犯物之性。(《老子注》第四十五章)

躁则多害，静则全真。(《老子注》第六十章)

夫奔电之疾犹不足以一时周，御风之行犹不足以一息期。善速在不疾，善至在不行。(《老子指略》)

王弼认为，天下之物是变动的，但"动不能制动"。他要的并不是"动"这种现象，而是那个能够制动的本体，即"贞""静""一"，亦即"无"，"寂然至无，是其本矣"。王弼所说的"贞夫一者""主必致一""宗主存焉""物之极笃""全物之真"等等，都是指本体而言。本体"无"是一而非多，是静而非动，是虚而非实，处下而非上。正因为它是"一"，才能去制"多"；是"静"，才能去制"动"，才能为品物之宗主也。

那么，作为物之宗主的本体为什么要"寂""静"呢？王弼没有讲出道理。其实，这是"无"作为本体的必然要求。换言之，这是"无"本体的抽象性的逻辑要求。这涉及本体"无"的哲学性质问题，下面我们分析王弼"无"本论的理论矛盾时再谈。

4. "名教"出于"自然"论。王弼贵"无"论玄学的出现与曹魏时代的社会政治有密切关系。而在当时的时代政治问题中，儒学的"名教"问题就是一个突出的方面。

所谓"名教"是当时的社会政治制度和伦理道德规范等的总称。王弼对当时的社会名教问题给予了充分的注意。这表现在，关于"礼"，他指出："夫礼也，所始首于忠信不笃，通简不阳，责备于表，机微争制。夫仁义发于内，为之犹伪。况务外饰而可久乎？故夫礼者，忠信之薄而乱之首也。"(《老子注》第三十八章)这里的"通简不阳"句疑有错讹，按楼宇烈校释，当作"易简不畅"，意谓天地自然无之至德不通畅。❶王弼在此表面上是对《老子》的"夫礼者，忠信之薄而乱之首"一语的注释，实际上揭露了当时社会礼制的现状。其时，"礼"这种社会制度规范已务于外饰，即"责备于表"，越来越流于形式，成为束缚人的行为的工具了。关于"仁义"，他说："仁义，母之所生，非可以为母；形器，匠之所成，非可以为匠也。舍其母而用其子，弃其本而适其末，名则有所分，形则有所止。虽极其大，必有不周；虽盛其美，必有患忧。功在为之，岂足处也。"（《老子注》第三十八章）这是说，作为社会名教的"仁义"是从"自然"之母中产生的，只有"崇本举末""守母存子"，才能真正把握仁义之本。关于统治之术，王弼认为："夫以明察物，物以竞以其明避之；以不信求物，物亦竞以其不信应之。夫天下之心不必同，其所应不敢异，则莫肯用其情矣。甚矣！害之大也，莫大于用其明矣。夫任智则人与之讼，任力则人与之争。智不出于人而立乎讼地，则穷矣；力不出于人而立乎争地，则危矣。未有能使人无用其智力于己者也，如此则己以一敌人，而人以千万敌己也。若乃多其法网，烦其刑罚，塞其径路，攻其幽宅，则万物失其自然，百姓丧其手足，鸟乱于上，鱼乱于下。是以圣人之于天下，歙歙焉心无所主也。"（《老子注》第四十九章）"以明察物"就是精于刑名法术，其目的是为了巩固统治地位。但结果怎么样呢？上行下效，遂出现"己以一敌人，而人以千万敌己也"的局势，其统治也就到了山穷水尽的地步了。王弼在此活脱脱地揭露了曹魏名法之治的弊端。

　　针对当时社会名教方面的弊病，王弼从政治哲学的角度提出

---

❶ 楼宇烈：《王弼集校释》上册，中华书局1980年版，第102页。

了一个社会治理方案，"崇本以息末"。他在《老子指略》中做了这样的论述：

> 夫邪之兴也，岂邪者之所为乎？淫之所起也，岂淫者之所造乎？故闲邪在乎存诚，不在善察；息淫在乎去华，不在滋章；绝盗在乎去欲，不在严刑；止讼乎不尚，不在善听。故不攻其为也，使其无心于为也；不害其欲也，使其无心于欲也。谋之于未兆，为之于未始，如斯而已矣。故竭圣智以治巧伪，未若见质素以静民欲；兴仁义以敦薄俗，未若抱朴以全笃实；多巧利以兴事用，未若寡私欲以息华竞。故绝司察，潜聪明，去劝进，翦华誉，弃巧用，贱宝货，唯在使民爱欲不生，不在攻其为邪也。故见素朴以绝圣智，寡私欲以弃巧利，皆察本以息末之谓也。

这就是王弼的政治谋略，也是他救治名教之弊的政治哲学方案。王弼不是不要名教，他承认名教的社会作用。但他认为不能因名教而名教，因为这样的话只能是愈搞愈糟。解决名教问题的根本方案在于"崇本"，即抓住"名教"赖以产生和存在的根源。他指出：

> 朴，真也。真散则百行出，殊类生，若器也。圣人因其分散，故为之立官长，以善为师，不善为资，移风易俗，复使归于一也。（《老子注》第二十八章）

> 始制谓朴散始为官长之时也。始制官长，不可不立名分以定尊卑，故始制有名也。过此以往，将争锥刀之末，故曰"名亦既有，夫亦将知止"也。（《老子注》第三十二章）

这是王弼对名教的来源所做的本体论的解释，即社会的礼仪规范都是"朴"散的结果。那么，这个"朴"是什么呢？王弼指出："道，无形不系，常不可名。以无名为常，故曰'道常无名'也。朴之为物，以无为心也，亦无名。故将得道，莫若守朴。夫智者，可以能臣也；勇者，可以武使也；巧者，可以事役也；力者，可以重任。朴之为物，愦然不偏，近于无有，故曰'莫能臣'也。抱朴无为，不以物累其真，不以欲害其神，则物自宾而道自得也。"（《老子注》第三十二章）在此，王弼将"朴"与"道"同等对待。

"朴"即"道"。那么，"道"的具体内涵又是什么呢？王弼在上面已指出，"朴"与"道"在内涵上都是"无为"，无为就是任自然。王弼在《论语释疑》中解释《论语·泰伯》之"子曰：'大哉，尧之为君也！巍巍乎唯天为大，唯尧则之。荡荡乎民无能名焉'"一句时，说："圣人有则天之德，所以称唯尧则之者，唯尧于时全则天之道也。荡荡，无形无名之称也。夫名所名者，生于善有所章而惠有所存。善恶相须，而名分形焉。若夫大爱无私，惠将安在？至美无偏，名将何生？故则天成化，道同自然，不私其子而君其臣。凶者自罚，善者自功；功成而不立其誉，罚加而不任其刑。百姓日用而不知所以然，夫又何可名也！""则天成化，道同自然"，这就是圣人尧之德，也是对名教的"自然"本质的说明。《老子》第三十七章有"道常无为"一语，王弼注曰："顺自然也。"这说明，"道"的内涵是"顺自然"。王弼在注《老子》第二十九章时说："万物以自然为性，故可因而不可为也，可通而不可执也。物为常性，而造为之故必败也。物有往来，而执之故必失矣。"又说："圣人达自然之性，畅万物之情，故因而不为，顺而不施。除其所以迷，去其所以惑，故心不乱而物性自得之也。"在注《老子》第五章时说："天地之中，荡然任自然，故不可得而穷，犹若橐籥也。"又说："天地任自然，无为无造，万物自相治理，故不仁也。仁者必造立施化，有恩有为。造立施化，则物失其真；有恩有为，则物不具存。物不具存，则不足以备载。天地不为兽生刍而兽食刍，不为人生狗而人食狗，无为于万物而万物各适其所用，则莫不赡矣。若慧由己树，未足任也。"这都说明，任"自然"就是"守道"。

至此，我们可以明白，在"名教"与"自然"的关系问题上，王弼认为"名教"出于"自然"。其基本理路是：名教→朴＝道＝自然。即"名教"是"朴"散的结果，它归于"朴"，而"朴"就是"道"，"道"就是"自然"。可见，王弼的"名教"思想反映和体现了"以'无'为本"的本体论原则。

与"名教"问题相联系的还有性情问题，在此也略予阐说。《三国志·魏书·钟会传》注引何劭《王弼传》说："何晏以为圣人无喜怒哀乐，其论甚精，钟会等述之。弼与不同，以为圣人茂于人者神明也，同于人者五情也。神明茂故能体冲和以通无，五情同故不能无哀乐以应物。然则圣人之情，应物而无累于物者也。今以其无累，便谓不复应物，失之多矣。"何晏、钟会等人持圣人无情论，王弼持圣人有情论。王弼认为，圣人也是人，所以不能无情；倘若无情的话，圣人就失去了人的质，这样的圣人也就失去了存在的意义与价值了。那么，圣人怎么去处置自己的情呢？王弼提出了一个很重要的原则和方法，即"体冲和以通无"。何劭《王弼传》说，王弼在见裴徽时，以"圣人体'无'"而老子却说"无"的不同回答了裴徽的提问。体"无"和说"无"有本质的区别。前者是境界，而后者只是认识。要体"无"就是与"无"一体。怎么才能与"无"一体呢？这实际上就是主体"我"在自身中建构起一个"无"的境界。又怎么又去建构起"无"的境界呢？王弼在《论语释疑》中注《论语·述而》之"子温而厉，威而不猛，恭而安"一语时说："温而不厉，厉者不温；威者心［按：疑为'不'］猛，猛者不威；恭则不安，安者不恭，此对反之常名也。若夫温而能厉，威而不猛，恭而能安，斯不可名之理全矣。故至和之调，五味不形；大成之乐，五声不分；中和备质，五材无名也。"王弼在这里讲的"中和备质，五材无名"，这就是人的"中和"之性，也就是《中庸》所谓的"喜怒哀乐之未发谓之中，发而皆中节谓之和"的"中和"。这种"中和"之性无过不及，纯正自然，适体适用，随感而应，这就是"性"的自然，也就是"无"。人若能做到按"中和"之性率性而行，自然就建构起了"无"的境界，也就体到"无"了，这就是圣人。

（三）王弼"无"本论的理论矛盾及正始玄学的逻辑演化

王弼以"无"为本。这个"无"当然不是虚无、空无，不是零或没有，它还是一种有。那么，它是什么性质的有呢？就是说，"无"的哲学性质是什么？它具有什么质的规定性方能作为天地万物之本呢？我们先看王弼的两段话：

> 道者，无之称也，无不通也，无不由也。况之曰道，寂然无体，不可为象。（《论语释疑》）

> 无形无名者，万物之宗也。不温不凉，不宫不商，听之不可得而闻，视之不可得而彰，体之不可得而知，味之不可得而尝。……故能为品物之宗主，苞通天地，靡使不经也。（《老子指略》）

从这两段话可以看出两点意思：一是"无"是对"道"的一种规定，即表征的是"道"的性质和特征。就是说，"道"作为一种存在,它与具体物不同,具体物是有形有象的,看得见,摸得着,占有一定的时间和空间,而"道"则无形无象,看不见,摸不着,是超时空的。有形有象的存在者可以去命名,"道"无形无象,所以也无名。"无"正是用来表征和规定"道"的无形无象无名的性质的范畴。因此,"道"和"无"的哲学意义是一样的,说"以'无'为本"也就是指"以'道'为本"。二是"无"具有高度的抽象性、普遍性、一般性,它是最大、最高的抽象,相当于纯形式。为什么非得要这种无形无象无名的"无"不可呢?就是为了以它为本。换言之,"无"的抽象性是"无"的本体性的逻辑要求。因为,既然要作为本,要成为"万物之宗",它就应该适合于万物,就要将万物都囊括在内。什么样的存在才能做到这一点呢?才有如此的能耐呢?显然不是具体而是抽象,即"不温不凉,不宫不商,听之不可得而闻,视之不可得而彰,体之不可得而知,味之不可得而尝",否则,"若温也则不能凉矣,宫也则不能商矣,形必有所分,声必有所属。故象而形者,非大象也;音而声者,非大音也"(《老子指略》)。有形有象的东西总是有限的,限于此就不能是彼,就不能去作为万物之宗主,只有无形无象的东西才无所限制,才可以适用于一切的东西,这就叫无形才能形天下之形,无象才能象天下之象,无名才能名天下之名。这也就是何晏在《无名论》中所说的"无所有"的意思。所以,"无"本论的逻辑要求王弼要将"道""无"化,即赋予"道"以抽象性。王弼注《老》时在多处发挥了"无"的抽象义。如说:

> 言道以无形无名始成。(《老子注》第一章)

> 无形无名者,万物之宗也。虽今古不同,时移俗易,故莫不由乎此,以成其治者也。故可执古之道以御今之有。(《老

子注》第十四章）

常之为物，不偏不彰，无皦昧之状，温凉之象，故曰"知常曰明"也。唯此，复乃能包通万物，无所不容。失此以往，则邪入乎分，则物离其分。（《老子注》第十六章）

至真之极，不可得名。无名则是其名也。自古及今，无不由此而成，古曰"自古及今，其名不去"也。（《老子注》第二十一章）

道之出言，淡兮其无味也，视之不足见，听之不足闻。然则无味不足听之言乃是自然之至言也。（《老子注》第二十五章）

道之出言，淡然无味，视之不足见，则不足以悦其目；听之不足闻，则不足以娱其耳。若无所中，然乃用之不可穷极也。（《老子注》第三十五章）

大象，天象之母也，不寒不温不凉，故能包统万物，无所犯伤。主若执之，则天下往也。（同上）

不皦不昧，不温不凉，此常也。（《老子注》第五十五章）这些论述均说明，"道"是无形无象无名的，故它在存在性质上是"无"，即"道之所成也在象则为大象，而大象无形；在音则为大音，而大音希声。物以之成而不见其成形，故隐而无名也"（《老子注》第四十一章）。

"以'无'为本"的这个"无"有了抽象义后，它就具有了本体的资格，即可为"品物之宗主"。既然要为品物之宗主，那么这个"无"又不能只有抽象义，它必须放弃抽象义而赋上具体义，因为如果只有抽象义的话它就会与万物相脱离，因此也就不能成为万物的宗主或本体了。所以，王弼的这个"无"作为本体，既要求离开具体的事物而有抽象义，又要求不离开具体事物而有具体义。这个具体义也叫生成义。王弼在注《老》时又赋予了"无"以生成义。例如，在注《老子》第一章时，王弼就说："凡有皆始于无。故未形无名之时，则为万物之始。"这里的"始"就有开始、初始、开端之义，即"在首则谓之始"（《老子注》第一章）。在注《老子》第一章"故常无，欲以观其妙"句时，王弼说："妙者，微之极也。万物始于微而后成，始于无而后生。故常无欲空虚，可以观其始物之妙。"万物"始于无而后生"，就是万物从"无"开始产生。有人对王弼的此段注文做了这样的理解，认为"王弼的'无'为天地万物之'本''体'，天地万物的生成是自然无为的，所以说，只有从'常无欲'去观察天地万物的生成，才能了解'始物之妙'"。●依此理解，似乎王弼在此说的是天地万物的"自生"问题，这样，"始于无而后生"的这个"无"就有了功能性（义），即天地万物是自然而然、自然无为地生长着，它们不需要本体也没有本体。这样的理解不合乎王弼在此的思想。王弼明确主张以"无"为本，至于说万物要自然而然地生存，那也要在以"无"为本的基础上才可以，即"始于无"才行。所以，这里的"无"就有了生成义。王弼说："物生而后畜，畜而后形，形而后成。何由而生？道也。何得而畜？德也。何由而形？物也。何使而成？势也。唯因也，故能无物而不形；唯势也，故能无物而不成。凡物之所以生，功之所以成，皆有所由。有所由焉，则莫不由乎道也，故推而极之亦至道也，随其所因，故各有称焉。"（《老子注》第五十一章）这是说，事物由"道"生出，蓄"道"以得而成形。这是"道"的

● 楼宇烈：《王弼集校释》上册，中华书局 1980 年版，第 3 页。

生成义，也就是"无"的生成义。

明显表现出"无"的生成义的是这里的两段注文。一段是王弼在注《老子》第三十九章的"昔之得一者"一语时说的，谓："昔，始也。一，数之始而物之极也。各是一物之生，所以为主也。物皆各得此一以成，既成而舍［一］以居成，居成则失其母，故皆裂、发、歇、竭、灭、蹶也。"这里的"一"就是《老子》第三十九章中"天得一以清，地得一以宁，神得一以灵，谷得一以盈，万物得一以生，侯王得一以为天下贞"的"一"，即"道"；也就是王弼所谓的"万物万形，其归一也。何由致一？由于无也。由无乃一，一可谓无已"（《老子注》第四十二章）中的"一"，即"无"。"一"作为数码，其本身就有开始、构成的意义，所以它同"无"一样是"物之极"。"物皆各得此一以成"，是说事物是从"一"即"无"中产生的。"无"生出万物后，万物就如同从母体中生出一样，有了自己的形体，开始了"裂"（崩裂）、"发"（通"废"，废弃）、"歇"（消失）、"竭"（衰竭）、"灭"（绝灭）、"蹶"（颠覆）等一系列变化过程。这里明显表现了王弼"无"本论的生成论含义。另一段注文是王弼注《老子》第三十二章"始制有名"句时讲的，说："始制，谓朴散始为官长之时也。始制官长，不可不立名分以定尊卑，故始制有名也。过此以往，将争锥刀之末，故曰'名亦既有，夫亦将知止'也。"在注《老子》第二十八章时亦说："朴，真也。真散则百行出，殊类生，若器也。圣人因其分散，故为之立官长，以善为师，不善为资，移风易俗，复使归于一也。"这里的"朴"就是"道"，也就是"无"。这是讲的社会制度的产生过程。在王弼看来，整个社会制度也是由"无"生成的。

可见，"以'无'为本"的这个"无"作为本体，其自身是抽象性和生成性的统一。换言之，"无"为了能成为本体，必须是抽象的，它不可具有生成义；同时，"无"为了能成为本体，又必须是具体的，它不可具有抽象义而要有生成义。这是矛盾。但正是这个矛盾才成就了"无"本论的玄学理论。对于这种矛盾，王弼是有所察觉的。他说：

> 无形无名者，万物之宗也。不温不凉，不宫不商。听之不可得而闻，视之不可得而彰，体之不可得而知，味之不可得而尝。故其为物也则混成，为象也则无形，为音也则希声，为味也则无呈。故能为品物之宗主，苞通天地，靡使不经也。若温也则不能凉矣，宫也则不能商矣。形必有所分，声必有所属。故象而形者，非大象也；音而声者，非大音也。然则四象不形，则大象无以畅；五音不声，则大音无以至。四象形而物无所主焉，则大象畅矣；五音声而心无所适焉，则大音至矣。故执大象则天下往，用大音则风俗易也。（《老子指略》）

王弼是察觉到了本体之"无"的抽象义与生成义的矛盾的。如果"无"不是抽象的，不是"大象""大音"，它就不能"为品物之宗主，苞通天地，靡使不经也"；但如果仅仅是抽象，是"大象""大音"，那也不行，因为"四象不形则大象无以畅，五音不声则大音无以至"，"大象""大音"只有在具体的四象、五音中才能存在。王弼看是看到了"无"本体的矛盾性，但却无能力解决这一矛盾。其实，不唯当时的王弼不能解决这一矛盾，在人类哲学史上，许多哲学大家也不能解决这一矛盾。比如说，早在古希腊的柏拉图那里，就有"理念"如何与具体事物相关系的问题。"理念"是一般，是抽象，它如何与具体事物相关涉呢？柏拉图提出了"摹仿说""分有说"，但终不能圆满解决此问题，因此受到亚里士多德的批评。[1]但亚里士多德就解决了一般（抽象）与个别（具体）的矛盾了吗？也没有。他提出"质料因""形式因""动力因""目的因"的四因说，最后又将四因归结为"质料"和"形式"（包括"动力因""目的因"）这两因，试图解决事物之存在和运动的问题。但"这个人就是看不清一般和个别、概念和感觉等等、本质和现象等等的辩证法"[2]，他"在一般与个别的辩证法——概念与感觉得到的个别对象、事物、现象的实在性的辩证法——上陷入幼稚的混乱状态，陷入毫无办法的困窘的混乱状态"。[3]直到近代的黑格尔，他在《逻辑学》中大讲"有""无""变"的辩证法。但这种辩证法在"纯有"和"纯无"的意义上是逻辑自洽的，而要从"纯有"过渡到"实有"或"限有"，就出现了逻辑矛盾。他说："在变易中，与无为一的有及与有为一的无，都只是消逝着的东西。变易由于自身的矛盾而过渡到有与无皆被扬弃于其中的统一。由此所得的结果就是定在［或限有］。"[4]虽然"纯有"和"纯无"可以变，但变来变去仍在"纯"的性质中，何以会由"纯"变为具体的"不纯"呢？矛盾存在着！事实上，只要在"主客二分"的认识论框架中来谈论本体问题，这种抽象与具体的矛盾是自然和必然的。现代德国著名哲学家海德格尔说，整个西方哲学一开始就把方向搞错了，它研究的是存在者而

---

[1] 参见亚里士多德《形而上学》第一卷第 9 章、第三卷第 4 章。

[2] 列宁：《亚里士多德〈形而上学〉一书摘要》，《哲学笔记》，人民出版社 1993 年版，第 314 页。

[3] 同上书，第 313 页。

[4] 黑格尔：《小逻辑》，商务印书馆 1980 年版，第 200 页。

非"存在"自身,"存在"本身是真"无"。[1]这已经成为另外的问题了。王弼的"无"尚不是海德格尔的真"无"。

正因为王弼的"无"本论中的抽象与具体的矛盾,必然要推动这个"无"发生变化,其变化的方向有两途:或者顺着"无"的抽象义发展、引申;或者顺着"无"的生成义进一步具体化。依前者,"无"就上升到人的精神自由一途,即不是在理论上单纯去寻求那个作为"宗主"的"一"或一般,而是追求人的精神的自由和人格的完满、独立;依后者,"无"就下降到现实中,下降到现象界,以现象界的具体存在为根本。承接前者的是竹林玄学之风,特别是嵇康、阮籍的放达玄风;而承接后者的则是元康时代裴頠的崇"有"论玄学。

---

[1] 参见海德格尔:《形而上学是什么》,载孙周兴选编《海德格尔集》上,上海三联书店 1996 年版,第 135—153 页。

第三章　竹林玄学

一、竹林七贤

（一）竹林清音出现的时代背景

正始十年（249 年）正月，司马懿发动政变，何晏以曹爽党被杀；同年秋王弼病死，正始玄坛上的两颗巨星陨落，正始之音遂成过去。

正始之后，玄坛上又出现了竹林清音。《世说新语·任诞》曰：

> 陈留阮籍、谯国嵇康、河内山涛三人年皆相比，康年少亚之。预此契者，沛国刘伶、陈留阮咸、河内向秀、琅邪王戎，七人常集于竹林之下，肆意酣畅，故世谓"竹林七贤"。

他们以嵇康、阮籍为首，共聚林下，清言畅谈，营造了新的玄学气氛，使魏晋玄学迎来了又一清谈高潮。

竹林七贤的玄谈活动大约在魏齐王曹芳嘉平初至魏元帝曹奂景元年间，即公元 250—263 年间。景元三年（262 年）嵇康被杀，景元四年（263 年）阮籍卒，竹林清谈的领袖人物已去；接着，向秀入洛应官，山涛已成为司马昭的信任者被委以重要官职，在这种情况下，竹林清音遂告结束。

值得注意的是，竹林清音的时代背景与正始玄音很不一样。在齐王芳的正始年间，曹魏政权控制在曹爽等人手中，司马氏集团暂处蛰伏状态，曹魏政治比较安定。所以，正始之音是儒道兼综，倡"以'无'为本"的本体论玄学。但在嘉平至景元年间，司马氏集团的势力占据优势，并开始了对曹氏政治势力的残酷打击。在正始十年（249 年）的"高平陵"之变中，曹氏集团在中央政权中的势力几乎被消灭殆尽。但曹氏与司马氏两大集团的政治较量并未结束，司马氏继续寻找机会来消灭曹氏势力。嘉平三年（251 年）春，司马懿以谋反罪兴兵讨征东将军王凌，凌饮药死，子王广被杀。嘉平六年，李丰与皇后父张缉谋诛司马师，事败，李丰、张辑、夏侯玄等被杀，并夷三族。事后，魏帝曹芳被废为齐王，立高贵乡公曹髦为帝。正元二年（255 年），毌丘俭、文钦等"矫太后诏，罪状大将军司马景王，移诸郡国，举兵反"（《三国志·魏书·毌丘俭传》），他们集淮南军队和百姓于寿春，准备与司马师作战。师舆疾东征，杀毌丘俭，师亦因目疾恶化死于军中。甘露二年（257 年）和三年，司马昭平诸葛兵变，自此后，曹氏集团的势力已被完全消灭。甘露五年，魏帝曹髦见"威权日去，不胜其忿，乃诏侍中王沈、尚书王经、散骑常侍王业，谓曰：'司马昭之心，路人所知也。吾不能坐受其辱，今日当与卿自出讨之。'"（《三国志·魏书·三少帝纪》之《高贵乡公纪》注引《汉晋春秋》）结果，曹髦被司马昭亲信杀死。后立曹奂为元帝，但实权已落在司马氏之手了。

这种政治形势给当时的名士造成了很大的压力。一是个人生命方面的压力。当时是"天下多故，名士少有全者"（《晋书·阮籍传》）。例如，从正始末以来，何晏、夏侯玄、李丰、王广、傅嘏、钟会等名士均被卷进政治斗争的漩涡中而丢掉了身家性命；王弼等虽未被杀害，但也是在政治斗争的惊恐中离世的。同时，在这种政治斗争中，一些忠于原王室的所谓忠臣惨遭杀戮，而趋炎附势和不忠不义之徒却平步青云。《晋书·贾充传》载："帝（司马昭）新执朝权，恐方镇有异议，使充诣诸葛诞，图欲伐吴，阴察其变，充既论说时事，因谓诞曰：'天下皆愿禅代，君以为如何？'诞厉声曰：'卿非贾豫州子乎，世受魏恩，岂可欲以社稷输人乎！若洛中有难，吾当死之。'"结果，诸葛诞被镇压，贾充却晋爵宜阳乡侯，增邑千户。还有，在曹髦被弑事件中，尚书王经、侍中王沈、散骑常侍王业同诏去讨司马昭，但王沈、王业却跑去告密于司马昭。结果，曹髦被杀，王经被罪，王沈等却因功封侯增邑（见《三国志·魏书·三少帝纪》）。这些事例都说明，正直、忠正之士多难全身。二是在当时的情形下，更重要的是给名士的思想观念造成了巨大的压力。这些名士们都从小受过儒家正统的"名教"教育，他们都秉持着传统的礼仪规范。但司马氏篡权的所作所为极大地破坏了传统的名教；不仅破坏了名教，而且是打着"名教"的幌子来破坏名教的。比如说，司马师废掉了曹芳，他还要太后下令说："皇帝芳春秋已长，不亲万机，耽淫内宠，沉浸女德，日延倡优，纵其丑谑，迎六宫家人留止内房，毁人伦之叙，乱男女之节，恭孝日亏，悖傲滋甚，不可以承天绪，奉宗庙。使兼太尉高柔奉策，用一元大武告于宗庙，遣芳归藩于齐，以避皇位。"（《三国志·魏书·三少帝纪》）曹髦被弑后，司马昭也让太后写了一道令，说曹髦"造作丑逆不道之言"诬谤太后，甚至"举弩遥射吾宫，祝当令中我项"，还"赂遗吾左右人，令因吾服药，密因鸩毒，重相设计。事已觉露，直欲因际会举兵入西宫杀吾"（同上）。这真是颠倒黑白，贼喊捉贼！这样，作为社会规范、用以调整社会关系的名教就失去了意义，这给人们的思想造成了极大的混乱。名士们的思想失去了定准，他们苦闷、彷徨，故而借老、庄，特别是庄子的思想以遣心怀。这，就形成了以竹林七贤为代表的名士们特有的反"名教"、重"自然"，以行为的放达为形式，以追求内在的精神自由和人格的独立、完满为目的的竹林玄风。

竹林七贤中的"七贤"是指嵇康、阮籍、山涛、刘伶、阮咸、向秀、王戎这七个人。早在两晋当朝，人们已经以"七贤"之名称嵇康等这七位贤者。比如，除前引《世说新语·任诞》篇外，《三国志·魏书·王粲传》注引《魏氏春秋》曰："康寓居河内之山阳县，与之交游者，未尝见其喜愠之色。与陈留阮籍、河内山涛、河内向秀、籍兄子咸、琅邪王戎、沛人刘伶，相与友善，游于竹林，号为七贤。"《晋书·嵇康传》说："嵇康字叔夜，谯国铚人也。……所与神交者，唯陈留阮籍、河内山涛，豫其流者，河内向秀、沛国刘伶、籍兄子咸、琅琊王戎，遂为竹林之游，世所谓竹林七贤也。"《晋书·刘伶传》说：刘伶"谈默少言，不妄交游，与阮籍、嵇康相遇，欣然神解，携手入林"。这些史料都说明，的确有嵇康等七人存在，这七人在一段时间内以神相契，相聚畅游，清言谈玄。而且，史料还说明，他们畅游的地方是"竹林"。竹林当然是一片竹子林。那么，竹林在何处呢？《三国志·魏书·王粲传》注引《魏氏春秋》说，嵇康"寓居河内之山阳县"；《晋书·嵇康传》说，王戎"自言与康居山阳二十年"；《晋书·向秀传》说，向秀与嵇康锻铁于康居所，并与"吕安灌园于山阳"。嵇康被杀后，向秀被迫去洛阳应官，他曾作《思旧赋》说："将命适于远京兮，遂旋反以北徂。济黄河以泛舟兮，经山阳之旧居。瞻旷野之萧条兮，息余驾乎城隅。践二子之遗迹兮，历穷巷之空庐。"（《晋书·向秀传》）这里都提到"山阳"。郦道元《水经·清水》注引郭缘生《述征记》云："山阳县城东北二十里，魏中散大夫嵇康园宅，今悉为田墟，而父老犹谓嵇公竹林地，以时有遗竹也。"又说："长泉又迳七贤祠，向子期（秀）所谓山阳旧居也，后人立庙于其处。左右筠篁列植，冬夏不变贞萋。魏步兵校尉陈留阮籍、中散大夫谯国嵇康、晋司徒河内山涛、司徒琅琊王戎、黄门郎河内向秀、建威参军沛国刘伶、始平太守阮咸等，同居山阳，结自得之游，时人号之为竹林七贤。"这说明"竹林"当在河内山阳（今河南修武县），嵇康等七人曾畅游于此。❶

---

❶ 关于"竹林七贤"，时人另有解释。汤用彤指出："魏世王、何谈玄，务为高远。王、何与嵇、阮，生年相若。辅嗣、平叔早死。后至晋初，叔夜、嗣宗作竹林之游。"他在此段话后做了一个说明，云："竹林一语本见佛书。西晋洛都有竹林寺。但竹林高士与释教有无关系，无明文。"（《汉魏两晋南北朝佛教史》）陈寅恪根据《世说新语·文学》之"袁伯彦作《名士传》成，见谢公（安）。公笑曰：'我尝与诸人道江北事，特作狡狯耳。'伯彦遂以著书"说："可知所谓正始、竹林、中朝名士，即袁宏著之于书的，是从谢安处听来。而谢安自己却说与诸人'道江北事，特作狡狯'，初不料袁宏著之于书。"他又根据《世说新语·伤逝》"王浚冲为尚书令"条下注引《竹林七贤》之"俗传若此，颍川庾爰之尝以问其伯文康。文康云：'中朝所不闻，江左忽有此论，皆好事者为之也。'"说："可知王戎与嵇康、阮籍饮于其公酒垆，共作竹林之游，都是东晋好事者捏造出来的，'竹林'并无其处。"他还说："'竹林七贤'是先有'七贤'而后有'竹林'，'七贤'所取为《论语》'作者七人'的事数，实与东汉末三君、八厨、八及等名同为标榜之义。迨西晋之末僧徒比附内典外书之'格义'风气盛行，东晋初年乃取天竺'竹林'之名加于'七贤'之上，至东晋中叶以后江左名士孙盛、袁宏、戴逵辈

竹林七贤并不是一个有组织的学术团体，只是七人意气相投，因特定的时代机缘而相聚畅游。所以，七贤的清谈并没有一个统一的中心，七人的思想倾向也不一致。大体上，这七个人可以分为三类：嵇康、阮籍为一类，他们有思想，有追求，有新说，他们开始了对生命的体悟，要追求精神的自由和个体人格的独立，他们是超越派。山涛、王戎为一类，他们出入官场，无玄学思想可言，人格也不怎么高尚，他们是世俗派。向秀、刘伶、阮咸为一类，他们虽然没有嵇康、阮籍那样的对生命的强烈感悟和对精神自由的执著追求，但他们或者在玄学上有一定建树，如向秀，或者以行为的放达高标于世，给龌龊的社会政治现实以冲击，如刘伶、阮咸。下面我们对竹林七贤的生平予以简单介绍。至于嵇康、阮籍、向秀等人的玄学思想，将分专节阐述之。

（二）竹林七贤

嵇康 嵇康字叔夜，生于魏文帝黄初四年（223 年），于魏元帝景元三年（262 年）被司马昭所杀。关于嵇康的籍贯，《晋书·嵇康传》云："谯国铚人（今安徽宿州西南）也。其先姓奚，会稽上虞（今浙江绍兴）人，以避怨徙焉。"《三国志·魏书·王粲传》注引虞预《晋书》曰："康家本姓奚，会稽人。先自会稽迁于谯之铚县，改为嵇氏，取'稽'之上，（加）山以为姓，盖以志其本也。一曰铚有嵇山，家于其侧，遂氏焉。"《世说新语·

遂著之于书（《魏氏春秋》《竹林名士传》《竹林名士论》），而河北民间亦以其说附会地方名胜，如《水经注》中'清水篇'所载，东晋末年人郭缘生撰著之《述征记》中嵇康故居有遗竹之类是也。"（《金明馆丛稿初编》）陈寅恪的说法似乎太过武断。可供参考。

德行》注引王隐《晋书》云："嵇本姓溪，其先避怨，徙上虞，移谯国铚县。以出自会稽，取国一支音同本溪焉。"这些史料都表明，嵇康祖籍会稽，后因避怨迁至上虞，又迁至谯国铚县。[1]但嵇康的活动地却在山阳（今河南修武县），如《三国志·魏书·王粲传》注引《魏氏春秋》曰："康寓居河内之山阳县……"

关于嵇康的形表，《晋书·嵇康传》说：他"身长七尺八寸，美词气，有风仪，而土木形骸，不自藻饰，人以为龙章凤姿，天质自然。恬静寡欲，含垢匿瑕，宽简有大量。学不师受，博览无不该通，长好老庄"。《世说新语·容止》说："嵇康身长七尺八寸，风姿特秀，见者叹曰：'萧萧肃肃，爽朗清举。'或曰：'肃肃如松下风，高而徐引。'山公（涛）曰：'嵇叔夜之为人也，岩岩若孤松之独立；其醉也，傀俄若玉山之将崩。'"看来，嵇康是相貌堂堂之人。

嵇康在魏官拜中散大夫，无一日事晋，但《三国志·魏书》却无传，只在《王粲传》中附有几语。倒是《晋书》为他立了传。据《三国志·魏书·王粲传》注引《嵇氏谱》说："康父昭，字子远，督军粮治书侍御史。兄喜，字公穆，晋扬州刺史、宗正。"但康幼年丧父，由母、兄抚养成人。母、兄对他多溺爱，"有慈无威"（嵇康：《幽愤诗》），致使他自幼"不涉经学，性复疏懒"（嵇康：《与

---

[1] 侯外庐对嵇康籍贯的以上史料表示怀疑，指出："在中世纪的门阀制度下，改姓实在是一件大事，非万不得已，当不肯抛开血统的标帜。所以嵇氏的改姓，其理由可能有二：一，如传统的说法，为避怨，但避怨既已避地，又何必改姓？二，是为了本系贱姓，诡称原来姓奚，因避怨才改成嵇的，其实嵇倒是本来的姓。"（《中国思想通史》第三卷，人民出版社1957年版，第127页）

山巨源绝交书》），这大概使他从小就养成了率性由己、放任不羁的性格。

青年时代的嵇康"以魏长乐亭主婿，迁郎中，拜中散大夫"（《世说新语·德行》注引《文章叙录》）。按年龄说，这正当正始时期。此时的嵇康虽为魏宗室女婿，却没有介入曹氏与司马氏的斗争中，他"抗心希古，任其所尚，托好老庄，贱物贵身，志在守朴，养素全真"（《幽愤诗》）。正始十年，司马懿在"高平陵"政变中诛曹爽、何晏等，嵇康更是有意躲避政治，与诸贤相聚竹林，"猗与庄老，栖迟永年"（嵇康：《四言诗》其四），即以放达的形式抵制司马氏的篡逆。嘉平四年（252 年）后，山涛、王戎等人投身于司马师为官；不久，阮籍也被迫离开竹林入朝为仕，在这种形势下，嵇康仍隐居不出。此时与他相游的人有向秀、吕安等。吕安家居东平（今山东东平县），"服康高放，每一相思，辄千里命驾，康友而善之"（《晋书·嵇康传》）。嵇康与向秀锻铁于树下，与吕安等灌园山阳，饮酒畅游，遗世独立。有一次钟会与"贤俊之士俱往寻康，康方大树下锻，向子期（秀）为佐鼓排，康扬槌不辍，旁若无人，移时不交一言。钟起去，康曰：'何所闻而来，何所见而去？'钟曰：'闻所闻而来，见所见而去。'"（《世说新语·简傲》）嵇康的高傲行为大大刺激了贵公子钟会，为他尔后被杀埋下了祸根。《世说新语·简傲》在该条下注引《文士传》曰："康性绝巧，能锻铁。家有盛柳树，乃激水以圜之，夏天甚清凉，恒居其下傲戏，乃身自锻。家虽贫，有人就锻者，康不受直，唯亲旧以鸡酒往与共饮啜，清言而已。"又，注引《魏氏春秋》曰："钟会为大将军兄弟所暱，闻康名，三造焉。会名公子，以才能贵幸，乘肥衣轻，宾从如云，康方箕踞而锻，会至不为之礼，会深衔之，后因吕安事而遂谮康焉。"嵇康的《养生论》《答向子期难养生论》《明胆论》《难自然好学论》《难宅无吉凶摄生论》《答释难宅无吉凶摄生论》等文，大概就作于此期。

甘露三年（258年），大将军司马昭欲辟康为博士，康不就，司马昭又派钟会到康所打探虚实，嵇康预感到了政治的威胁，于是离开洛阳，避地河东百门山。百门山是晋隐士孙登的隐居处，康到此与孙登"游三年，问其所图，终不答，然神谋所存良妙，康每萧然叹息。将别，谓曰：'先生竟无言乎？'登乃曰：'子识火乎？生而有光而不用其光，果然在于用光。人生有才而不用其才，果然在于用才。故用光在乎得薪，所以保其曜。用才在乎识物，所以全其年。今子才多识寡，难乎免于今之世矣。子无多求。'康不能用，及遭吕安事，在狱为诗自责云：'昔勉下惠，今愧孙登'。"（《世说新语·栖逸》注引《文士传》）景元元年（260年），嵇康与寻找他的赵至遇于邺，便一起回到山阳。

景元二年，时为吏部郎的山涛推荐嵇康代替己职，康愤然拒之，乃写成著名的《与山巨源绝交书》，书中有"非汤武而薄周孔"语，表现出他对传统名教的厌弃。

景元三年，嵇康因吕安事下狱。《三国志·魏书·王粲传》注引《魏氏春秋》说："初，康与东平吕昭子巽及巽弟安亲善。会巽淫安妻徐氏，而诬安不孝，囚之。安引康为证，康义不负心，保明其事。"《世说新语·雅量》在"嵇中散临刑东市"条下注引《文士传》也说到此事，云："吕安罹事，康诣狱以明之。"嵇康欲为朋友吕安辩诬，也被下狱。入狱后，钟会乘机向司马昭进谗，说："嵇康，卧龙也，不可起。公无忧天下，顾以康为虑耳。因谮康欲助毌丘俭，赖山涛不听。"（《晋书·嵇康传》）并说康"言论放荡，非毁典谟"（同上）；说他"上不臣天子，下不事王侯，轻时傲世，不为物用，无益于今，有败于俗"（《世说新语·雅量》注引《文士传》）。司马昭听信谗言，杀康。康"临刑东市，神气不变，索琴弹之，奏《广陵散》"，时有"太学生三千人上书，请以为师，不许"。康被诛后，"文王（司马昭）亦悔焉"（均见《世说新语·雅量》）。

关于嵇康的著作，《隋书·经籍志》著录有《圣贤高士传赞》三卷，《春秋左氏传音》三卷，《嵇康集》十五卷、录一卷。这些著作都有佚失，其中《嵇康集》到隋已失两卷，至宋仅剩十卷。今《嵇康集》有鲁迅校本和戴明扬校注本，为佳。

阮籍　阮籍字嗣宗，陈留尉氏（今河南尉氏）人，生于汉献帝建安十五年（210 年），卒于魏元帝景元四年（263 年）。《晋书·阮籍传》说："籍容貌瑰杰，志气宏放，傲然独得，任性不羁，而喜怒不形于色。或闭户视书，累月不出；或登临山水，终日忘归。博览群籍，尤好《庄》《老》。嗜酒能啸，善弹琴。当得其意，忽妄形骸。时人多谓之痴，惟族兄文业每叹服之，以为胜己，由是咸共称异。"看来他是一个任性不羁，很有个性特征的人。

阮籍出身于儒业世家，父阮瑀为著名的"建安七子"之一。所以，籍从小不能不受儒业教育。阮籍在《咏怀诗》中说："昔年十四五，志尚好书诗。被褐怀珠玉，颜闵相与期。"他少年时代不仅饱读诗书，还以孔子的得意弟子颜渊和闵子骞作为效仿的榜样。他这时想的是"弯弓挂扶桑，长剑倚天外"，"岂若雄杰士，功名从此大"（《咏怀诗》）的建功立业的抱负。所以《晋书·阮籍传》说"籍本有济世志"。然"属魏晋之际，天下多故，名士少有全者。籍由是不与世事，遂酣饮为常"（《晋书·阮籍传》）。他后来走上放达之路，完全是时代造成的不得意的做法。《世说新语·任诞》载："王大曰：'阮籍胸中垒块，故须酒浇之。'"这倒是阮籍纵酒的真实动机。他好《老》《庄》，也是时代使然也。

黄初六年（225年），阮籍随叔父至东郡。这时的他已有了一定的声望。"兖州刺史王昶与相见，终日不开一言，自以不能测。"（《晋书·阮籍传》）他不喜俗事，读书弹琴，登临山水。正始三年（242年），太尉蒋济"闻其有隽才"，辟之为吏。但这时曹氏与司马氏政治集团的斗争已趋激烈，故阮籍上奏记于济，辞。蒋济以为阮籍是表面上的推辞，"欣然遣卒迎之，而籍已去，济大怒。于是乡亲共喻之，乃就吏。后谢病，归。"（同上）正始八年（247年），籍"复为尚书郎。少时，又以病免"（同上）。正始九年，"及曹爽辅政，召为参军。籍因以疾辞，屏于田里。岁余而爽诛，时人服其远识。"（同上）

正始十年，司马懿在"高平陵"事变中诛曹爽，政权归司马氏掌握。嘉平初，阮籍不得已出任从事中郎。后来司马师握政要，籍在其手下为官，常不得意，故此时的他多饮酒不羁，以装醉避祸。正元二年（255年），司马昭继司马师辅政，籍借口爱东平风土，拜东平相。"籍乘驴到郡，坏府舍屏障，使内外相望，法令清简，旬日而还。"（同上）还后，又被司马昭引为从事中郎。此时他一方面"发言玄远，口不臧否人物"；但另一方面又难抑心头之愤懑，时常也抨击、讽刺世俗礼教。史载，一次"有司言有子杀母者，籍曰：'嘻！杀父乃可，至杀母乎！'坐者怪其失言。帝（司马昭）曰：'杀父，天下之极恶，而以为可乎？'籍曰：'禽兽知母而不知父，杀父，禽兽之类也；杀母，禽兽不若。'众乃悦服"（《晋书·阮籍传》）。他在机智、调侃中以反抗世俗礼教。

甘露元年（256 年），籍"闻步兵厨营人善酿，有贮酒三百斛，乃求为步兵校尉"（同上）。这是他一生中所做的最大的官，故后人多称他为"阮步兵"。甘露二年，籍奉司马昭之命去苏门山寻访隐者孙登。"籍往观，见其人拥膝岩侧。籍登岭就之，箕踞相对。籍商略终古，上陈黄、农玄寂之道，下考三代盛德之美，以问之，仡然不应。复叙有为之教，栖神导气之术，以观之，彼犹如前，凝瞩不转。"（《世说新语·栖逸》）阮籍于是长啸而归。他从苏门山回后，嵇康已避祸外出，"竹林七贤"的畅游活动已解体，他倍感苦寂，遂作《大人先生传》以抨礼法，以抒胸怀。景元三年（262 年）嵇康被杀，阮籍的情绪坏到极点，"时率意独驾，不由径路，车迹所穷，辄恸哭而反。尝登广武，观楚战处，叹曰：'时无英雄，使竖子成名！'登武牢山，望京邑而叹，于是赋《豪杰诗》。景元四年冬卒，时年五十四。"（《晋书·阮籍传》）

在竹林七贤中，阮籍有两个方面的行为特点或突出表现。一方面是他很小心谨慎。本传言他"发言玄远，口不臧否人物"。《世说新语·德行》载："晋文王称阮嗣宗至慎，每与之言，言皆玄远，未尝臧否人物。"嵇康在《与山巨源绝交书》中说，他自己"刚肠疾恶，轻肆直言，遇事便发"，而"阮嗣宗口不论人过，吾每师之，而未能及"，"吾不如嗣宗之贤"。这都说明阮籍有意韬光养晦，以避时祸。当司马昭让九锡时，他还能为公卿写劝进表（《晋书·阮籍传》），以应付时势。但是，阮籍这么做全是不得已而为之，他的内心充满了苦闷和徬徨。所以，另一方面他又极为蔑视世俗礼法，与世俗格格不入。《世说新语·任诞》载："阮籍嫂尝还家，籍见与别。或讥之，籍曰：'礼岂为我辈设也？'"又，"阮公邻家妇有美色，当垆酤酒，阮与王安丰常从妇饮酒，阮醉便眠其妇侧。夫始殊疑之，伺察终无他意。"该条下注引王隐《晋书》曰："籍邻家处子有才色，未嫁而卒。籍与无亲，生不相识，往哭，尽哀而去。其达而无检，皆此类也。"又，"阮籍当葬母，蒸一肥豚，饮酒二斗，然后临诀，直言穷矣，都得一号，因吐血，废顿良久。"该条下注引邓粲《晋纪》曰："籍母将死，与人围棋如故，对者求止，籍不肯，留与决赌。既而饮酒三斗，举声一号，呕血数升，废顿久之。"又，"阮步兵丧母，裴令公（楷）往吊之。阮方醉，散发坐床，箕踞不哭。裴至，下席于地，哭吊唁毕便去。或问裴：'凡吊，主人哭，客方为礼，阮既不哭，君何为哭？'裴曰：'阮方外之人，故不崇礼制，我辈俗中人，故以仪轨自居。'时人叹为两得其中。"《晋书·阮籍传》也载有这些故事。并说："籍又能为青白眼。见礼俗之士，以白眼对之。及嵇喜来吊，籍作白眼，喜不怿而退。喜弟康闻之，乃斋酒挟琴造焉，籍大悦，乃见青眼。由是礼法之士疾之若仇。"

关于阮籍的著作，《隋书·经籍志》著录为十卷，并说梁代为十三卷，录一卷。《宋史·艺文志》著录为十卷，焦竑《国史经籍志》著录为十三卷。但唐宋以来，阮籍的著作仅存五卷。1978年上海古籍出版社出版校点本《阮籍集》。阮籍涉及玄学思想的著作有：《乐论》，大约作于魏青龙四年（236年）至景初三年（239年）间；《通老论》，大约作于正始初期；《通易论》，大约作于正始末年；《大人先生传》《达庄论》，这二文是姊妹篇，大约作于甘露二年以后，是阮籍的晚年作品。

山涛 山涛字巨源，河内怀（今河南武陟）人，生于汉献帝建安十年（205年），卒于晋武帝太康四年（283年），时年79岁。《晋书·山涛传》说，涛"父曜，宛句令。涛早孤，居贫。少有器量，介然不群，性好庄老，每隐身自晦"。正始五年（244年）山涛已40岁，始谋到郡主簿之位，后又做过功曹、上计掾等小吏。正始七年，举孝廉，辟为河南从事。就在此时，本传记载了他这样一件事："与石鉴共宿。涛夜起，蹴鉴曰：'今为何等时而眠邪！知太傅（司马懿）卧何意？'鉴曰：'宰相三不朝，与尺一令归第，卿何虑也！'涛曰：'咄！石生无事马蹄间邪！'投传（自我罢官）而去。未二年，果有曹爽之事，遂隐身不交世务。"大概从此后，他"与嵇康、吕安善，后遇阮籍，便为竹林之游，著忘言之契"也。

山涛与司马懿妻张氏（宣穆皇后）有中表亲关系。当时他"投传而去"，游于竹林，是为了避祸。等司马氏掌政要后，山涛便去投司马师，师曰："吕望欲仕邪？"（《晋书·山涛传》）他很快得到重用，"命司隶举秀才，除郎中，转骠骑将军王昶从事中郎。久之，拜赵国相，迁尚书吏部郎。"（同上）到涛任尚书吏部郎时，已到司马昭掌政要的景元初年了。景元四年，钟会伐蜀欲反，司马昭将西征，迁涛为大将军从事中郎，以监视后方的魏氏诸王公。咸熙初（264年），昭封涛为新沓子，转相国左长史，典统别营。晋武帝泰始元年（265年），司马炎登基，以涛守大鸿胪，加奉车都尉，时爵新沓伯。咸宁初（275年）因得罪车骑将军羊祜等人，涛出使冀州刺史，加宁远将军。后转北中郎将，督邺城守事。不久回朝为侍中，迁尚书。太康初（280年）迁右仆射，加光禄大夫，侍中，仍掌吏部。太康四年，拜涛为司徒。此时的山涛已卧病不起，舆疾归家，不久卒于河内。

在竹林七贤中，山涛年最长。他不是学者，不是思想家，他是个官吏。他参与竹林之游是出于韬光养晦的目的。但山涛在任上时还算是一个正直、有作为的官僚。本传说，景元初他任吏部郎时，"与钟会、裴秀并申款昵"，钟会是个阴谋家，时与裴秀争权，但山涛能"平心处之"，与之"各得其所，而俱无恨焉"。这说明他很会处事和处世，老练于官场世故。同时，他为人谨慎，遵守礼法，"以德素为朝之望"。他"居选职十有余年，每一缺官，辄召拟数人，诏旨有所向，然后显奏，随帝意所欲为先"。"初，陈郡袁毅尝为鬲令，贪浊而赂遗公卿，以求虚誉，亦遗涛丝百斤，涛不欲异于时，受而藏于阁上。后毅事露，槛车送廷尉，凡所受赂，皆见推检。涛乃取丝付吏，积年尘埃，印封如初。"（均见《晋书·山涛传》）《世说新语·政事》也说："山司徒（涛）前后选殆周遍百官，举无失才，凡所题目，皆如其言。"总之，山涛是个老于世故的当官人。

向秀　向秀字子期，河内怀（今河南武陟）人。他的生卒年史未明载，今多数人推测他大约生于魏明帝太和元年（227年），卒于晋武帝泰始八年（272年）；一说卒于晋武帝咸宁六年（280年）。《晋书·向秀传》说，秀"清悟有远识。少为山涛所知，雅好老庄之学"。《世说新语·言语》注引《向秀别传》云："秀字子期，河内人。少为同郡山涛所知，又与谯国嵇康、东平吕安友善，并有拔俗之韵。其进止无固必，而造事，营生业，亦不异常。与嵇康偶锻于洛邑，与吕安灌园于山阳，不虑家人有无，外物不足怫其心。"他与嵇康、吕安善。《晋书·向秀传》和《晋书·嵇康传》都载有康与秀锻铁之事。

景元三年（262年）嵇康、吕安被杀后，向秀被迫入洛为官。《晋书·向秀传》说："康既被诛，秀应本郡计入洛。文帝（司马昭）问曰：'闻有箕山之志，何以在此？'秀曰：'以为巢、许狷介之士，未达尧心，岂足多慕？'帝甚悦。"《世说新语·言语》及其注引《向秀别传》中都有相同的记载。嵇康死时向秀约 36 岁。从这时开始他入仕途，任黄门侍郎、散骑常侍等。《晋书·任恺传》载："恺有经国之干，万机大小，多管综之。性忠正，以社稷为己任，帝器而昵之，政事多咨焉。……庾纯、张华、温颙、向秀、和峤之徒皆与恺善，杨珧、王恂、华廙等，充（贾充）所亲敬，于是朋党纷然。"这说明，向秀后来卷入任恺与贾充的朋党之争中。据《资治通鉴》卷七十九载，晋武帝泰始八年（272年），"充欲专名势而忌恺，于是朝士各有附，朋党纷然。……充因与荀勖、冯纨间共谮之，恺由是得罪，废于家。"任恺被废于家后，向秀的仕途也大概到头了。《晋书·向秀传》说他"在朝不任职，容迹而已，卒于任"；《世说新语·文学》注说"秀游托数贤，萧屑卒岁"，大概说的都是向秀晚年的情况。

在竹林七贤中，向秀在玄学思想方面是有所建树的。他的功绩就是注《庄子》。《晋书·向秀传》说："庄周著内外数十篇，历世方士虽有观者，莫适论其旨统也。秀乃为之隐解，发明奇趣，振起玄风，读之者超然心悟，莫不自足一时也。"《世说新语·文学》载："初注《庄子》者数十家，莫能究其旨要。向秀于旧注外为解义，妙析奇致，大畅玄风。"该条下注引《向秀别传》说："秀将注《庄子》，先以告康、安，康、安咸曰：'此书讵复须注？徒弃人作乐事耳。'及成，以示二子。康曰：'尔故复胜不？'安乃惊曰：'庄周不死矣！'"这都说明，向秀的确注过《庄子》，且极有新意，振起了一时之玄风。可惜此注已佚。

向秀的著作除已佚的《庄子注》外，《世说新语》之《言语》《文学》皆注引《向秀别传》说："弱冠著《儒道论》，弃而不录,好事者或存之。或云是其族人所作,困于不行,乃告秀,欲假其名,笑曰:'何复尔耳。'""后注《周易》,大义可观,而与汉世诸儒互有彼此,未若隐《庄》之绝伦也。"但这些著作均佚。今存《难养生论》一文,载《嵇康集》中。另,《晋书·向秀传》中有《思旧赋》一篇。

刘伶　刘伶字伯伦,沛国(今山东沛县)人,生卒年不详,大约生于魏文帝黄初二年(221 年),卒于晋惠帝永康元年(300年)。《晋书·刘伶传》说,他"身长六尺,容貌甚陋。放情肆志,常以细宇宙、齐万物为心,澹默少言,不妄交游,与阮籍、嵇康相遇,欣然神解,携手入林"。《世说新语·容止》曰:"刘伶身长六尺,貌甚丑悴而悠悠忽忽,土木形骸。""土木形骸"是说刘伶视形体如土木,不意修饰。"悠悠忽忽",表面是说他酒醉迷离,以忘形骸,实际上是指他"细宇宙、齐万物"的物我两忘的自得之境。该条下注引梁祚《魏国统》曰:伶"形貌丑陋,身长六尺,然肆意放荡,悠焉独畅,自得一时,常以宇宙为狭"。说的也是他齐万物的自得境界。

最可注意的是,刘伶那种细宇宙、齐万物的自得之境是在酒中取得的,或者说是以酒为手段来达到的。所以在竹林七贤中,他以豪饮著称。《晋书·刘伶传》载:他"不以家产有无介意,常乘鹿车,携一壶酒,使人荷锸而随之,谓曰:'死便埋我'"。他常常喝得不省人事。还经常向妻子要酒喝,其"妻捐酒毁器,涕泣谏曰:'君酒太过,非摄生之道,必宜断之。'伶曰:'善。吾不能自禁,惟当祝鬼神自誓耳。便可具酒肉。'妻从之。伶跪祝曰:'天生刘伶,以酒为名,一饮一斛,五斗解酲。妇儿之言,慎不可听。'仍引酒御肉,隗然复醉"(《晋书·刘伶传》)。他喝醉酒后常"与俗人相忤",有一次和一个人争斗起来,"其人攘袂奋拳而往,伶徐曰:'鸡肋不足以安尊拳。'其人笑而止。"(同上)看来他还是一个诙谐之人。但有时他在诙谐中也表现出竹林名士那种特有的对礼法的蔑弃。《世说新语·任诞》曰:"刘伶尝纵酒放达,或脱衣裸形在屋中,人见,讥之。伶曰:'我以天地为栋宇,屋室为裈衣,诸君何为入我裈中!'"这是大大地把礼法之士揶揄了一顿。

在竹林七贤中,刘伶与阮籍、阮咸叔侄最契,都以饮为乐。甘露元年(256 年),阮籍因羡慕步兵厨营中的好酒而求为步兵校尉,这时刘伶做建威参军,二人常在步兵厨营中痛饮。《世说新语·任诞》"步兵校尉缺"条下注引《文士传》说,阮籍"闻步兵厨中有酒三百石,忻然求为校尉,于是入府舍与刘伶酣饮"。又注引《竹林七贤论》曰:"籍与伶共饮步兵厨中,并醉而死。"刘孝标接着还有一个解说,言:"此好事者为之言。籍景元中卒,而刘伶太始(即泰始)中犹在。"

泰始初,司马炎为帝,以对策选官。伶"盛言无为之化"。不少人靠门第和才辩得升,刘伶却"以无用罢"(《晋书·刘伶传》)。

刘伶一生"未尝厝意文翰,惟著《酒德颂》一篇,其辞曰:'有大人先生,以天地为一朝,万期为须臾,日月为扃牖,八荒为庭衢。行无辙迹,居无室庐。幕天席地,纵意所知。止则操卮执觚,动则挈榼提壶,惟酒是务,焉知其余。有贵介公子、搢绅处士,闻吾风声,议其所以,乃奋袂攘襟,怒目切齿,陈说礼法,是非蜂起。先生于是方捧罂承槽,衔杯漱醪,奋髯箕踞,枕曲藉糟,无思无虑,其乐陶陶;兀然而醉,恍尔而醒。静听不闻雷霆之声,熟视不睹泰山之形。不觉寒暑之切肌,利欲之感情。俯视万物,扰扰焉若江海之载浮萍'"。这与阮籍《大人先生传》的思想一致。

阮咸　阮咸字仲容，陈留尉氏（今河南尉氏）人，生卒年不详。他是阮籍侄子。《晋书·阮咸传》记载：咸"父熙，武都太守。咸任达不拘，与叔父籍为竹林之游，当世礼法者讥其所为"。阮咸曾任散骑侍郎，山涛曾推荐他为吏部郎，并评说："贞素寡欲，深识清浊，万物不能移。若在官人之职，必绝于时。"（《晋书·阮咸传》）但司马炎因其耽酒浮虚，不用。

在魏晋玄学史上，阮咸以豪饮放达、不遵礼法而闻名。《晋书·阮咸传》曰："咸与籍居道南，诸阮居道北，北阮富而南阮贫。七月七日，北阮盛曬[即晒]衣服，皆锦绮粲目。咸以竿挂布犊鼻于庭，人或怪之，答曰：'未能免俗，聊复尔耳。'"《世说新语·任诞》中有同样记载，七月七日习俗晒衣物，道北阮氏皆晒锦衣，而阮咸却在高竿上挂了一个大布裤衩晾晒。这是违俗，也是抗俗。《世说新语·任诞》载："阮仲容先幸姑家鲜卑婢，乃居母丧，姑当远移。初云当留婢，既发，定将去。仲容借客驴，着重服，自追之，累骑而返，曰：'人种不可失！'即遥集之母也。"他在居母丧时，竟在众目睽睽之下穿着孝服去追赶一个婢女。这个婢女后为阮咸生一子，就是东晋名士阮遥集。阮咸此举也是极违礼法的大胆做法。《世说新语·任诞》又载："诸阮皆能饮酒，仲容至宗人间共集，不复用常杯斟酌，以大瓮盛酒，围坐相向大酌。时有群猪来饮，咸直接去其上，便共饮之。"放诞和豪迈跃然矣。《晋书·阮咸传》中也都对这些逸事有记载。

阮咸还有一项才能，就是妙解音律。《晋书·阮咸传》记载："咸妙解音律，善弹琵琶。虽处世不交人事，惟共亲知，弦歌酣宴而已。"《世说新语·术解》中还记载有一事，说："荀勖善解音声，时论谓之'暗解'，遂调律吕，正雅乐。每至正会，殿庭作乐，自调宫商，无不谐韵。阮咸妙赏，时谓'神解'，每公会作乐，而心谓之不调，既无一言直勖意，忌之，遂出阮为始平太守。后有一田父耕于野，得周玉尺，便是天下正尺。荀试以校己所治钟、鼓、金、石、丝、竹，皆觉短一黍，于是伏阮神识。"

王戎 王戎字浚冲，琅邪临沂（今山东临沂）人，生于魏明帝青龙二年（234年），卒于晋惠帝永兴二年（305年）。《晋书·王戎传》云：戎"祖雄，幽州刺史，父浑，凉州刺史，贞陵亭侯。戎幼而颖悟，神彩秀彻，视日不眩。裴楷见而目之曰：'戎眼烂烂如岩下电。'年六七岁，于宣武场观戏，猛兽在槛中虓吼震地，众皆奔走，戎独立不动，神色自若。魏明帝于阁上见而奇之。又尝与群儿戏于道侧，见李树多实，等辈竞趣之，戎独不往。或问其故，戎曰：'树在道边而多子，必苦李也。'取之，信然"。这是王戎少年时的情况。《世说新语·雅量》中亦有记载。这说明少年时的王戎聪颖过人，富有胆识。

正始末，戎父浑与阮籍俱为尚书郎，戎随父在郎舍，阮籍与他经常交谈。戎本传说："阮籍与浑为友，戎年十五，随浑在郎舍，戎少籍二十岁，而籍与之交。籍每适浑，俄顷辄去，过视戎良久，然后出谓浑曰：'浚冲清赏，非卿伦也。共卿言，不如共阿戎谈。"王戎亦受到钟会的鉴识。《世说新语·赏誉》曰："吏部郎阙，文帝（司马昭）问其人于钟会，会曰：'裴楷清通，王戎简要，皆其选也。'于是用裴。"嘉平年间（249—254年），阮籍与嵇康交，作竹林游，王戎亦加入，成为竹林名士。《世说新语·排调》载："嵇、阮、山、刘在竹林酣饮，王戎后往，步兵曰：'俗物已复来败人意。'王笑曰：'卿辈意，亦复可败邪？'"该条下注引《魏氏春秋》曰："时谓王戎未能超俗也。"王戎虽被鉴为"清赏""简要"，但在契悟老庄、修养人格方面尚不够。后来的王戎无论在做官、处事方面都有不少败人意的地方。

正元元年（254 年），司马昭辅政。其时王浑死于凉州，王戎袭父爵为贞陵亭侯。又经钟会推荐，辟为相国掾，历任吏部黄门郎、散骑常侍、河东太守、荆州刺史等职。他在做荆州刺史时派手下官吏给自己修园宅，受处罚。咸宁五年（279 年），迁豫州刺史，加建威将军，受诏伐吴。咸宁六年，吴降，王戎因功晋爵安丰侯。后迁光禄勋、吏部尚书，因母丧去职。

惠帝朝，皇帝痴呆，八王作乱，时局动荡。但王戎却为官不倒，先后做过中书令、尚书令、左仆射、司徒等。《晋书·王戎传》说："戎以晋室方乱，慕蘧伯玉之为人，与时舒卷，无蹇谔之节。自经典选，未尝进寒素，退虚名，但与时浮沉，户调门选而已。寻拜司徒，虽位总鼎司，而委事僚宋。间乘小马，从便门而出游，见者不知其三公也。"他完全成了与山涛一样的老于官场世故的官僚。他"以王政将圮，苟媚取容，属愍怀太子之废，竟无一言匡谏"（《晋书·王戎传》）。

王戎早年尚旷达。《晋书·王戎传》说，他父亲死时，"故吏赙赠数百万，戎辞不受，由是显名"。但做官后"性好兴利，广收八方园田水碓，周遍天下。积实聚钱，不知纪极，每自执牙筹，昼夜算计，恒若不足"。他不仅贪婪，且非常吝啬。本传说："女适裴颜，贷钱数万，久而未还。女后归宁，戎色不悦。女遽还直，然后乃欢。"还有，"从子将婚，戎遗其一单衣。婚讫而更责取"。还有，"家有好李，常出货之，恐人得种，恒钻其核。以此获讥于世。"《世说新语·俭啬》中对这些事亦有载。这就是王戎，把他算作竹林七贤实在有些败味。

二、嵇康、阮籍的生命体悟

（一）嵇康、阮籍与竹林玄学的主题

正始玄音和竹林清音虽然都是谈玄清言，但二者的玄学性质和思想任务却并不相同。正始时代，曹魏政权专一，政治相对稳定。表现在社会制度上，名教的社会调节作用和功能依然存在。而当时的思想任务就是为现存的社会政治制度和依然有效的名教找到合理的存在根据，完成这一思想任务的哲学形式就是王弼那种"崇本息末""守母存子"的"以'无'为本"的贵无论玄学。所以，以王弼为代表的正始玄学其思维的心灵是平和宁静的，其理论内容是和谐统一的，其理论形式是平衡思辨的。当时需要的就是那种以"无"为本的本体论理论，是那种以"一"（"无"）贯之的理论形式。这种理论的有效性就在于为"名教"建构起一个"自然"依据，并在"有"与"无"的抽象论证中来扬弃名教与自然的对立和冲突；在"体"与"用"如一不二的理论构架中来保证和强化名教的社会功能和作用。因此，正始之音在王弼身上所奏出的乐章就是"以'无'为本"的抽象的玄学理论。这是一个体系，不仅"无"本论自身是个理论体系，而且"无"本论、言意论、动静论、名教自然论等等都构成一个理论体系。由此我们方能对正始时期的贵"无"论玄学分节辟目地予以阐述。

竹林清音则不然。在竹林清音鸣奏的嘉平到景元年间，司马氏加紧了取代曹氏政权的步伐，曹氏和司马氏两大政治集团间的斗争日趋激烈，政权力量在分化，政治动荡不安。表现在社会制

度上，司马氏以名教为幌子，借名教之名而行反名教之实。例如，明明是司马师出于篡权的政治需要而借故废掉了齐王芳，但他却要太后发诏说齐王芳"毁人伦之叙，乱男女之节，恭孝日亏，悖傲滋甚"(《三国志·魏书·三少帝纪》)。这就使得名教的社会调节作用和功能被极大地破坏了，使人们的观念产生了极大的混乱，思想处于极度的不安中。名教虽然属于社会的意识形态，它受社会经济基础的决定和制约，但一个社会的运转绝不能没有名教。在社会的一定历史阶段中，当名教的社会调节作用和功能失效，人们的名教观念发生了混乱，人们对已有名教的可信度失去了确信时，这必定会给思想界带来巨大的冲击。竹林玄学就出现在这样一个名教失范、思想混乱的时代。所以，竹林士人天生就处在思想观念的分裂、对立、矛盾、冲突中。当然，面对嘉平至景元时期的社会现实，人们大可不必去管它，依然循着原有名教的老路走下去，不管名教在思想内容上的变化而只照着它的形式去做，何曾就是这样的人。《晋书·何曾传》载："曾性至孝，闺门整肃，自少及长，无声乐嬖幸之好。年老之后，与妻相见，皆正衣冠，相待如宾。己南面，妻北面，再拜上酒，酬酢既毕便出。一岁如此者不过再三焉。"正是这样一个迂腐的名教之徒，劝司马昭杀掉阮籍。《晋书·何曾传》又说："时步兵校尉阮籍负才放诞，居丧无礼。曾面质籍于文帝座曰：'卿纵情背礼败俗之人，今忠贤执政，综核名实，若卿之曹，不可长也。'因言于帝曰：'公方以孝治天下，而听阮籍以重哀饮酒食肉于公座。宜摈四裔，无令污染华夏。'帝曰：'此子羸病若此，君不能为吾忍耶？'曾重引据，辞理甚切。帝虽不从，时人敬惮之。"钟会是一个阴谋家和小人，他在劝司马昭杀吕安和嵇康时，加给他们的罪名就是"言论放荡，非毁典谟"（《晋书·嵇康传》）。像何曾、钟会之辈，或者迂腐地抱着名教的形式不放，或者以名教为借口诛锄异己，他们当然不会感受到当时名教功能的失范所造成的思想震动。

但竹林七贤就不同了，特别是七贤中的嵇康、阮籍，他们对当时的社会政治而导致的名教失范倍感彷徨、苦恼、焦躁、不安。他们不愿随波逐流，不愿与司马氏集团在政治上同流合污。他们深切地感受到了当时的政治气候，感受到了其时的政治压力，但他们不屈从于压力，要在压力下挣扎、生存。因此，他们以文人的畅游方式回应了时代的紧张与冲突。前面介绍竹林七贤时讲到了许多他们的逸事，如嵇康与向秀锻铁不辍以傲钟会，阮籍食蒸豚饮美酒以守母丧、饮邻家美妇酒而醉眠其旁、吊邻家才色美女、与嫂见别，阮咸在守丧时追鲜卑婢、竿挑大鼻犊裈，刘伶豪饮等行为，就是他们对当时名存实亡的名教的反抗。正因为如此，竹林七贤在魏晋玄学史上，乃至在整个中国思想史上占有重要地位。尤其是嵇康、阮籍，他们以文人特有的敏感和忧患，沉思并承担了名教失范后人们应该如何来行动这一时代所提出的紧迫的思想任务。如何解决当时名教失范的问题？摆在他们面前的路有两条：或者是整顿、改变当时的社会政治秩序以之使其与传统的名教要求相适应；或者是对当时的政治秩序无可奈何转而揭露其时名教的虚伪性、工具性以抛弃之。他们不是手握重兵的政要，不是权倾朝野的奸雄，他们自然无可奈何于司马氏的所作所为。他们能做的和要做的只是对当时名教做揭露和批判，以撕去名教的虚伪面纱，暴露名教的政治工具性的本质。因此，他们响亮地喊出了"越名教而任自然"（嵇康：《释私论》）的口号，要抛弃已有的虚伪名教的束缚，按"自然"要求行动。这个"自然"有两重含义：一是人自己的自然之性；二是天地的自然本质。人的自然本性也好，天地的自然本质也罢，都是社会名教的反面。当嵇、阮抛开名教而追求"自然"时，这个"自然"就是本体，是他们最高最后的哲学目标和原则。所以，竹林玄学的"自然"和正始玄学的"无"在哲学性质上都是本体之学，都是哲学理论。

但是，竹林玄学的"自然"本体论和正始玄学的"无"本论在哲学的存在性质和表现方式上却有质的区别。前已指出，正始玄学是在承认和肯定社会名教的社会调节作用和功能的基础上，去为名教的存在寻找一个本体依据，所以它是抽象的、思辨性的"无"本论，但这个"无"并没有彻底地离开有或不要有，而就在有之中，因此"无"本论在功能上是体用不二的。这就使得正始玄学在理论形态上比较系统、平衡，在思维心灵上显得比较宁静。但竹林玄学就不是这样了，它面对的是社会名教失范的情况。为了应对这种情况，它选择的道路是抛弃名教而任"自然"，即要建构"自然"本体论。正因为它抛开了名教而任"自然"，就使得这个"自然"本体失去了存在的现实基础，也缺乏现实的意义和力量。事实上，社会的名教是抛弃不掉的。如果没有了社会名教，也就不会有社会和个人的存在了，所建构起来的任何的本体理论也就没有存在的可能和必要了。所以，以嵇康、阮籍为代表的竹林玄学所建构的"自然"本体论是在抛开名教的形式下不得不将名教纳进来。这样，阮籍一方面在蔑弃礼法，另一方面却"言皆玄远，未尝臧否人物"（《世说新语·德行》），谨小慎微地按名教、礼法办事；嵇康一方面"轻贱唐虞而笑大禹"（《卜疑》）、"非汤武而薄周孔"（《与山巨源绝交书》），另一方面临死时又在《家诫》中谆谆劝诫儿子嵇绍要按礼法行事，并将儿子托给山涛照顾（《晋书·山涛传》)。这样，嵇、阮所"任自然"的"自然"本体论才与老、庄那种任逍遥的学说不同，它没有走上纯粹道家的那种反名教、反社会文明的纯精神自由的思想路向，也不是隐者那种遗世独立的道路，它是玄学，是魏晋时期的玄学思想，是饱含对社会的忧患在内的、试图寻求一条解决名教失范问题之道路的"自然"本体论。这样，以嵇康、阮籍为代表的竹林玄学的"自然"本体论是一个充满了矛盾和分裂意识的玄学理论。它既要抛开名教又不能彻底抛开名教，要去任"自然"但又不可纯任"自然"，"名教"与"自然"的紧张和对峙时时在他们的"自然"本体中表现出来。理论上的这种无法以"一"贯之的冲突和紧张造成了心灵上的极度烦恼和不安，激起了对生命的深切感悟，既有对生命的眷恋又有对它的蔑视，既有对生命的永恒价值的追寻又有对它的现实存在的放弃。正是这种种的矛盾，成就了竹林玄学独特的玄学品位和韵味，也成就了嵇康、阮籍不仅是哲学家而且是文学家的个性品质。反过来，心灵上的这种烦恼和不安的品质又造成了"自然"本体论在理论上的特殊性，即其思维的心灵是烦躁不安的，其理论内容是矛盾分裂的，其理论形式是"师心""使气"的。

（二）嵇康、阮籍的"越名教而任自然"论

怎样介绍嵇康、阮籍的玄学思想？时下许多研究魏晋玄学的著作对其分方面叙述，比如嵇康，分自然观、认识论、道德观、养生论、"言不尽意"论、"声无哀乐"论等几个方面予以叙述；对阮籍，也从自然观、社会历史观、名教观等方面来阐说。这样的介绍虽然显得很全面，但却失去了嵇、阮玄学的品位，总让人觉得他们不像言谈玄远的玄学家，更不像竹林时期的豪放不羁、蔑

视礼法的名士，而更像有意要建立某种哲学体系的哲学家；但其哲学思想又显得肤浅和贫乏，远不如王弼的"无"本论那样富有思辨的深刻性和哲学味。之所以会这样，是因为没有抓住竹林玄学的思想主题。前已指出，在竹林玄学活动的嘉平至景元年间，时代的政治趋势已不容许玄学家们去做为现有名教（社会的政治、思想文化等制度）寻找存在根据以建立某种抽象的理论体系的工作了，竹林玄学的历史任务不是建设而是破坏，是对社会名教的虚伪性的揭露、批判、蔑视和超越，以充分暴露出名教与自然之间的对峙、紧张和分裂，从而为下一阶段在更高的程度上对名教和自然的综合、协调做思想准备。这一时代任务塑造出的是以嵇、阮为代表的竹林玄学家的文学家的气质，而不是正始玄学家那样的哲学家的气质。南朝刘勰在《文心雕龙·才略》中说："嵇康师心以遣论，阮籍使气以命诗，殊声而合响，异翮而同飞。"这倒符合嵇康、阮籍的文学家的品质。

那么，什么是以嵇康、阮籍为代表的竹林玄学的思想主题呢？这就是"越名教而任自然"的纲领口号。之所以要将并能将"越名教而任自然"作为竹林玄学的思想主线和玄学总纲，因为，其一，它体现了思想发展的历史要求和时代要求。这一点前已反复指出。正始以后的社会政治严重地破坏了已有名教的存在基础，再也不能对这种虚伪的、束缚人们思想的、只能给人的精神造成苦痛的名教做修补和维护了，干脆地抛弃它倒能使人的精神获得安宁。当然，一般人大可不必去理会时代的政治与传统名教之间的分裂和冲突，那些腐儒仍可抱着名存实亡的名教不放，那些政治野心家和阴谋家仍可利用名教作为幌子来诛锄异己。但真正的思想家们却不能对当时的政治与名教之间的分裂熟视无睹。竹林七贤，特别是嵇康、阮籍之所以在魏晋思想史乃至整个中国思想史上占有重要地位，正在于他们承担了时代提出的思想任务，他们以自己的灵与肉的搏斗来回应时代的政治与名教间的冲突。其二，它反映了思想发展的逻辑要求。我们在分析王弼"无"本论的理论矛盾时指出，王弼要以"无"为本，这个"无"必须逻辑地赋有抽象性和生成性（具体性）。就是说，将一般与个别、普遍与特殊、抽象与具体等等都统一在"无"这个本体身上，使"无"有了体用不二的品性，这是王弼"无"本论在理论上成功和高明的地方。但同时，在王弼的以思辨为特征的"无"本论体系中，"无"的抽象性与生成性（具体性）的矛盾并不能完全谐和和统一起来，这就为"无"本论的逻辑演化提出了内在要求。怎么演化？前已指出，其途无非是二：或者向纯抽象一途发展而进入人的精神自由领域，或者向纯具体一途发展而进入现实世界，但不论向哪个方面发展，都意味着本体"无"的分裂，注定要在二元分立和对抗中来向前发展。嵇康、阮籍的竹林玄学正是历史地来承接"无"本论发展之历史的和思想的任务，他们以"名教"与"自然"的对峙为表现方式，将正始玄学的"无"本论体系的抽象与具体的理论矛盾淋漓地展现了出来。所以，解析竹林玄学，特别是嵇康、阮籍的玄学思想，一定要从这个"越名教而任自然"的总纲出发。

1. 嵇康关于名教与自然的思想。《晋书·嵇康传》说，嵇康"早孤，有奇才，远迈不群"，"而土木形骸，不自藻饰"，"恬静寡欲，含垢匿瑕，宽简有大量"，"学不师受，博览无不该通，长好《老》《庄》"。这是嵇康的个人气质和品质。这种个性气质使得他对现实的政治与名教的冲突有一种特殊的感悟力。对于当时的社会名教，他持蔑视和否定的态度。他在《难自然好学论》中指出：

> 昔鸿荒之世，大朴未亏，君无文于上，民无竞于下，物全理顺，莫不自得。饱则安寝，饥者求食，怡然鼓腹，不知为至德之世也。若此，则安知仁义之端、礼律之文？

这是对上古之世的赞扬和向往。这与庄子所谓的上古之世"居不知所为，行不知所之，含哺而熙，鼓腹而游"（《庄子·马蹄》）、"其卧徐徐，其觉于于，一以己为马，一以己为牛"（《庄子·应帝王》）的思想是一致的。这种对上古社会的颂扬，就是对当时社会的批判。嵇康进而指出：

> 及至人不存，大道陵迟，乃始作文墨，以传其意。区别群物，使有类族；造立仁义，以婴其心；制为名分，以检其外；劝学讲文，以神其教。故六经纷错，百家繁炽，开荣利之途，故奔骛而不觉。是以贪生之禽，食园池之粱菽；求安之士，乃诡志以从俗。操笔执觚，足容苏息；积学明经，以代稼穑。（《难自然好学论》）

他认为，社会的发展出现了礼仪规范后，使社会陷入名利竞争之中，这是一种倒退。特别对于儒学的"六经"，他予以了无情的批判，指出：

> 六经以抑引为主，人性以从欲为欢。抑引则违其愿，从欲则得自然。然则自然之得，不由抑引之六经；全性之本，不须犯情之礼律。……
>
> 若以讲堂为丙舍，以诵讽为鬼语，以六经为芜秽，以仁义为臭腐，睹文籍则目瞧，修揖让则变伛，袭章服则转筋，谈礼典则齿龋。于是兼而弃之，与万物更始。则吾子虽好学不

倦，犹将阙焉。则向之不学未必为长夜，六经未必为太阳也。（同上）

这是对"六经"的否定，也是对社会名教的否定。

在作于景元元年的《与山巨源绝交书》中，嵇康叙述了他的性格特点和行为习惯，以说明他天生就与社会的礼法名教不相入。他指出：少"不涉经学。性复疏懒，筋驽肉缓，头面常一月十五日不洗，不大闷痒，不能沐也。每常小便而忍不起，令胞中略转乃起耳。又纵逸来久，情意傲散，简与礼相背，懒与慢相成。而为侪类见宽，不攻其过。又读庄、老，重增其放，故使荣进之心日颓，任实之情转笃"。他又具体指出："人伦有礼，朝廷有法，自惟至熟，有必不堪者七，甚不可者二。"他认为自己在行为的七个方面与社会的礼法要求不相容，特别在两个方面有悖于社会的礼教。

嵇康天生就厌恶和蔑视社会的名教。一方面，他以自己的不羁行为来对抗虚伪的名教，比如他锻铁不辍以傲贵公子钟会（见《世说新语·简傲》《晋书·嵇康传》）；他为朋友吕安被诬陷之事"义不负心，保明其事"（《三国志·魏书·王粲传》注引《魏氏春秋》），入狱以揭露吕巽的虚伪无耻。另一方面，他大力揭露名教的虚假和对人性的压抑。他主张抛弃腐朽的名教，竟喊出了"轻贱唐虞而笑大禹"（《卜疑》）、"非汤武而薄周孔"（《与山巨源绝交书》）、"越名教而任自然"（《释私论》）等在当时社会振聋发聩的口号。

抛弃了名教之后怎么办呢？嵇康主张"任自然"。他在《释私论》中这样说：

夫称君子者，心无措乎是非，而行不违乎道者也。何以言之？夫气静神虚者，心不存乎矜尚；体亮心达者，情不系于所欲。矜尚不存乎心，故能越名教而任自然；情不系于所欲，故能审贵贱而通物情。物情顺通，故大道无违；越名任心，故是非无措也。

"越名教而任自然"，这是蔑弃礼法的一种口号，同时也是一种道德准则和道德境界。怎么去任"自然"？至少要做到两点，这也是两个层次和两种境界：其一，顺人的自然之性。人的自然之性是什么？嵇康在《难自然好学论》中说："夫民之性，好安而恶危，好逸而恶劳。故不扰则其愿得，不逼则其志从。"人性本来是饥食渴饮，这自然而然，不假雕饰。嵇康曾盛赞那个"大朴未亏"的洪荒之世，因为这个时代的人"饱则安寝，饥则求食，怡然鼓腹"，"物全理顺"，能完全发挥人的自然之性。后来有了社会的礼仪规范，则把人的自然淳朴之性压抑、扭曲了。因此，嵇康主张顺乎人性，顺乎人的淳朴未亏的自然本性。其二，心无违道，与道同体。这是高层次的任"自然"。怎么才能不违于道而与道同体呢？嵇康认为是"心无措乎是非，而行不违乎道者也"。看来，这个"行不违道"，与道同体，是有个前提条件的，即"心无措乎是非"。他在《释私论》中指出："心有是焉，匿之以私；志有善焉，措之为恶。不措所措，而措所不措；不求所以不措之理，而求所以为措之道，故明为措而暗于措，是以不措为拙，以致措为工。唯惧隐之不微，唯患匿之不密，故有矜忤之容以观常人，矫饰之言以要俗誉。谓永年良规莫盛于兹，终日驰思莫窥于外，故能成其私之体，而丧其自然之质也。于是隐匿之情必存乎心，伪怠之机必形乎事。若是，则是非之议既明，赏罚之实又笃。不知冒阴之可以无景，而患景之不匿；不知无措之可以无患，而患措之不以，岂不哀哉？"这是说人心本来是有是非观念，是有善恶之辨的，如果在人世的日常行为中来分是非，别善恶，只能是越陷越深，终不可拔。怎么办呢？"是以君子既有其质，又睹其鉴，贵夫亮达，希而存之，恶乎矜吝，弃而远之。所措一非，而内愧乎神；贱隐一阙，而外惭其形。言无苟讳而行无苟隐，不以爱之而苟善，不以恶之而苟非。心无所矜而情无所系，体清神正而是非允当。忠感明（于）天子，而信笃乎万民。寄胸怀于八荒，垂坦荡以永日。斯非贤人君子，高行之美异者乎！"这是指要以心的自然状态出现，即"游心于寂寞"（《与山巨源绝交书》），使"机心不存，泊然纯素，从容纵肆，遗忘好恶，以天道为一指，不识品物之细故也"（《卜疑》），这样方能"心无措于是非"。如果心能到达这一步，自然就进入了境界中，就处在无为而无不为、无识而无不识的存在状态中，这就叫体"道"，就会与道同体。到了这时，嵇康那个任"自然"的"自然"本体义就表现出来了。

2. 阮籍关于名教与自然的思想。阮籍对社会名教也是持厌弃的态度。他认为，从社会起源的根子上看，名教不是社会中固有的和非有不可的。他盛赞远古社会，说：

> 昔者天地开辟，万物并生。大者恬其性，细者静其形。阴藏其气，阳发其精。害无所避，利无所争。放之不失，收之不盈。亡不为夭，存不为寿。福无所得，祸无所咎。各从其命，以度相守。明者不以智胜，暗者不以愚败，弱者不以迫畏，强者不以力尽。盖无君而庶物定，无臣而万事理。保身修性，不违其纪。惟兹若然，故能长久。（《大人先生传》）

这里难免有过分美化上古社会之嫌。但阮籍的思想倾向是很清楚的，即上古时代"万物并生，大者恬其性，细者静其形"，社会是"无君而庶物定，无臣而万事理"，哪里有名教？哪里需要名教！但名教出现后，却严重地破坏了社会的原始和谐状态，由此使社会进入了激烈的斗争中。阮籍这样说：

> 今汝尊贤以相高，竞能以相尚，（争）势以相君，宠贵以相加，驱天下以趣之，此所以上下相残也。竭天地万物之至，以奉声色无穷之欲，此非所以养百姓也。于是惧民之知其然，故重赏以喜之，严刑以威之；财匮而赏不供，刑尽而罚不行，乃始有亡国、戮君、溃败之祸。此非汝君子之为乎？汝君子之礼法，诚天下残贱（贼）、乱危、死亡之术耳。（《大人先生传》）

名教的出现不是对社会有益，而是有害，它极大加剧了社会的矛盾和争斗。阮籍认为，历史上之所以有亡国、戮君、溃败之祸，正是名教所为。

阮籍对那些死抱名教的蝇营狗苟之辈深恶痛绝。他对那些"唯法是修，唯礼是克"，"上欲三公，下不失九州牧"，一心要"扬声名于后世，齐功德于往古"（《大人先生传》）的伪君子进行了无情的鞭挞。他说：

> 且汝独不见夫虱之处于裈之中乎！逃于深缝，匿乎坏絮，自以为吉宅也。行不敢离缝际，动不敢出裈裆，自以为得绳墨也。饥则吃人，自以为无穷食也。然炎丘火流，焦邑灭都，群虱死于裈中而不能出。汝君子之处寰区之内，亦何异夫虱之处裈中乎？（《大人先生传》）

他将那些名教的伪君子们比作裤裆之虱，其讽刺何其辛辣尔！他又作《猕猴赋》，将名利之徒比作一群小丑猕猴。他说：

> 体多似而匪类，形乖殊而不纯。外察慧而内无度兮，故人面而兽心；性褊浅而干进兮，似韩非之囚秦；扬眉额而骤呻兮，似巧言而伪真；藩从后之繁众兮，犹伐树而丧邻；整

衣冠而伟服兮，怀项王之思归；耽嗜欲而眄视兮，有长卿之妍姿；举头吻而作态兮，动可增而自新；沐兰汤而滋秽兮，匪宋朝之媚人；终蚩弄而处绁兮，虽近习而不亲；多才使其何为兮，固受垢而貌侵；姿便捷而好技兮，超越腾跃乎岑岩。

社会上的名利之徒正是这样一群上蹿下跳的猕猴，他们寡廉鲜耻，唯利是图，摇尾乞怜，以苟偷生。

所以，在阮籍看来，这样的社会名教当然是应该被蔑视、被抛弃的。阮籍与嵇康一样，以他自己的行为来对抗虚伪的名教。比如说，他不顾《礼记·曲礼》之“嫂叔不通问”的礼制而与其嫂话别，饮酒于邻家美妇的酒垆并醉眠其旁，闻邻家才色女未嫁而卒而往哭吊之，居母丧而食肥豚饮美酒，裴楷来吊母孝而箕踞不为礼（均见《世说新语·任诞》），等等。他之所以要蔑弃礼法，要鞭挞名利之徒，是因为礼法束缚了人性，扭曲了人格。

与嵇康一样，阮籍在否弃了名教之后主张任“自然”。他说：

故至道之极，混一不分，同为一体，乃失无闻。伏羲氏结绳，神农教耕，逆之者死，顺之者生，又安知贪洿之为罚，而贞白之为名乎？使至德之要，无外而已。大均淳固，不贰其纪；清静寂寞，空豁以俟。善恶莫之分，是非无所争，故万物反其所而得其情也。（《达庄论》）

这是自然之世，也是人的自然之性，还是人的自然之境界。在这种自然之世中，“明于天人之理，达于自然之分，通于治化之体，审于大慎之训。故君臣垂拱，完太素之朴；百姓熙怡，保性命之和”（《通老论》）。社会是安定的，人性是自然的，一切都自然而然，大朴未亏。到了这时，“自然”就从人的自然之性上升到了本体地位，即“道者法自然而为化。侯王能守之，万物将自化。《易》

谓之太极，《春秋》谓之元，《老子》谓之道"（同上）。"自然"也就由本体转化为人的怡然自得的精神境界了，"时不若岁，岁不若天，天不若道，道不若神；神者，自然之根也"（《大人先生传》）。

总之，嵇康、阮籍在名教与自然的对峙分裂中，否弃了名教，建立起了"自然"本体论。

（三）嵇康、阮籍的思想矛盾与对生命的真切体悟

从思想进向的表现来看，以嵇康、阮籍为代表的竹林玄学与以王弼为代表的正始玄学一样，所建构的都是本体论，即正始玄学建立了"无"本论，而竹林玄学建立了"自然"本论。但在思想进路的实质上，这两种本体论却有质的区别。区别的关键就在于：竹林玄学的这个"自然"本体撇开了、脱离了名教，而正始玄学的"无"本体则没有撇开"有"，即没有抛掉名教。所以，竹林玄学的这个"自然"本体实际上是个畸形的本体；竹林玄学严格说来并不是以思辨为特征的哲学理论，而是以"师心""使气"为特征的文学理论。

嵇康、阮籍没有考虑，为什么社会要从洪荒之世的大朴未亏的无名教时代发展到有名教时代？社会能发展出名教，就证明社会需要它，社会离不开它。在曹魏的嘉平至景元年间，不可否认，由于司马氏的篡权需要，以名教之名行反名教之实，极大地混乱了社会名教。但并不能因此而不要名教。倘若社会真的没有了名教，也就没有了社会，没有了人的存在，一切思想理论，什么的"自然"本体，就都统统失效了。所以，当时的社会不能没有名教，思想的进路也不容许抛开名教去纯任"自然"。其实，嵇康、阮籍从"师心""使气"的情感出发，他们痛恶名教，要抛

弃它而任"自然";但在理智上,他们并非要真的抛掉名教,他们还是要名教的。比如说,嵇康于景元三年(262年)因朋友吕安事入狱后,在狱中作有《家诫》篇,对当时只有10岁左右的儿子嵇绍叮咛周备,要儿子"不须作小小卑恭,当大谦裕;不须作小小廉耻,当全大让。若临朝让官,临义让生,若孔文举求代兄死,此忠臣烈士之节","壶榼之意,束修之好,此人道所通,不须逆也……"这就是教导儿子要循规蹈矩,按社会名教处事做人。《晋书·山涛传》云:"康后坐事,临诛,谓子绍曰:'巨源在,汝不孤矣。'"写过《与山巨源绝交书》的嵇康,明知山涛入朝为官,是礼法之士,但死前却将幼子托付于山涛,这明明是要让儿子按社会礼法行事。还有阮籍,他在正始时期并不反名教,且对名教十分推崇。如他在《通易论》中说:"《易》顺天地,序万物。方圆有正体,四时有常位,事业有所丽,鸟兽有所萃,故万物莫不一也。阴阳性生,性故有刚柔;刚柔情生,情故有爱恶。爱恶生得失,得失生悔吝,悔吝著而吉凶见。……是故圣人以建天下之位,定尊卑之制,序阴阳之适,别刚柔之节。顺之者存,逆之者亡,得之者身安,失之者身危。"阮籍后来虽因政治情势所迫而走上了放达不羁、蔑弃礼法的道路,但他还是劝诫儿子不要学己样,要按礼法办事。《世说新语·任诞》载:"阮浑长成,风气韵度似父,亦欲作达。步兵曰:'仲容已预之,卿不得复尔'。"阮籍制止了儿子阮浑的"作达"想法,是要他走礼法之路。鲁迅在《魏晋风度及文章与药及酒之关系》一文中说,嵇康、阮籍"因为他们生于乱世,不得已,才有这样的行为,并非他们的本态。但又于此可见魏晋的破坏礼教者,实在是相信礼教到固执之极的"。

由于想抛弃名教又不想完全抛弃之，想任"自然"又不能纯任之，这就使得他们的思想陷入深沉的痛苦之中。他们在挣扎，在呐喊，在呻吟，在抗争。例如，嵇康在《卜疑》中发出了这样的叹息：

> 吾宁发愤陈诚，谠言帝庭，不屈王公乎？将卑懦委随，承旨倚靡，为面从乎？宁恺悌弘覆，施而不德乎？将进趣世利，苟容偷合乎？宁隐行义，推至诚乎？将崇饰矫诬，养虚名乎？宁斥逐凶佞，守正不倾，明否臧乎？将傲倪滑稽，挟智任术，为智囊乎？宁与王乔、赤松为侣乎？将进伊挚而友尚父乎？宁隐鳞藏彩，若渊中之龙乎？将舒翼扬声，若云间之鸿乎？宁外化其形，内隐其情，屈身随时，陆沉无名，虽在人间实处冥冥乎？将激昂为清，锐思为精，行为世异，心与俗并，所在必闻，恒营营乎？……

他一口气向太史贞父（实际上是向他自己）提出了几十个问题。没有人能回答他的问题，他找不出答案，只好处在徘徊、沉思、挣扎、反侧中，思想上充满了极大的苦痛。

阮籍也是这样，在名教与自然的分裂、紧张中充满了迷惘和惶惑。例如，阮籍在《咏怀诗》中说：

> 去者余不及，来者吾不留。愿登太华山，上与松子游。（其三十二）

> 焉见王子乔，乘云翔邓林。独有延年术，可以慰吾心。（其十）

> 采药无旋返，神仙志不符。逼此良可惑，令我久踟躇。（其四十一）

> 人言愿延年，延年欲焉之。黄鹄呼子安，千秋未可期。（其

五十五）

　　鸿鹄相随飞，飞飞适荒裔。双翮凌长风，须臾万里逝。朝餐琅玕实，夕宿丹山际。抗身青云中，网罗孰能制。岂与乡曲士，携手共言誓。（其四十三）

　　莺鸠飞桑榆，海鸟运天池。岂不识宏大，羽翼不相宜。招（挟）遥安可翔，不若栖树枝。下集蓬艾间，上游园圃篱。但尔亦自足，用子为追随。（其四十六）

这里有坚定的向往，也有失意的退却，理想与现实、自由与必然、出世与入世等矛盾与斗争在此一齐袭来，更增加了心灵的负荷和矛盾压力。

　　正是这样一种矛盾的心理，冲突苦痛的心灵，不安宁的思维，深刻地烙印在嵇、阮的"自然"本体论上，使得这个本体论根本不像正始玄学王弼的"无"论那样，是一个一元的体系，而是个分裂的、充满张力的二元体系。对此，前辈学者侯外庐等人已有中肯的分析，我们在此有必要引述一下："于是嵇康的唯心主义的二元论，不得不在'常'的存在以外，再承认有'至'的存在。换句话说，就是'寻常'与'特殊'的并行不悖。在陶铄、曜凝、陶化、合德、代往，种种运动变化以外，不得不承认有超时空的不变。他论物，有所谓神秘的'至物'，以与普通的'物'相对。""论音乐，有所谓神秘的'至和''至乐'，以与普通的'和谐''音乐'相对"；"论人，有所谓超凡的'至人''神仙'和'圣人'，以与'常人'相对"；"论道理，有所谓微妙的'至理'，以与'常理'相对"；"论明知与胆量，有所谓通天的'至明至胆'，以与普通的明知与胆量相对"。"总之，在嵇康认为，寻常之外，复有特殊。寻常是具体的，现实的，低级的；特殊是虚幻的，概念

的，高级的。因此，在运动变化之外，也就有超时空的不变。"❶

阮籍的"自然"本体论中的分裂与对立的二元性虽然不像嵇康那样明显，但也有。比如说，在《大人先生传》中，阮籍构造了一个自以为与"大人先生"志同道合的"隐士"，这个"隐士"这样构筑精神自由："上古质朴淳厚之道已废，而末枝遗叶并兴，豺虎贪虐，群物无辜，以害为利，殒性亡躯。吾不忍见也，故去而处兹。人不可与为俦，不若与木石为邻。……吾将抗志显高，遂终于斯。禽生而兽死，埋形而遗骨，不复反余之生乎！"这个"隐士"所言，完全是一种遗世独立的做法。但他的这种想法和做法却受到了"大人先生"的严厉训斥："泰初真人，惟天之根，专气一志，万物以存。……夫然成吾体也，是以不避物而处，所睹则宁；不以物为累，所由则成。彷徉足以舒其意，浮腾足以逞其情。……若夫恶彼而好我，正是而非人，忿激以争求，贵志而贱身，伊禽生而兽死，尚何显而获荣？悲夫，子之用心也。""大人先生"之所要批评"隐士"，就是因为"隐士"完全脱离开了现实生活。这实际上是阮籍的自我批判，反映了他既要遗世独立的出世，又要不离现实之世的思想矛盾。

思想自身的矛盾和斗争往往是深刻的，极富震撼力。在嵇康、阮籍这里，正是这种既要抛弃社会名教而又不能抛弃它，既要任"自然"而又不能纯任"自然"的思想上的分裂、矛盾、对立、斗争，深深地刺激和激发了他们对个体生命的体悟。人的生命是短促的，肉体的存在终究是要灭亡的。人究竟应该怎么生存？是顺

---

❶ 侯外庐等：《中国思想通史》第三卷，人民出版社 1957 年版，第168—169 页。

应社会现实，浑浑噩噩地过一生，还是对社会现实有所思想，面对社会现实的束缚而追求精神自由和个体人格的独立完满？是在现实社会中寻求超越之路，还是彻底地离开现实社会而遁入山林？两种生活之路，也是两种生命的存在方式，在嵇、阮的灵魂深处发生了碰撞，碰出了生命的火花和生命的意义和价值。

人们常说，魏晋时代是人的自觉时代，是人自觉地发现自己的生命意义的时代。早在汉末，人们就感悟到了生命的意义。从"古诗十九首"到"建安文学"，人们不止一次地发出了"生年不满百，常怀千岁忧""人生忽如寄，寿无金石固"的生命慨叹。但那时人们是以或者著文存不朽，或者建功垂后世的方式来解决个体生命的存在意义问题的。在正始玄学中，王弼的"无"本论将"有"统一于"无"，将"名教"统一于"自然"，因此也就将人的生命的意义和价值融进了社会的抽象运动中。只有在竹林玄学这里，特别在嵇康、阮籍这里，他们以深切的思想矛盾和心灵震荡感悟了生命的存在意义和价值。嵇康、阮籍虽然没有王弼那样的"无"本论的思辨体系，故作为哲学家似乎显得稍逊一些，但他们扣住了思想的分裂和心灵的痛苦，在精神的紧张和裂变中以显示生命的意义，所以他们以文学家的品质而对后世产生了深远的影响。

三、向秀与魏晋之际玄学的发展

（一）向秀与《庄子注》

提起向秀或者郭象，都要牵扯到与《庄子注》的关系。今本《庄子注》在魏晋玄学史上占有十分重要的地位。但这个本子的著者究竟是向秀还是郭象？涉及这个问题的原始史料有下列三则：

> 庄周著内外数十篇，历世才士虽有观者，莫适论其旨统也。秀乃为之隐解，发明奇趣，振起玄风，读之者超然心悟，莫不自足一时也。惠帝之世，郭象又述而广之，儒墨之迹见鄙，道家之言遂盛焉。(《晋书·向秀传》)

> 先是注《庄子》者数十家，莫能究其旨统。向秀于旧注外而为解义，妙演奇致，大畅玄风，惟《秋水》《至乐》二篇未竟而秀卒。秀子幼，其义零落，然颇有别本迁流。象为人行薄，以秀义不传于世，遂窃以为己注，乃自注《秋水》《至乐》二篇，又易《马蹄》一篇，其余众篇或点定文句而已。其后秀义别本出，故今有向、郭二《庄》，其义一也。(《晋书·郭象传》)

> 初，注《庄子》者数十家，莫能究其旨要。向秀于旧注外为解义，妙析奇致，大畅玄风。唯《秋水》《至乐》二篇未竟而秀卒。秀子幼，义遂零落，然犹有别本。郭象者，为人薄行，有俊才。见秀义不传于世，遂窃以为己注，乃自注《秋水》《至乐》二篇，又易《马蹄》一篇，其余众篇或定点文句而已。后秀义别本出。故今有向、郭二《庄》，其义一也。(《世说新语·文学》)

《晋书·郭象传》的说法与《世说新语·文学》的说法一致，郭象本传基本上抄了《世说新语·文学》的材料。那么，向秀本传和郭象本传的说法究竟谁对呢？从这两条史料本身尚无法做出可靠的判定。正因为这样，今本《庄子注》的著者归属问题就成了一个历史公案。

从唐末新罗学士崔致远《法藏和尚传》到宋代高似孙《子略》卷二、王应麟《困学纪闻》卷十,到明代焦竑《笔乘》卷二、胡应麟《少室山房笔丛》卷三十、谢肇淛《文海披沙》卷二、陈继儒《狂夫之言》卷四、王昶《春融堂集》卷四十三、袁守定《占毕丛谈》卷五、陆以湉《冷庐杂谈》、刘宗周《人谱类记》、顾炎武《日知录》,到清代钱曾《读书敏求记》、王先谦《庄子集解》、吴承仕《经典释文序录疏证》,到近人刘盼遂《世说新语校笺》和《申郭象注〈庄子注〉不盗向秀义》、杨明照《郭象〈庄子注〉是否窃自向秀检讨》、寿普暄《由〈经典释文〉试探〈庄子〉古本》、王叔岷《庄子向郭注异同考》,等等,大凡涉及魏晋思想的著作,没有不对今本《庄子注》的著者问题做探究的。

现在,学术界关于《庄子注》的著者归属问题有这样几种看法:

一是赞同《晋书·郭象传》的说法,认为今本《庄子注》是向秀的著作,郭象是剽窃者。钱穆、侯外庐、汤用彤[1]等人持此说。二是认同《晋书·向秀传》的说法,认为今本《庄子注》是郭象在向秀原注的基础上"述而广之",所以应该是向秀和郭象两人的共同著作。冯友兰、冯契、任继愈、汤用彤[2]等人持此

[1] 分别参见钱穆:《庄老通辨》下卷,台北东大图书股份有限公司1991年版,第359—360页;侯外庐等:《中国思想通史》第三卷,人民出版社1957年版,第208—217页;汤一介选编:《汤用彤选集》,天津人民出版社1995年版,第299页。

[2] 分别参见冯友兰:《中国哲学史新编》第四册,人民出版社1986年版,第129—130页;冯契:《中国古代哲学的逻辑发展》中册,上海人民出版社1984年版,第540—541页;任继愈:《中国哲学史》第二册,人民

说。三是认为向秀、郭象各有一本《庄子注》，向注已佚，今本为郭象的著作。汤一介、萧萐父、庞朴、韦政通❶等人持此看法。韦政通还特别考察了向、郭《庄子注》疑案的史料来源，指出："最初提出这个案子的郭传本身，就是一个疑案，它的可信度是令人怀疑的。顷读杨家骆先生《〈晋书〉述要》，知《史通》已指斥《晋书》'多采小说'，'以此书事，奚其厚颜'。宋人潘本盛则称其为'稗官之体'。杨氏复列证举出《晋书》可议者有三：一记载舛讹；二记载怪异；三臧否人物之失当者。其书如此，更增加郭注之可疑。"❷另外，还有两种看法需要一提：一是主张对今本《庄子注》的公案存而不论，对著者不予追究，就《庄子注》来谈《庄子注》❸；二是认为今本《庄子注》是郭象的著作，但是经过了唐人的编次，其中混有向秀注的文字，不过这件事与向、郭本人无关，乃系唐代的编辑者所为❹。总之，现代学者对《庄子注》的著者问题做了许多有益的探索，但问题仍未解决。这一

出版社 1979 年版，第 210 页；汤用彤：《理学·佛学·玄学》，北京大学出版社 1991 年版，第 336 页。

❶ 分别参见汤一介：《郭象与魏晋玄学》，湖北人民出版社 1983 年版，第 153 页；萧萐父：《中国哲学史史料源流举要》，武汉大学出版社 1998 年版，第 174 页；庞朴：《沉思集》，上海人民出版社 1982 年版，第 369 页；韦政通：《中国思想史》上册，台北水牛出版社 1986 年版，第 676 页。

❷ 参见同上韦政通书。

❸ 参见孙叔平：《中国哲学史稿》上，上海人民出版社 1980 年版，第 430—431 页。

❹ 参见王葆玹：《郭象庄注的改编及其与向注的混合——从一新角度看向郭庄注问题》，《中国哲学史》1993 年第 1 期。

疑案的始作俑者是《晋书》的向、郭本传，倘若不能发现有关权威的史料来纠正、弥补《晋书》的不足，这一公案仍会聚讼下去。

我认为，向秀的确注过《庄子》，但向注已佚。今本《庄子注》是郭象的著作，不可能是向秀的著作，理由是：

其一，倘若今本是向秀的著作，可能会在嵇康和向秀之间引起一场激烈的关于"名教"与"自然"关系问题的争论。嵇康和向秀是同时代的人，他们同是竹林之贤，秀帮康锻铁，与吕安灌园，相交过密。但嵇康和向秀的思想并不一致。嵇康蔑视名教，主张"越名教而任自然"（《释私论》），他"贱唐虞而笑大禹"（《卜疑》）、"非汤武而薄周孔"（《与山巨源绝交书》），在思想倾向上及行为上都与名教格格不入。但今本《庄子注》却明确主张"名教"与"自然"的统一，"内圣"与"外王"的一致。因此，如果今本《庄子注》就是向秀当时所作的那个注本的话，那么嵇康和向秀就在如何对待"名教"问题上有明显的思想冲突。依嵇康的傲骨和好辩风格，当山涛荐他为官时他尚不能容忍，遂作《与山巨源绝交书》；而当向秀注完《庄子》拿给他看时（见《世说新语·文学》注引《向秀别传》），他能不表明态度、发表意见吗？若发表意见，嵇、向就会有论争。若有论争，今本《嵇康集》中为什么没有反映呢？嵇、向之间没有关于"名教"与"自然"问题的争论，这说明向秀的《庄子注》中没有本今《庄子注》所主张的"名教"即"自然"的思想。今本《嵇康集》卷四附有向秀《难养生论》一文，是向、嵇关于养生问题的论争。就《难养生论》的思想看，向秀主张"情欲自然"说和"以礼节情"说。他认为人的情欲是自然合理的，但不可放纵，"当节之以礼耳"（《难养生论》），即要在名教的规范内适当满足人的欲望。南朝的谢灵运作《辨宗论》，说

"向子期以儒道为一"。这是说向秀的思想倾向是调和儒道，而不是嵇康那样的"越名教而任自然"。但这种调和尚未达到今本《庄子注》所主张的"名教"即"自然"的统一或合一，只不过是要用儒家的礼仪节制一下情欲而已，其思想倾向仍是主情说，这与竹林玄学的主旨一致。向秀《庄子注》中所反映的当是这种比较温和的"任自然"的思想。但就是这种温和的"任自然"的看法，也引起了嵇康的不快。当向秀注完《庄子》以示嵇康和吕安时，嵇康只淡淡地说了句"尔故复胜不？"（见《世说新语·文学》注引《向秀别传》）倘若向秀的《庄子注》就是今本的话，嵇康能同意其中的"名教"即"自然"的思想主张吗？

其二，倘若今本《庄子注》乃向秀所作，那么裴𬱟就没有必要作《崇有论》了。向秀约生于魏明帝太和元年（227年），约卒于西晋武帝咸宁六年（280年；一说卒于晋武帝泰始八年，即272年）。裴𬱟生于晋武帝泰始三年（267年），卒于晋惠帝永康元年（300年）。向秀死时裴𬱟已十岁左右。裴𬱟作《崇有论》在晋惠帝元康年间（291—299年），目的是为了矫正其时因竹林玄学末流的放诞之风所造成的社会危害，此时离向秀去世已十余年了。这说明，若今本就是向秀注成的《庄子注》的话，其思想裴𬱟应该清楚。向秀作为竹林七贤，后来又出仕，他的书以及思想不会不为世人所知。何况，《晋书·向秀传》说他为《庄子》"隐解，发明奇趣，振起玄风，读之者超然心悟，莫不自足一时也"，可见当时的人是普遍了解向注《庄子》的。既然向注为世人所知，那么作为当时清谈名流的裴𬱟岂能一点不了解它的思想？既然了解向秀《庄子注》的思想，就应该清楚其中的"独化"本体论原则及"名教"即"自然"的思想观点。如若裴𬱟清楚这些，他就没有必要作《崇有论》了。因为，今本《庄子注》以"独化"为本，从理论上圆满地解决了"名教"与"自然"的关系问题，这对矫正当时的放诞之风大有作用，裴頠还用得着再去作理论水平低于今本《庄子注》的那个《崇有论》吗？退一步讲，即使当时的裴頠因多种原因而不知有向秀的《庄子注》，那么作为当时清谈领袖的王衍也不知道吗？若知，为什么他在与裴頠论辩"崇有"问题时不援引一下其中的"独化"论的思想呢？可见，裴頠、王衍等清谈名流不提今本《庄子注》的思想，这说明今本《庄子注》与当时向秀的那个《庄子注》有别。因为向秀注《庄子》的基本思想是崇自然情欲的竹林玄学的风尚，所以随着竹林之风的散去和林下末流任诞之风的盛行，向秀的《庄子注》也就不被世人所重视了。《晋书·郭象传》说"秀子幼，其义零落"，是因为向秀的儿子小而没有传播乃父的思想，致使向秀《庄子注》在"振起玄风""大畅玄风"而使"读之者超然心悟，莫不自足一时也"后竟零落了，这合情合理吗？其实，向注在元康时代的零落绝不是因为向秀儿子的原因，而是因为向注本身是竹林玄学的格调，元康时代的裴頠、王衍之流不再去注意它是不足为奇的。

其三，若今本《庄子注》是向秀所作，那么它就不可能有"独化"论，不可能有关于对"有""无"问题的自觉思考。今本《庄子注》明确说："无既无矣，则不能生有；有之未生，又不能为生。然则生生者谁哉？块然而自生耳。自生耳，非我生也。我既不能生物，物亦不能生我，则我自然矣。"（《齐物论注》）"世或谓罔两待景，景待形，形待造物者。请问：夫造物者有邪？无邪？无也，则胡能造物哉？有也，则不足以物众形。故明乎众形之自物,而后始可与言造物耳。"（同上）在做了这样的自觉的追问后,才提出了"未有不独化于玄冥者也"（同上）"掘然自得而独化也"（《大宗师注》）的"独化"论。今本《庄子注》之所以能这么明确地考察"无"本论和"有"本论的问题,是因为其时已有了这两种理论。王弼的"无"本论出现在向秀之前,他可以在其《庄子注》中予以考察。那么,裴𬱃的"有"本论呢?裴作《崇有论》时距向秀去世已十余年了,向秀怎么有可能将裴𬱃的"有"本论事先写进他的《庄子注》中呢?或者有人认为,今本《庄子注》中所说的"有"并非裴𬱃的"有"本论之"有",而是何晏所谓的"有之为有,恃无以生"（何晏:《道论》）、王弼所谓的"凡有皆始于无"（王弼:《老子注》第一章）的"有"。假若是何、王的"有",那这个"有"是现象,尚不是本体,它不能与本体"无"并论之;"有""无"不能作为本体并论之,何以能提出"独化"论呢?东晋张湛在注《列子·天瑞》时引有向秀的话:"向秀注曰:吾之生也,非吾之所生,则自生耳。……吾之所化,非物之所化,则化自化耳。"这里的"自生""自化"表面上有"独化"的意思。但细细琢磨,向秀的"自生""自化"并未达到后来郭象"独化"的水平,因为向秀认为"若使生物者亦生,化物者亦化,则与物俱化,亦奚异于物?明夫不生不化者,然后能为生化之本也"（《列子·天瑞》注引向秀注）。原来,向秀之所以主张"自生""自化",仍是为了为万物寻找一个自身不生、不化的本体,这与王弼的"无"本论的思想理路倒一致,还未达到"独化"论的理论思维水平呢!从这里可以看出,今本《庄子注》的成书当在裴𬱃后,起码在晋惠帝元康以后,这难道还能是向秀的著作吗?

所以,向秀注过《庄子》不假,但他的注本后来已佚,今本乃郭象注本。郭象在向注本的基础上再注《庄子》，遂成今本《庄子注》。向秀的《庄子注》在张湛的《列子注》中保留有 36 条，另在《世说新语》及注中、梁陶弘景的《养生延命录》唐陆德明的《经典释文》和李善《文选》注中，有一些称引，加在一起大约 210 条许，占今本《庄子注》（共有 2950 条）注文的 7%左右。

（二）向秀的玄学思想

《世说新语·言语》注引《向秀别传》说，秀"弱冠著《儒道论》"；《世说新语·文学》说向秀作有《庄子注》，该条下注引《向秀别传》说他后来还作有《周易注》。但这些著作均佚，无从考察向秀的玄学思想。现在能看到的向秀的著作有：存于《嵇康集》中的《难养生论》，《晋书·向秀传》中的《思旧赋》。但此两篇著作中的玄学思想又不鲜明和突出，所以要说清向秀的玄学思想并不容易。

现在，根据《世说新语》《列子注》中注引的有关向秀的思想材料和向秀的《难养生论》一文，我们大体可以将向秀的玄学思想归纳为下列几点：

一是"逍遥义"说。《世说新语·文学》说："《庄子·逍遥篇》旧是难处，诸名贤所可钻味，而不能拔理于郭、向之外。支道林在白马寺中，将冯太常共语，因及《逍遥》。支卓然标新理于二家之表，立异义于众贤之外，皆是诸名贤寻味之所不得，后遂用支理。"那么，郭象、向秀的"逍遥"之理是什么呢？该条下刘孝标注曰：

向子期、郭子玄"逍遥义"曰："夫大鹏之上九万，尺鴳之起榆枋，小大虽差，各任其性，苟当其分，逍遥一也。然物之芸芸，同资有待，得其所待，然后逍遥耳。唯圣人与物冥而循大变，为能无待而常通，岂独自通而已，又从有待者不失其所待，不失，则同于大通矣。"

这一段就是向秀和郭象的"逍遥"之理，即"逍遥义"。现在首先要澄清的一个问题是：这到底是向秀义还是郭象义？比较今本《庄子注》，与郭象所注《庄子·逍遥游》的思想大体一致。特别是其中的"任其性""当其分"的思想更像郭象的主张。但细品其味，特别是结合下面所讲的"物之芸芸，同资有待"的话来看，更像向秀的主张。刘孝标注说此段乃向郭义，只是与支道林之理相比较而笼统称之罢了。

这一段的思想包括三点：一是"任性""当分"就是逍遥。不管是高飞九万里的大鹏还是"抢榆枋，时则不至而控于地"（《庄子·逍遥游》）的尺鷃，只要能"任性"，能"当分"，把它们应有的本性表现出来，就是逍遥的。二是能满足"所待"就是逍遥。向秀认为，芸芸万物都是有待的，即其存在是有条件的，如果能满足这个条件，事物就能存在，就是逍遥。三是圣人的逍遥，认为圣人能"与物冥而循大变，为能无待而常通"，所以能"同于大通"，与"道"同体而逍遥。

单就"任性""当分"看，很有郭象"独化"论的味道。但结合所讲的物的"有待"来看，这里的"任性"还未达到"独化"本体的水准。这一点如果结合向秀在《难养生论》中所讲的"情欲自然"的思想就能看得更清楚，这后面再说。

二是"万物自生"说。东晋张湛在注《列子·天瑞》时引有向秀的一段话，指出：

> 向秀注曰：吾之生也，非吾之所生，则生自生耳。生生者岂有物哉？故不生也。吾之所化，非物之所化，则化自化耳。化化者岂有物哉？无物也，故不化焉。若使生物者亦生，化物者亦化，则与物俱化，亦奚异于物？明夫不生不化者，然后能为生化之本也。

在这一段中，明确讲到了"自生""自化"的概念。单就这些概念看，有"独化"性，与郭象所讲的"块然自生""掘然自得""自然"等思想相一致。正是根据这一点，有人说向秀已有了"独化"论的思想，甚至认为今本《庄子注》是郭象抄袭向秀的。但是，事实上向秀所讲的"自生""自化"与郭象的"独化"并不一样。向秀之所以要讲"自生"等等，是因为他要寻求一个不生不化的东西。他明确认为："若使生物者亦生，化物者亦化，则与物俱化，亦奚异于物？明夫不生不化者，然后能为生化之本也。"这不是很清楚吗？他在找生化之"本"。什么是"本"，本就要不生不化。王弼在论证其"无"本论时说："无形无名者，万物之宗也。不温不凉，不宫不商……故能为品物之宗主。苞通天地，靡使不经也。若温也则不能凉矣，宫也则不能商矣。"（《老子指略》）这是说，只有那种无形无名的抽象的一般或"一"才能充当本体，具体的东西则不行。向秀这里讲的"自生""自化"的思想其实与王弼的思想是相近或一致的。在他看来，只有不生不化的东西才能成为生化之本矣。所以说，向秀的"自生"论尚不是郭象的"独化"论，其思想倾向倒与正始玄学的基调相差不远。但是，"自生""自化"概念在思想形式上已与"无"有间，而与"独化"相近了，这表明向秀的玄学思想尚处在由正始向元康的玄学思想的转化中。

三是"情欲自然"说和"以礼节情"说。这是向秀在《难养生论》中讲的思想。嵇康作有《养生论》，向秀不同意其中的一些思想，遂作《难养生论》。向秀的《难养生论》主要讲了两个问题：其一，认为人的情欲是与生俱来的。他这样说：

> 有生则有情，称情则自然。若绝而外之，则与无生同，何贵于有生哉？且夫嗜欲，好荣恶辱，好逸恶劳，皆生于自然。夫天地之大德曰生，圣人之大宝曰位。崇高莫大于富贵，天地之情也。贵则人顺己，行义于下；富则所欲得，以财聚人。此皆先王所重，关之自然，不得相外也。……

> 生之为乐，以恩爱相接，天理人伦，燕婉娱心，荣华悦志。服飨滋味，以宣五情；纳御声色，以达性气。此天理自然，人之所宜，三王所不易也。

向秀虽然认为情欲是与生俱来的，但他却不主张纵欲任情。所以，其二，主张"以礼节情"。他指出：

> 富与贵，是人之所欲也。但当求之以道，不苟非义。在上以不骄无患，持满而损敛不溢。若此，何为其伤德耶？……

> 夫人含五行而生，口思五味，目思五色，感而思室，饥而求食，自然之理也。但当节之以礼耳！

以礼来节制情欲，最终要将情欲纳入到社会礼法的范围内，这就是向秀思想的最终归宿。

（三）"向子期以儒道为一"——向秀与魏晋之际玄学的发展

南朝谢灵运在《辨宗论》中说："向子期以儒道为一。"这既道出了向秀玄学思想的特点，也表明了他在竹林玄学中的应有地位和作用。

所谓"以儒道为一"就是要综合儒道，也就是要把超现实的道家思想纳入到现实社会中。《世说新语·言语》载："嵇中散既被诛，向子期举郡计入洛。文王（即司马昭）引进，问曰：'闻君有箕山之志，何以在此？'对曰：'巢、许狷介之士，不足多慕。'王大咨嗟。"此事《晋书·向秀传》亦有载，向秀的回答是这样的："以为巢、许狷介之士，未达尧心，岂足多慕!"箕山，在嵩山之北，《孟子·万章上》说："益避禹之子于箕山之阴。""箕山之志"者，乃归隐之心也。司马昭问向秀说，听说你原有归隐之心，为何现在又入朝了呢？向秀就以"巢、许狷介之士，不足多慕"的话作答。在向秀看来，巢父、许由这样的隐者只是趋于一偏的狷介之士，并非真正的中庸之圣；真正的圣者不是遗世独立，而是入世而不累于世。郭象在注《庄子·逍遥游》的"尧让天下于许由……"时说："夫能令天下治，不治天下者也。故尧以不治治之，非治之而治者也。今许由方明既治，则无所代之，而治实由尧，故有子治之言。宜忘言以寻其所况。而惑者遂云：治之而治者，尧也；不治而尧得以治者，许由也，斯失之远矣。夫治之由乎不治，为之出乎无为也。取于尧而足，岂借之许由哉!若谓拱默乎山林之中而后得称无为者，此庄、老之谈所以见弃于当涂。"（《庄子·逍遥游注》）这一段话可以看作向秀以上之言的一个注脚。这就是所谓"向子期以儒道为一"的思想内涵。

向秀的"以儒道为一"的思想倾向，既有对竹林玄学的纠偏作用，也表现出整个魏晋玄学之逻辑演进的趋向。竹林玄学的思想主调是嵇康、阮籍的"越名教而任自然"论，它将儒家的名教与道家的自然截然对峙起来。嵇康、阮籍的动机和目的是想建构一个超现实的"自然"本体，以之来安顿精神，以获得绝对的精神自由和个体人格的完满、独立。但当他们抛开名教，脱离了社会现实而纯任"自然"时，这个"自然"也就失去了本体的意义和价值了。这个"自然"孤立无根，游荡无据，因没有存在的现实土壤而终究会干枯。因此，以嵇康、阮籍为代表的竹林玄学想建构一个本体，但却未能真正建构起来。嵇康、阮籍没有为苦痛、迷茫、徘徊、不安的精神找到本体性的存在根据，也没有找到一个真正的精神境界，而只是找到了一个孤悬的、无凭据的、躁痛不安的自我意识自身。这个自我意识在痛苦、紧张、冲突、分裂中苦苦挣扎，以一种悲剧性的性格深沉地震撼了人的生命的存在意义和价值。这当然是嵇康、阮籍的历史悲怆，但也正是他们的历史的伟大和深刻。

人的个体生命可以在这种孤立无援、躁动不安的自我意识中以表现其深刻和伟大。但是，玄学思想的发展却不能寓于这种孤悬的"自然"本体中。这种"自然"要有作用和意义的话，它就绝不能孤悬在社会的名教之外，而必须处在社会的名教之中，从名教中吸收自身之存在的思想营养。向秀的"儒道为一"思想就代表了竹林玄学的发展要求。极端的肯定往往就是极端的否定。当以嵇康、阮籍为代表的竹林玄学将"名教"否定到了极点而将"自然"肯定到了极点时，历史的辩证法和思想的辩证法正在否定着否定。因此，魏晋玄学发展的逻辑是：竹林玄学否定自己的"自然"而转向对"名教"的肯定。这种否定中的肯定有表层和深层两层意义：在表层，突出、凸显名教，强化名教；在深层，将名教与自然有机地结合起来，统一起来。向秀"以儒道为一"的思想就代表了竹林玄学的发展方向，特别是代表了将自然与名教结合起来的发展方向。

这似乎是向正始玄学兼综儒道的思想倾向的回归,但这是更高的回归。

竹林玄学后的元康玄学,一方面有裴頠的崇"有"论,它极重名教;另一方面又有郭象的"独化"论,它扬弃了"无"本论和"有"本论,从王弼"无"本体的功能义切入,提出了"独化"说,从而将"名教"与"自然"整合了起来,完成了魏晋玄学的历史地和逻辑地演进。如果说向秀的"以儒道为一"说在表面上激发出了裴頠的"有"论的话,那么当向秀讲"自生""自化""任性""当分""有待""无待""与物冥""循大变""同大通"等等时,则在深层次上启示了郭象的"独化"论。如此,向秀思想的历史地位可见矣。

第四章　西晋玄学

一、中朝名士和元康放达派

（一）西晋时期的社会经济、政治和思想形势

人们习惯于用"中朝玄学"一语来指称西晋时期的玄学思潮。所谓"中朝"，指西晋的中、后期，以晋惠帝元康时代（291—299年）和晋怀帝永嘉时代（307—313年）为主要标志。

魏元帝咸熙二年（265年），司马昭的长子司马炎受魏禅而登大宝，改魏为晋，改元泰始，西晋立。西晋的建立结束了长期战乱纷争的局面，待咸宁六年（280年）灭吴后取得了全国的大一统，史称"大晋龙兴"。但这种暂时的统一和"龙兴"局面并没有给人们带来预期的希望。太熙元年（290年）四月，晋武帝司马炎死，炎第二子司马衷继位，是为惠帝，改元永熙；第二年改元永平，同年三月又改元元康。惠帝是个白痴，朝政由贾后及外戚把持，于是西晋社会很快陷入了长达16年的"八王之乱"和随后的破坏性更大的"永嘉之乱"中。在内乱和外侵的双重打击下，晋愍帝建兴四年（316年），愍帝司马邺出降前赵刘曜，西晋灭亡了。

西晋王朝是门阀世族统治的社会。曹操和曹丕父子所创立的"九品中正制"❶到西晋时被法律化，门阀士族的身份得到了法律的保护，门阀地主的经济得到了进一步的发展。西晋朝在经济上推行的是按官品占田法和荫亲法。《晋书·食货志》："其官品第一至于第九，各以贵贱占田。品第一者占田五十顷，第二品四十五顷，第三品四十顷……第八品十五顷，第九品十顷。而又各以品之高卑荫其亲属。多者及九族，少者三世。宗室国宾，先贤之后，及士人子孙，亦如之而又得荫，人以为衣食客及佃客。品第六已（以）上得衣食客三人，第七第八品二人，第九品……一人。"可见，门阀世族及大小官吏不仅可以按品位占田，还可以荫其亲属和占有依附农民。到了元康时期，这种占田制和荫亲制迅速膨胀，土地兼并之风日盛。例如，惠帝朝时已为大官司徒的王戎就"广收八方田园水碓，周遍天下"（《晋书·王戎传》，《世说新语·俭啬》中亦有载）。

与这种占田制和荫亲制相一致，西晋朝实行皇族子弟的分封制和职官制，九品官人法也被进一步强化。从中央到地方，有受封的诸王，朝设八公、九卿、三十五曹，并各置属官掾吏；地方有都督、刺史、军属、台辅、宿卫，真是结构庞大，官属繁多。有位生活于西晋中后期的、名叫王沈的人在其《释时论》中具体描述了当时的情形：

> 百辟君子，奕世相生，公门有公，卿门有卿。指秃腐骨，不简蚩仁。多士丰于贵族，爵命不出闺庭。……心以利倾，智

---

❶ 关于此制的创立，一说为曹操创建于军中，一说为曹丕即位后所立。参见《宋书·恩倖传序》《三国志·魏书·陈群传》等。

以势惛，姻党相扇，毁誉交纷。当局迷于所受，听采惑于所闻。京邑翼翼，群士千亿，奔集势门，求官买职，童仆窥其车乘，阍寺相其服饰，亲客阴参于靖室，疏宾徙倚于门侧。时因接见，矜厉容色，心怀内荏，外诈刚直，谭道义谓之俗生，论政刑以为鄙极。高会曲宴，惟言迁除消息，官无大小，问是谁力。（《晋书·文苑传·王沈传》）

这真是一个十分庞大的官僚机构，其臃肿、冗浮可想而知。特别是大封同姓王的做法，为以后惠帝时代的政局动荡种下了祸根。

这种经济上的占田荫亲，政治上的封王冗官，充分表现了门阀士族阶级的穷奢和堕落。这种堕落煽起和塑铸了一种追求享乐、竞驰浮华的不良社会风气。当时门阀世族的生活是极为腐化的。例如，《世说新语·汰侈》曰："石崇厕常有十余婢侍列，皆丽服藻饰，置甲煎粉、沉香汁之属，无不毕备。又与新衣，箸令出，客多羞，不能如厕。王大将军（敦）往脱故衣，箸新衣，神色傲然。"又，"武帝常降王武子（济）家，武子供馔并用瑠璃器，婢子百余人皆绫罗袴裆，以手擎饮食。蒸豚肥美，异于常味，帝怪而问之，答曰：'以人乳饮豚。'帝甚不平，食未毕便去。"又，"王君夫（恺）以饴糒澳釜，石季伦（崇）用蜡烛作炊。君夫作紫丝布步障，碧绫里，四十里。石崇作锦步障五十里以敌之。石以椒为泥，王以赤石脂泥壁。"又，"石崇与王恺争豪，并穷绮丽，以饰舆服。武帝，恺之舅也，每助恺，尝以一珊瑚树，高二尺许赐恺，枝柯扶疏，世罕其比。恺以示崇，崇视讫，以铁如意击之，应手而碎。恺既惋惜，又以为疾己之宝，声色甚厉。崇曰：'不足恨，今还卿。'乃命左右悉取珊瑚树，有三尺、四尺条干绝世，光采（彩）溢目者六七枝，如恺许比甚众。恺惘然自失。"门阀世族的豪富极欲可见一斑。

西晋门阀世族的政治统治，给当时社会的政治风尚和学术风气以极大的影响。在政治上，造成了寡廉耻、少忠义、少勤恪之风气。对此，东晋干宝在《晋纪·总论》中曾这样指出：

> 学者以庄老为宗而黜六经，谈者以虚薄为辩而贱名检，行身者以放浊为通而狭节信，进仕者以苟得为贵而鄙居正，当官者以望空为高而笑勤恪。是以目三公以萧杌之称，标上议以虚谈之名。刘颂屡言治道，傅咸每纠邪正，皆谓之俗吏。其倚仗虚旷，依阿无心者，皆名重海内。若夫文王日昃不暇食，仲山甫夙夜匪懈，盖共嗤点以为灰尘，而相诟病矣。由是毁誉乱于善恶之实，情愿奔于货欲之涂。选者为人择官，官者为身择利。而秉钧者当轴之士，身兼官以十数。大极其尊，小录其要，机事之失，十恒八九。而世族贵戚之子弟，陵迈超越，不拘资次。悠悠风尘，皆奔竞之士；列官千百，无让贤之举。……礼法刑政，于此大坏，如室斯构而去其凿契，如水斯积而决其堤防，如火斯畜而离其薪燎也。

干宝从总体上揭露了当时的政风以及整个社会风尚。"悠悠风尘，皆奔竞之士；列官千百，无让贤之举"，这是对当时世风的生动写照。干宝还说："民不见德，唯乱是闻，朝为伊、周，夕为桀、跖，善恶陷于成败，毁誉胁于势利。于是轻薄干纪之士，役奸智以投之，如夜虫之赴火。内外混淆，庶官失才，名实反错，天纲解纽。"（《晋纪·总论》）《晋书·石崇传》曰："（崇）尝与王敦入太学，见颜回、原宪之象，顾而叹曰：'若与之同升孔堂，去人何必有间。'敦曰：'不知余人云何，子贡去卿差近。'崇正色曰：'士当身名俱泰，何至瓮牖哉！'"石崇的"士当身名俱泰"一语，可以看作上引干宝之论的一个注脚。世人当时的普遍心态是求"身名俱泰"，至于颜回那样的居陋巷而不改其乐的节操，已无存了，世人之存的是求名、求利、保身、放荡的情趣。《晋书·忠义传序》曾指出："晋自元康之后，政乱朝昏，祸难荐兴，艰虞孔炽，遂使奸凶放命，戎狄交侵，函夏沸腾，苍生涂炭，干戈日用，战争方兴。虽背恩忘义之徒不可胜载，而蹈节轻生之士无乏于时。"唐太宗在为《晋书·武帝纪》作制时也说：西晋是"藩翰变亲以成疏，连兵竞灭其本；栋梁回忠而起伪，拥众各举其威。曾未数年，纲纪大乱，海内版荡，宗庙播迁"。

在学术思想上，则造成了浮靡、求乐的时风，失去了追求真理的态度和热情。与世族门阀的享乐之风相呼应，当时的士大夫们以集游、清谈为乐。《世说新语·言语》载："诸名士共至洛水戏。还，乐令（广）问王夷甫（衍）曰：'今日戏，乐乎？'王曰：'裴仆射善谈名理，混混有雅致；张茂先论《史》《汉》，靡靡可听；我与王安丰说延陵、子房，亦超超玄著。'"《世说新语·品藻》注引石崇《金谷诗序》说："余以元康六年，从太仆卿出为使，持节监青、徐诸军事、征虏将军。有别庐在河南县界金谷涧中，或高或下，有清泉茂林，众果竹柏、药草之属莫不毕备。又有水碓、鱼池、土窟，其为娱目欢心之物备矣。时征西大将军祭酒王诩当还长安，余与众贤共送往涧中，昼夜游宴，屡迁其坐。或登高临下，或列坐水滨，时琴瑟笙筑，合载车中，道路并作。及住，令与鼓吹递奏，遂各赋诗，以叙中怀；或不能者，罚酒三斗。感性命之不永，惧凋落之无期。故具列时人官号姓名年纪，又写诗著后，后之好事者览之哉！凡三十人，吴王师、议郎、关中侯、始平武功苏绍字世嗣，年五十，为首。"这是西晋士人的两次集会，皆以游乐为目的。特别是后次的金谷园之游，与嵇康、阮籍当年的竹林之游已大异其趣了。就是前次之游，与王弼、何晏正始之聚以谈"天人之际"之玄理的聚会已趣味有别。西晋士人的这些聚会是娱乐，鲜有对真理的追求。《晋书·胡毋辅之传》曰：胡毋辅之"与王澄、王敦、庾敳俱为太尉王衍所昵，号曰'四友'"。《晋书·光逸传》曰：逸"寻以世难，避乱渡江，复依辅之。初至，属辅之与谢鲲、阮放、毕卓、羊曼、桓彝、阮孚散发裸裎，闭室酣饮已累日。逸将排户人，守者不听。逸便于户外脱衣露头，于狗窦中窥之而大叫。辅之惊曰：'他人决不能尔，必我孟祖也。'遽呼人，遂与饮，不舍昼夜。时人谓之'八达'"。这里叙述的虽是晋室南渡后的事，但胡毋辅之等"八达"却全为西晋中朝之人。这说明，在西晋，特别是西晋中朝时期，畅游之风比正始、竹林聚会之风有过之而无不及，但思想内容与正始、竹林之玄风却大有差别了。

其时，西晋朝在思想界所面临的任务仍是关于"名教"和"自然"的关系问题，这与正始、竹林玄学所面临的思想任务是一样的。特别地，西晋实现了政治一体和国家统一，这就更需要名教礼法来调节和维持社会之运转。司马炎刚即位，就马上下诏宣导名教，谓："敦喻五教，劝务农功，勉励学者，思勤正典，无为百家庸末，致远必泥。士庶有好学笃道，孝悌忠信，清白异行者，举而进之；有不孝敬于父母，不长悌于族党，悖礼弃常，不率法令者，纠而罪之。"（《晋书·武帝纪》）但由于晋武帝"无久安难拔之虑""谅暗未周"（唐太宗为《晋书·武帝纪》所作之制），即缺乏雄才大略的个人品质和能力，致使名教没有办法一条龙地推行下去。实际上，更为重要的是，由于西晋朝的门阀世族统治的政治基础，门阀世族的浮靡享乐的意愿根本不容许彻底地实施儒家的名教统治。晋武帝本人就是个极纵欲的人。《晋书·武元杨皇后传》说："泰始中，博选良家以充后宫。先下书禁天下嫁聚，使宦者乘车，给驺骑，驰传州郡，召充选者使后拣择。"《后妃传·胡贵嫔传》说："泰始九年，帝多简良家子女以充内职，自择其美者以绛纱系臂。……时帝多内宠，平吴之后复纳孙皓宫人数千，自此掖庭殆将万人。而并宠者甚众，帝莫知所适，常乘羊车，姿其所之，至便宴寝。宫人乃取竹叶插户，以盐汁洒地，而引帝车。"《宋书·五行志二》也说："（泰始九年）采择卿校诸葛冲等女，是春五十余人入殿简选，又取小将吏女数十人，母子号哭于宫中，声闻于外，行人悲酸。"皇帝要纵欲享乐，世族贵胄岂能甘守礼法而为之？在此种形势下，完全按儒家的名教办是不行的，社会的政治要求任"自然"。但也不能无休止地任"自然"，社会毕竟是社会，毕竟需要礼法来调节和整合，特别要用礼法来统一人的思想。因此，社会既要名教但又不可纯要名教，既要自然但也不能纯任自然，怎么来处理"名教"与"自然"的关系？显然是西晋朝更为迫切的思想任务。

究竟怎么处理呢？当然不能用竹林玄学那种"越名教而任自然"的极端做法，此法不通！也不能返回到正始玄学中，用一个抽象的、统一的"无"作本体将社会名教统一起来，因为这样做的话就抹杀了、牺牲了具体之有的利益和要求，这不符合西晋社会的经济、政治的特点和要求。一条现实的道路就是：在名教与自然各自发挥功用的过程中做到自然地统一，这就是"自生""自化"的"独化"原则或"自然"原则。从魏晋玄学之发展的演进逻辑来说，在王弼的"无"本论中，存在着其抽象义与生成义（具体义）的矛盾。竹林玄学实际上是把王弼的"无"本论中的抽象与具体的矛盾公开暴露了出来，它以牺牲具体的办法来高扬抽象，这就是它的"越名教而任自然"说。但此法也不成功，因为当牺牲了具体后，那个抽象也就不可"象"了，也就失去了存在的意义和价值了，所以竹林玄学最后所建构起的那个"自然"本体只能躲避进人的自我意识中。到了西晋，接着竹林玄学先是出现了裴頠的崇"有"论，它看重具体而抛开抽象，实际上正好从反面再现了竹林玄学的问题。经过这些努力之后，思想运动的逻辑选中了正始"无"本论的功能义，从它出发抽绎出了天地万物之自存、自在、自生、自化等"自然"本性、本质，它将名教与自然在更深、更高的基础上统一和整合了起来，这就是郭象的"独化"论玄学。

（二）中朝名士

说到西晋玄学，人们自然要介绍裴頠、欧阳建、郭象这几位玄学家。特别是郭象，以其"独化"论将"自然"与"名教"整合起来，完成了整个魏晋玄学思想的逻辑演进。然而，西晋时期的玄学家并不是只有裴頠等这几位，他们只是其中的突出代表。《文选·晋纪总论》注引《晋阳秋》说："太康以来，天下共尚无为，贵谈老庄，少有说事。"东晋人应詹上疏说："元康以来，贱经尚道，以玄虚宏放为夷达，以儒术清俭为鄙俗。永嘉之弊，未必不由此也。"（《晋书·应詹传》）《文心雕龙·时序》说："自中朝贵玄，江左称盛，因谈余气，流成文体。"这都说明，在西晋朝，贵玄尚谈绝不是个别人、个别地方、个别时期中的个别现象，而是一种弥漫全国的、由几乎所有名士清流参与的、普遍的社会风尚和思潮。既然是一种普遍的社会思潮，肯定会有一大批谈玄名士，我们用"中朝名士"一语来统称之。

中朝名士到底有哪些人呢？《世说新语·文学》注说："裴叔则（楷）、乐彦辅（广）、王夷甫（衍）、庾子嵩（敳）、王安期（承）、阮千里（瞻）、卫叔宝（玠）、谢幼舆（鲲）为中朝名士。"又据《晋书》等有关史料，比较知名和有影响的中朝名士有王衍、乐广、裴楷、庾敳、谢鲲、卫玠、裴頠、欧阳建、郭象、阮瞻、王澄、胡毋辅之等。在这些人中，裴頠、欧阳建、郭象有玄学著作问世，有专门的玄学思想，我们将辟专节论述。而谢鲲、王澄、胡毋辅之、阮瞻等，以放达不羁特称于世，他们的行为对社会风尚有严重的影响，属于人们通常所说的"元康放达派"，我们也将分专目予以介绍。下面就将王衍、乐广、裴楷、庾敳、卫玠这几位名士予以介绍。

王衍　王衍字夷甫，琅邪临沂（今山东临沂）人，生于高贵乡公曹髦正元三年（256年），卒于晋怀帝永嘉五年（311年）。他是王戎的堂弟。《晋书·王衍传》说，衍"神情明秀，风姿详雅。总角尝造山涛，涛嗟叹良久。既去，目而送之，曰：'何物老妪生宁馨儿。然误天下苍生者，未必非此人也！'"，这是说王衍少时就表现出不凡的气质和天资，令以善于简选人才而著称的山涛大为赏识；同时也说明山涛有知人之明。本传又说："父义为平北将军，常有公事使行人列上，不时报。衍年十四，时在京师，造仆射羊祜，申陈事状，辞甚清辩。祜名德贵重，而衍幼年，无屈下之色，众咸异之。"《世说新语·识鉴》载："王夷甫父义为平北将军，有公事使行人论，不得。时夷甫在京师，命驾见仆射羊祜、尚书山涛。夷甫时总角，姿才秀异，叙致既快，事加有理，涛甚奇之，既退，看之不辍，乃叹曰：'生儿不当如王夷甫耶！'羊祜曰：'乱天下者，必此子也。'"《世说新语》将王衍本传所载的两事合为一事记述，且表明仆射羊祜有知人之明。但不论怎么说，王衍小时就表现出不凡的才识。

王衍少而知名后，当时的外戚权臣杨骏要以女妻衍，"衍耻之，遂阳狂自免"。晋武帝司马炎也听到了王衍的名声，就问王戎，说："夷甫当世谁比？"戎曰："未见其比，当从古人中求之。"可见王衍少时名声之高。泰始八年（272年），诏令众官举才以定边疆，当时的尚书卢钦举王衍为辽东太守，时王衍16岁，未受。其父王乂去世后，王衍厚葬之，并免了亲朋的借贷，"数年之间家资罄尽，出就洛城西田园而居焉"（以上均见《晋书·王衍传》）。此时的王衍很是清廉。他有妻郭氏，是贾后的亲戚，凭借权势，"才拙而性刚，聚敛无厌，干豫人事。夷甫患之而不能禁。时其乡人幽州刺史李阳，京都大侠，郭氏惮之。夷甫谏之，乃曰：'非但我言卿不可，李阳亦谓卿不可。'郭氏小为之损。""王夷甫雅尚玄远，常嫉其妇贪浊，口未尝言钱字。妇欲试之，令婢以钱绕床不得行。夷甫晨起，见钱阂行，呼婢曰：'举却阿堵物！'"（《世说新语·规箴》。王衍本传亦有载）"阿堵物"相当于今天的"这个东西"，含有轻蔑味。

后来王衍"为太子舍人，迁尚书郎，出补元城令"。他的女儿是愍怀太子妃。晋惠帝永康元年（300年）三月，贾后矫诏废太子，王衍"惧祸，自表离婚"。但同年四月，赵王司马伦、齐王司马冏命翊军校尉孙秀捕杀贾后，贾后一党被诛。谏官检举王衍"志在苟免，无忠蹇之操"，衍被免官。永康二年正月，赵王司马伦逼惠帝禅位，自立为皇帝。衍鄙司马伦之为人，就装疯用刀砍婢女，司马伦也就没有给他封官。但司马伦的皇位仅坐了三月余，他就被将军王舆杀死，惠帝随之复出，助伦篡位的官员多被诛。这回王衍倒做对了，他成了"忠臣"，大受封赏，先封河南尹，再转尚书，又为中书令。在袭杀赵王伦中，齐王司马冏有功，后惠帝复出，冏又专权。王衍对司马冏持不合作的态度，因病辞官。司马冏专权不到一年，被长沙王司马乂袭杀。接着，成都王司马颖、河间王司马颙起兵反乂。司马颖当权后，以王衍为中军师，升至尚书仆射，领吏部，后又任尚书令、司空、司徒。这时的王衍已成重臣。然"衍虽居宰辅之重，不以经国为念，而思自全之计。说东海王越曰：'中国已乱，当赖方伯，宜得文武兼资以任之。'乃以弟澄为荆州，族弟敦为青州。因谓澄、敦曰：'荆州有江汉之固，青州有负海之险，卿二人在外而居，留此足以为三窟矣。'识者鄙之"。后来"石勒、王弥寇京师，以衍都督征讨诸军事，持节假黄钺以距之"。"时济阳危逼，多欲迁都以避其难。而衍独卖牛车，以安众心。"（以上均见《晋书·王衍传》）永嘉五年（311年），石勒在苦县宁平城（今河南鹿邑西南）大败晋军，衍被俘。石勒"问衍以晋故，衍为陈祸败之由，云：计不在己。勒甚悦之，与语移日。衍自说少不豫事，欲求自免，因劝勒称尊号。勒怒曰：'君名盖四海，身居重任，少壮登朝，至于白首，何得言不豫世事邪？破坏天下，正是君罪'"。石勒决定杀王衍，因爱其风流，便令士兵推墙以埋之，不令身首异处。"衍将死，顾而言曰：'呜呼，吾曹虽不如古人，向若不祖尚浮虚，戮力以匡天下，犹可不至今日。'"（《晋书·王衍传》）人之将死，其言也善。这是王衍对他的一生谈玄活动的自我评价。

　　王衍是西晋中朝的清谈领袖。据《晋书·王衍传》载："衍初好论从（纵）横之术，故尚书卢钦举为辽东太守。"这是泰始八年（272 年）时的事。这说明，王衍少时并不是好老庄、畅玄谈的，而好的是纵横之术，试图用以安国定邦。但经这次的荐举后，他大概认识到了自己学纵横之术并不有效，故当他辞了所举的辽东太守职后，"于是口不论世事，唯雅咏玄虚而已"。后来当他出仕为元城令后，"终日清谈"。他的谈姿很有风度，本传说："衍既有盛才美貌，明悟若神，常自比子贡，兼声名藉甚，倾动当世。妙善玄言，唯谈老庄。为事每捉玉柄麈尾，与手同色。义理有所不安，随即改更，世号口中雌黄。朝野翕然，谓之一世龙门矣。累居显职，后进之士莫不景慕放效，选举登朝皆以为称首，矜高浮诞遂成风俗焉。"麈是一种类似于鹿的动物。魏晋名士用麈尾做拂尘，是一种饰物，也是名士身份的象征。王衍手执麈尾清谈，很有名流风采。他的清谈"倾动当世"，遂扇起了一股社会风潮。那么，王衍谈玄谈论的是什么呢？王衍本传说："魏正始中，何晏、王弼等祖述《老》《庄》，立论以为'天地万物皆以无为本。无也者，开物成务，无往不存者也。阴阳恃以化生，万物恃以成形，贤者恃以成德，不肖者恃以免身。故无之为用，无爵而贵矣。'衍甚重之。"这说明王衍是重视、倾向于正始玄学的贵"无"论的。但他究竟如何谈"无"的思想，史无记载。其实，中朝名士的谈玄活动已无真正的哲学内容了。

王衍一生位列三公，身居宰辅，又为清谈领袖。如何评价这个人？据《晋书·王衍传》，他一生有是有非。一方面，他大节有亏，这表现在：教其女儿与愍怀太子离婚、为己经营"三窟"、劝石勒称尊；另一方面，他也有好的人品，如不巴结外戚杨骏、不投靠司马伦、当石勒寇洛阳时能坚守以安众心。唐人在著《晋书》时，因不尚清谈，故对他评价不高，用"口中雌黄"，特别载大节有亏之事以示之。东晋人对他的看法有褒有贬。如《晋书·王衍传》说："王敦过江，常称之曰：'夷甫处众中，如珠玉在瓦石间。'顾恺之作画赞，亦称衍岩岩清峙，壁立千仞。"《世说新语·轻诋》载："桓公（温）入洛，过淮泗，践北境，与诸僚属登平乘楼，眺瞩中原，慨然曰：'遂使神州陆沉，百年丘墟，王夷甫诸人不得不任其责！'袁虎（宏）率而对曰：'运自有废兴，岂必诸人之过？'桓公凛然作色，顾谓四坐曰：'诸君颇闻刘景升（表）不？有大牛重千斤，噉刍豆十倍于常牛，负重致远，曾不若一羸牸。魏武入荆州，烹以飨士卒，于时莫不称快。'意以况袁。四坐既骇，袁亦失色。"桓温是政治家，对王衍的评价当然与袁宏不同。

　　乐广　乐广字彦辅，南阳清阳（今河南方城西北）人，生年不详，卒于西晋惠帝永安元年（304 年）。《晋书·乐广传》上记载：广"父方，参魏征西将军夏侯玄军事。广时年八岁，玄常见广在路，因呼与语，还，谓方曰：'向见广神姿朗彻，当为名士。卿家虽贫，可令专学，必能兴卿门户也。'方早卒，广孤贫，侨居山阳，寒素为业，人无知者"。王戎为荆州刺史时，闻乐广为夏侯玄所赏识，乃举为秀才。裴楷又荐乐广于贾充，遂辟太尉掾，转太子舍人。后又出补元城令，迁中书侍郎，转太子中庶子，累迁侍中、河南尹。最后，乐广为右仆射，领吏部，代王戎为尚书令，时人称为"乐令"。乐广的女儿嫁给了成都王司马颖。晋惠帝太安二年（303 年）司马颖与河间王司马颙联合起兵反在朝执政的长沙王司马乂，卒败。此时的一些人乘机谤广，司马乂与广谈，广言："岂以五男易一女。"但"乂以为疑。广竟以忧卒"。乐广为官谨严，与人为善。广本传说："广所在为政，无当时功誉，然每去职，遗爱为人所思。凡所论人，必先称其所长，则其所短不言而自见矣。人有过，先尽弘恕，然后善恶自彰矣。广与王衍俱宅心事外，名重于时。故天下言风流者，谓王、乐为称首焉。"

关于乐广的谈玄活动，《晋书·乐广传》曰："（广）性冲约，有远识，寡嗜欲，与物无竞。尤善谈论，每以约言析理以厌人之心。其所不知默如也。"乐广曾与裴楷清谈过，"裴楷尝引广共谈，自夕申旦，雅相钦挹，叹曰：'我所不如也'。"钟会曾评价过王戎和裴楷，说"裴楷清通，王戎简要"（《世说新语·赏誉》）。这样一个清通之人与乐广谈，竟自叹不如。元老重臣卫瓘对乐广的清谈很赞赏。乐广本传云："尚书令卫瓘，朝之耆旧，逮与魏正始中诸名士谈论。见广而奇之曰：'自昔诸贤既没，常恐微言将绝，而今乃复闻斯言于君矣。'命诸子造焉，曰：'此人之水镜，见之莹然，若披云雾而睹青天也。'"乐广谈玄的特点是简约。本传曰："王衍自言与人语甚简至，乃见广，便觉己之烦。"那么，乐广是如何"简至"的呢？《世说新语·文学》中有则故事："客问乐令'旨不至'者，乐亦不复剖析文句，直以麈尾柄确几，曰：'至不？'客曰：'至。'乐因又举麈尾，曰：'若至者，那得去？'于是客乃悟服。乐辞约而旨达，皆类此。""旨不至"是《公孙龙子·指物论》中的思想。"指"或"旨"是指概念，它是名，是对事物的共性的概括。"旨"作为名，作为概念，它没有现实地指向某个对象的功能，故叫"旨不至"。但具体的实物不是概念，它（们）有指向的功能，即能至。乐广先以麈尾敲几，表明这是"至"；后又举起麈尾，这是"不至"。具体之物有至和不至的功能，但作为概念的"指"或"旨"却没有。乐广以动作来辩名析理，使客悟服。乐广谈玄还有一个长处，就是反对狂放，自觉维护名教。乐广本传说，当时王澄、胡毋辅之之徒特任狂放，以至于脱衣裸体。"广闻而笑曰：名教内自有乐地，何必乃尔！"乐广在任河南尹时，还贡献了一则"杯弓蛇影"的成语。

裴楷　裴楷字叔则，河东闻喜（今山西绛县）人，他是正始名士裴徽之子，生于魏齐王曹芳正始元年（240 年），卒于西晋惠帝元康九年（299 年）。《晋书·裴楷传》说："楷明悟有识量，弱冠知名，尤精《老》《易》，少与王戎齐名。钟会荐之于文帝（司马昭），辟相国掾，迁尚书郎。贾充改定律令，以楷为定科郎，事毕，诏楷于御前执读，平议当否。楷善宣吐，左右属目，听者忘倦。武帝（炎）为抚军，妙选僚采，以楷为参军事。吏部阙，文帝问其人于钟会，会曰：'裴楷清通，王戎简要，皆其选也。'于是以楷为吏部郎。"后官至中书令，加侍中，复加光禄大夫。惠帝朝时，与张华、王戎并掌机要。楷为官有德。《世说新语·德行》载："梁王、赵王，国之近属，贵重当时。裴令公，岁请二国租钱数百万，以恤中表之贫者。或讥之曰：'何以乞物行惠？'裴曰：'损有余，补不足，天之道也。'"该条下注引《名士传》说："楷行己取与，任心而动，毁誉虽至，处之晏然，皆类此。"募钱救济，在当时的士族社会是一种德行。

裴楷本传说："楷风神高迈，容仪俊爽，博涉群书，特精理义。时人谓之玉人，又称见裴叔则为近玉山，照映人也。"楷亦精谈玄。《世说新语·言语》载："晋武帝始登阼，探策得一。王者世数，系此多少？帝既不悦，群臣失色，莫能有言者。侍中裴楷进曰：'臣闻天得一以清，地得一以守，侯王得一以为天下贞。'帝悦，群臣叹服。""天得一以清……"是《老子》第三十九章中的话，裴楷援引之以释晋武帝所抽的"一"数。当时裴楷尚为中书郎。这则故事《晋书·裴楷传》中亦有。这说明裴楷的机智和玄理之精。

庾𢾺 庾𢾺字子嵩，颖川鄢陵（今河南鄢陵西北）人，生于魏元帝景元三年（262年），卒于西晋怀帝永嘉五年（311年）。他先为陈留相，后迁吏部郎，参太傅、东海王司马越军事，转军谘祭酒。他为官达观，对时势有洞察。《晋书·庾𢾺传》说，他在为陈留相时"未尝以事婴心，从容酣畅，寄通而已，处众人中，居然独立"。为吏部郎时，"天下多故，机变屡起。𢾺常静默无为。"在东海王司马越府时，"府多俊异，𢾺在其中常自袖手。"当时郭象也在越府，他与象善，"𢾺甚知之，每曰：'郭子玄何必减庾子嵩。'"当时郭象任势专权，庾𢾺常谓象曰："卿自是当世大才，我畴昔之意都已尽矣。"流露出了对郭象的不满和规劝。但庾𢾺性吝，善于敛财。当时有个叫刘舆的人想陷害他，就怂恿司马越向𢾺换钱千万，"冀其有吝，因此可乘。越于众坐中问于𢾺，而𢾺乃颓然已醉，帻堕机上，以头就穿取，徐答云：'下官家有二千万，随公所取矣。'舆于是乃服。越甚悦，因曰：'不可以小人之虑度君子之心。'"（《晋书·庾𢾺传》）

庾𢾺是当时有名的清谈家。他与王澄、王敦、胡毋辅之俱为太尉王衍所重，时称"四友"。庾𢾺本传说，他"长不满七尺，而腰带十围，雅有远韵……尝读《老》《庄》，曰：'正与人意暗同'"。《世说新语·文学》也说："庾子嵩读《庄子》，开卷一尺许，便放去，曰：'了不异人意。'"这说明他对《老》《庄》旨意的领悟之深。那么，他领会了老、庄的什么思想呢？或者说他有什么明显的玄学思想呢？他作有《意赋》一篇，今存《晋书·庾𢾺传》中，赋曰："至理归于浑一兮，荣辱固亦同贯。存亡既已均齐兮，正尽死复何叹？物咸定于无初兮，俟时至而后验。若四节之素代兮，岂当今之得远？且安有寿之与夭兮，或者情横多恋。宗统竟初不别兮，大德亡其情愿。蠢动皆神之为兮，痴圣惟质所建。真人都遣秽累兮，性茫荡而无岸。纵驱于辽廓之庭兮，委体乎寂寥之馆。天地短于朝生兮，亿代促于始旦。顾瞻宇宙微细兮，眇若豪锋之半。飘飘玄旷之域兮，深莫畅而靡玩。兀与自然并体兮，融液忽而四散。"从赋的内容看，他追求的是那种天地一体的境界。这种境界当然只可意会不可言传。故本传说："（庾）敳见王室多难，终知婴祸，乃著《意赋》，以豁情，衍贾谊之《鵩鸟》也。"看来这是他的抒意之作。但赋成后，"从子亮见赋问曰：'若有意也，非赋所尽；若无意也，复何所赋？'答曰：'在有无之间耳。'"《世说新语·文学》中亦有庾敳与庾亮的这段对话，不过敳的回答是："正在有意无意之间。"这很有些玄学的风味。

　　卫玠　卫玠字叔宝，河东安邑（今山西夏县西北）人。生于西晋武帝太康七年（286 年），卒于西晋怀帝永嘉六年（312 年），时年 27 岁。他曾做过太傅西阁祭酒，后拜太子洗马，故世称"卫洗马"。《晋书·卫玠传》曰：玠"年五岁，风神秀异。祖父瓘曰：'此儿有异于众，顾吾年老，不见其长成耳'"。《世说新语·识鉴》有同样记载。这说明卫玠少有异姿。他是美少年，早就以姿容秀美倾动当世。卫玠本传说："（玠）总角乘羊车入市，见者皆以为玉人，观之者倾都。"又说："骠骑将军王济，玠之舅也，俊爽有风姿，每见玠，辄叹曰：'珠玉在侧，觉我形秽。'又尝语人曰：'与玠同游，冏若明珠之在侧，朗然照人。'"卫玠是乐广的女婿，"乐广有海内重名，议者以为'妇公冰清，女婿玉润'"。关于卫玠玉容之事,《世说新语·容止》中亦有载,并有刘孝标注引《玠别传》曰:"玠在群臣之中,寔有异人之望。龆龀时乘白羊车于洛阳市上,咸曰:'谁家璧人!'于是家门州党号为'璧人'。"卫玠本传说,永嘉末,"玠以天下大乱",遂与母移至江夏。《世说新语·容止》注引《永嘉流人名》曰:"玠以永嘉六年五月六日至豫章,其年六月二十日卒。"关于玠卒之因,本传说他"多病体羸"。《世说新语·容止》载:"卫玠从豫章至下郡,人久闻其名,观者如堵墙。玠先有羸疾,体不堪劳,遂成病而死,时人谓语'看杀卫玠'。"《世说新语·伤逝》曰:"卫洗马以永嘉六年丧,谢鲲哭之,感动路人。咸和中,丞相王公(导)教曰:'卫洗马当改葬。此君风流名士,海内所瞻,可修薄祭,以敦旧好。'""咸和"乃东晋成帝年号,时为公元326—334年。卫玠先葬南昌,后在东晋丞相王导的建议下移葬江宁。

卫玠在永嘉清流中享有盛名。《晋书·卫玠传》载:"及长,好言玄理。其后多病体羸,母恒禁其语。遇有胜日,亲友时请一言,无不咨嗟,以为入微。""琅邪王澄有高名,少所推服,每闻玠言,辄叹息绝倒,故时人为之语曰:'卫玠谈道,平子绝倒。'"《世说新语·赏誉》中亦有此故事。刘孝标注引《玠别传》曰:"玠少有名理,善通庄老。琅邪王平子(澄)高气不群,迈世独傲,每闻玠之语议,至于理会之间,要妙之际,辄绝倒于坐,前后三闻,为之三倒,时人遂曰:'卫君谈道,平子三倒。'"王澄称赞卫玠,大将军王敦也盛赞卫玠。《世说新语·赏誉》又载:"王敦为大将军,镇豫章,卫玠避乱从洛投敦,相见欣然,谈话弥日。于是,谢鲲为长史,敦谓鲲曰:'不意永嘉之中,复闻正始之音,阿平(王澄)若在,当复绝倒。'"该条下注引《玠别传》曰:"……敦顾谓僚属曰：'昔王辅嗣吐金声于中朝，此子今复玉振于江表，微言之绪绝而复绪，不悟永嘉之中复闻正始之音。阿平若在，当复绝倒矣。'"这说明，卫玠谈玄之影响可以与王弼相提并论。那么，卫玠谈了些什么内容呢？已不得而知。《世说新语·文学》载有一事："卫玠总角时，问乐令（广）梦，乐云'是想'。卫曰：'形神所不接而梦，岂是想邪？'乐云：'因也。未尝梦乘车入鼠穴，捣韲啖铁杵，皆无想无因故也。'卫思'因'，终日不得，遂成病。乐闻故，命驾为剖析之。卫即小差，乐叹曰：'此儿胸中当必无膏肓之疾。'"这是乐广和卫玠关于梦的一次探讨，也是一次谈玄。卫玠认为，"形神所不接而梦"，即人做梦时形（身体）已止而神仍行，这已涉及梦的哲学实质问题。可惜乐广仅从日有思故夜有梦的习俗看法出发释梦，乐广、卫玠并未就梦的问题而深入讨论之。

（三）元康放达派

在中朝名士中，有一些人承续了竹林时嵇康、阮籍、阮咸、刘伶等放达之风，并有意为之，遂掀起了一股极有社会影响的狂放风潮，史称"元康放达派"。

关于元康时的放达之风，《世说新语·德行》云："王平子（澄）、胡毋彦国（辅之）诸人，皆以任放为达，或有裸体者。"该条下注引王隐《晋书》曰："魏末阮籍嗜酒荒放，露头散发，裸袒箕踞。其后，贵游子弟阮瞻、王澄、谢鲲、胡毋辅之之徒，皆祖述于籍，谓得大道之本。故去巾帻，脱衣服，露丑恶，同禽兽；甚者，名之为通，次者，名之为达也。"《晋书·乐广传》云："是时，王澄、胡毋辅之等皆亦任放为达，或至裸体者。广闻而笑曰：'名教内自有乐地，何必乃尔！'"《晋书·裴頠传》说："頠深患时俗放荡，不尊儒术。何晏、阮籍，素有高名于世，口谈浮虚，不遵礼法，尸禄耽宠，仕不事事。至王衍之徒，声誉太盛，位高势重，不以物务自婴，遂相放效，风教陵（凌）迟。乃著《崇有》之论以释其蔽。"这是说裴頠之作《崇有论》是有极强的针对性的，即为了扼制当时风教凌迟的时弊。这里将何晏、阮籍、王衍三个都扯进当时放诞不羁的时风中，不妥。此处所说的现象正是元康之时的放达派所为。裴頠在《崇有论》中就揭露了当时的不良时风，谓："是以立言藉以虚无，谓之玄妙；处官不亲所司，谓之雅远；奉身散其廉操，谓之旷达。故砥砺之风弥以陵（凌）迟。放者因斯，或悖吉凶之礼，而忽容止之表，渎弃长幼之序，混漫贵贱之级；其甚者至于裸裎，言笑忘宜，以不惜为弘，士行又亏矣。"东晋葛洪在《抱朴子·刺骄》中说："世人闻戴叔鸾、阮嗣宗傲俗自放，见谓大度，而不量其材力非傲生之匹而慕学之，或乱项科头，或裸袒蹲夷，或濯脚于稠众，或溲便于人前，或停客而独食，或行酒而止所亲。……夫古人所谓'通''达'者，谓通于道德达于仁义耳，岂谓通乎褒黩（渎）而达于淫邪哉？"葛洪所刺的正是元康时的放达之风。

元康放达派的代表有王澄、谢鲲、胡毋辅之、阮瞻诸人。

王澄 王澄字平子，琅邪临沂（今山东临沂）人，他是王衍之弟，生于西晋武帝泰始八年（272 年），卒于西晋愍帝建兴四年（316 年），即为王衍族弟、镇守豫章的大将军王敦所杀。澄曾任成都王司马颖从事中郎，东海王司马越司空长史，后王衍自请司马越同意，以澄为荆州刺史领南蛮校尉。王澄以放达著称。《晋书·王澄传》载："时王敦、谢鲲、庾敳、阮修皆为衍所亲善，号为四友，而亦与澄狎，又有光逸、胡毋辅之等亦豫焉，酣宴纵诞，穷欢极娱。"惠帝末，澄镇荆州时，"日夜纵酒，不亲庶事，虽寇戎急务，亦不以在怀。"当他为荆州刺史前往赴任时，"送者倾朝。澄见树上鹊巢，便脱衣上树，探鷇而弄之，神气萧然，傍若无人。"此事《世说新语·简傲》亦有载，曰："王平子（澄）出为荆州，王太尉及时贤送者倾路。时庭中有大树，上有鹊巢，平子脱衣巾，径上树取鹊子，凉衣拘阂树枝，便复脱去，得鹊子，还，下弄，神色自若，傍若无人。"该条下注引邓粲《晋纪》曰："澄放荡不拘，时谓之达。"

谢鲲　谢鲲字幼舆，陈郡阳夏（今河南太康）人，生于西晋武帝咸宁六年（280 年），卒于东晋元帝永昌元年（322 年）。《晋书·谢鲲传》曰："鲲少知名，通简有高识，不修威仪，好《老》《易》，能歌，善鼓琴，王衍、嵇绍并奇之。"西晋惠帝永兴中（时为 304—306 年），长沙王司马乂入朝辅政，"时有疾鲲者言其将出奔，乂欲鞭之。便解衣就罚，曾无忤容。既舍之，又无喜色。"当时的太傅、东海王司马越听到了这件事，辟鲲为掾，转参军。后避乱江东，王敦引为长史，出为豫章太守。谢鲲本传说："鲲不徇功名，无砥砺行，居身于可否之间，虽自处若秽，而动不累高。"这表现了名士当时的矛盾状况。但鲲心怀忠义，临难不惧，敢于讽谏王敦。《世说新语·规箴》载："谢鲲为豫章太守，从大将军下石头。敦谓鲲曰：'余不得复为盛德之事矣。'鲲曰：'何为其然？但使自今已后，日亡日去耳！'敦又称疾不朝，鲲谕敦曰：'近者明公之举，虽欲大存社稷，然四海之内实怀未达，若能朝天子，使群臣释然，万物之心，于是乃服。仗民望以从众怀，尽冲退以奉主上，如斯则勋侔一匡，名垂千载。'时人以为名言。"王敦志在篡夺，谢鲲劝其勿行篡逆，用辞虽婉，然亦属不易。鲲虽在官场，但"远畅而恬于荣辱"。他"知不可以道匡弼，乃优游寄遇，不屑政事，从容讽议，卒岁而已。每与毕卓、王尼、阮放、羊曼、桓彝、阮孚等纵酒"。鲲在诸名士中有一件脍炙人口的事："邻家高氏女，有美色，鲲尝挑之，女投梭折其两齿。时人为之语曰：'任达不已，幼舆折齿。'鲲闻之，傲然长啸曰：'犹不废我啸歌。'"此乃真放达之行也。

胡毋辅之　胡毋辅之字彦国，泰山奉高（今山东泰安东北）人，生于西晋武帝泰始五年（269 年），卒于东晋元帝建武二年（318 年）。他历任繁昌令、尚书郎、司徒左长史、建武将军、乐安太守，后为东海王司马越引为从事中郎，复补振威将军、陈留太守。永嘉之乱，避居江左，元帝以为安乐将军咨议祭酒，迁扬武将军、湘州刺史《晋书·胡毋辅之传》曰："辅之少擅高名，有知人之鉴。性嗜酒，任纵不拘小节。与王澄、王敦、庾敳俱为太尉王衍所亲昵，号曰四友。澄尝与人书曰：彦国吐佳言，如锯木屑，霏霏不绝，诚为后进领袖也。"他与谢鲲、阮放、毕卓、羊曼、桓彝、阮孚、光逸痛饮，"不舍昼夜，时人谓之八达"（《晋书·光逸传》）。他以纵酒出名，任乐安太守时"与郡人光逸昼夜酣饮，不视郡事"。他有个儿子名叫"谦之，字子光，才学不及父，而傲纵过之。至酣醉，常呼其父字，辅之亦不以介意。谈者以为狂。辅之正酣饮，谦之窥而厉声曰：'彦国年老，不得为尔！将令我尻背东壁。'辅之欢笑，呼入与共饮"。（《晋书·胡毋辅之传》）

阮瞻　阮瞻字千里，陈留尉氏（今河南尉氏县）人，阮咸子，生于西晋武帝太康二年（281 年），卒于西晋怀帝永嘉四年（310 年）。他曾做过东海王司马越的记室参军、太子舍人。《晋书·阮瞻传》载：他"性清虚寡欲，自得于怀。读书不甚研求，而默识其要。遇理而辩，辞不足而旨有余。善弹琴，人闻其能，多往求听，不问贵贱长幼，皆为弹之，神气冲和，而不知向人所在"。他留下的谈玄故事有二：一是"三语掾"。瞻本传说：瞻"见司徒王戎。戎问曰：'圣人贵名教，老庄明自然，其旨同异？'瞻曰：'将无同。'戎咨嗟良久，即命辟之，时人谓之'三语掾'。""将无同"的意思是：没有不同吧。这已有了"名教"即"自然"的思想雏形。二是无鬼论。本传说："瞻素执无鬼论，物莫能难，每自谓此理足可以辩正幽明。"

在元康放达派的这些人中，的确有其与众不同的狂放的一面。概括来说，放达派的行为主要表现在三个方面：其一，纵酒。这是元康放达派的一大特点。比如，王澄、胡毋辅之、谢鲲等都时时纵酒，"酣宴纵诞，穷欢极娱"，"昼夜酣饮，不视郡事"。还有个叫毕卓的人，就常与胡毋辅之、谢鲲等豪饮。《世说新语·任诞》载："毕茂世（卓）云：'一手持蟹螯，一手持酒杯，拍浮酒池中，便足了一生。'"该条下刘孝标注引《晋中兴书》曰："毕卓字茂世，新蔡人。少傲达，为胡毋辅之所知。太兴末为吏部郎，尝饮酒废职。比舍郎酿酒熟，卓因醉，夜至其瓮间取饮之。主者谓是盗，执而缚之，知为吏部郎也，释之。卓遂引主人宴瓮侧，取醉而去。"这故事在《晋书·毕卓传》中已有。这真有些洒脱、豪放，但未免也有过分之处。有个叫王恭（字孝伯）的就这样说："名士不必须奇才，但使常得无事痛饮酒，熟读《离骚》，便可称名士。"（《世说新语·任诞》）

其二，任性。元康放达派的另一个特点或表现就是任性或率性。这些人都从小就有几分放任不羁的个性和品质，再加上时风的熏染，长成后多有骇俗的放诞之举。例如，那个王澄（字平子），在达官显贵送其出仕荆州刺史时，他却一时兴发，脱衣上树去掏鸟鹊玩。这的确是有几分潇洒，但也免不了过头而放诞了。《晋书·乐广传》后的评论说："澄之箕踞，不已甚矣。若乃解祖登枝，裸形扪鹊，以此谓达，谓之高致，轻薄是效，风流诅及，道睽将圣，事乖跰指，操情独往，自夭其生者焉。"

其三，溺色。放达派还有一个表现，就是沉湎于色。谢鲲曾挑逗邻家美女，被打掉了两颗牙齿，人说"任达不已，幼舆折齿"，他竟不在乎，"傲然长啸，曰：'犹不废我啸歌'。"这是放达还是鲜耻？当时的士大夫以为是"达"。《晋书·五行志》中有一段说："惠帝元康中，贵游子弟相与为散发裸身之饮，对弄婢妾，逆之者伤好，非之者负讥，希世之士耻不与焉。"这种"对弄婢妾"的做法无论如何就有些欠"达"了。可见，在惠帝元康年间已演成了一种溺色的社会风气。当然这种风气的出现与汉魏之时流行的房中术的影响有关。曹丕在《典论》中曾提到左慈到邺都时向他学房中术的人很多。天师道在北方流行后，西晋不少人士都与其有关，天师道也是讲房中术的。东晋葛洪在《抱朴子·遐览》中著录有《玄女经》《素女经》《彭祖经》《子都经》等房中术多种，足以说明西晋时的时风。葛洪在《抱朴子·疾谬》中对西晋时的溺色作乐的情况有描述："侪类饮会，或蹲或踞，暑夏之月，露首袒体，盛务唯在樗蒲弹棋，所论极于声色之间，举口不逾绮襦纨袴之侧，游步不去势利酒家之门，不闻清谈论道之言，专以丑辞嘲弄为先，以如此者为高远，以不尔者为骏野。"又写当时闺房内的情形，说："而今俗妇人，休其蚕织之业，废其玄紞之务……承星举火，不已于行，多将侍从，昈昈盈路，婢使吏卒，错杂如市，寻道亵谑，可憎可恶。或宿于他门，或冒夜而返，游戏佛寺。观视渔畋，登高临水，出境庆吊，开车褰帏，周章城邑，杯觞路酌，弦歌行奏，转相高尚，习非成俗，生致因缘，无所不肯，诲淫之源，不急之甚。刑于寡妻，家邦乃正，愿诸君子，少可禁绝，妇无外事，所以防微矣。"又说："入他堂室，观人妇女，指玷修短，评论美丑……或有不通主人，便共突前，严饰未办，不复窥听，犯门折关，逾垙穿隙，有似抄劫之至也。其或妾媵藏避不及，至搜索隐僻，就而引曳，亦怪事也。"这足以说明西晋时代的放诞时风。

元康放达与竹林之达，在形式上的确有些相似。比如说，阮籍、阮咸、刘伶之痛饮，刘伶之脱衣裸形，阮籍在邻家美妇酒垆饮酒并醉眠于妇旁，阮籍与其嫂话别，阮咸在服丧中借驴追鲜卑婢，等等。但根本不同的一点是：竹林之放达是有思想内容的放达，即放达是形式，是为思想服务的；而元康放达就不同了，是没有思想内容的放达，是为形式而形式的放达。《世说新语·任诞》曰："王大（忱）曰：'阮籍胸中垒块，故须酒浇之。'"又，同篇"阮浑长成"条下注引《竹林七贤论》曰："籍之抑浑，盖以浑未识己之所以为达也。……是时，竹林诸贤之风虽高，而礼数尚峻。迫元康中，遂至放荡越礼。乐广讥之曰：'名教中自有乐地，何至于此！'乐令之言有旨哉！谓彼非玄心，徒利其纵恣而已。"东晋戴逵也说："放者似达，所以乱道。就竹林之为放，有疾而为颦者也；元康之为放，无德而折巾者也。可不察乎？"（《晋书·戴逵传》）

元康之放达的确与竹林之放达不一样。从魏晋玄学之演进的思想逻辑来看，如果说竹林玄学是对正始玄学王弼"无"本论中"无"的抽象义与生成义矛盾的展开，以其"越名教而任自然"的宗旨将"名教"与"自然"的矛盾对立推到了思想台前的话，那么元康放达派的所作所为则将"名教"与"自然"的对立推向了极端。物极必反，元康派对名教的极端破坏，正逻辑地预示着和要求着历史要对名教再做肯定，并要在更高的基础上将"名教"与"自然"统一起来。所以，在整个西晋朝的玄学思潮中，如果说王衍、乐广等人的谈玄活动是当时学术思潮的一般表现的话，那么元康放达派的行为之放才真正将西晋玄学的特色表现了出来，并将整个魏晋玄学发展的逻辑要求表现了出来。

二、裴頠的"崇有论"和欧阳建的"言尽意论"

（一）裴頠其人和"贵无""崇有"二论

裴頠，字逸民，河东闻喜（今山西绛县）人，生于西晋武帝泰始三年（267年），卒于西晋惠帝永康元年（300年），时年34岁。頠出身于高门显族。祖父裴潜为魏尚书令，父裴秀为晋开国元勋，官至司空，封巨鹿郡公。頠乃秀之次子，长子裴浚早亡，頠后袭父爵。西晋武帝太康二年（281年），頠征为太子中庶子，迁散骑常侍。惠帝即位后，为国子祭酒兼右军将军，后迁侍中、尚书左仆射，乃一朝重臣。裴頠和张华同为贾后臂膀。惠帝永康元年三月，贾后矫诏废太子。四月，赵王司马伦、齐王司马冏捕杀贾后，贾后一党尽诛，頠死于宫廷党争中。

《晋书·裴頠传》说："（頠）弘雅有远识，博学稽古，自少知名。"《世说新语·言语》说他"善谈名理，混混有雅致"。《世说新语·赏誉》说："裴仆射，时人谓为'言谈之林薮'。"该条下注引《惠帝起居注》曰："頠理甚渊博，赡于论难。"《世说新语·文学》载，当有人拜访当时的清谈领袖王衍想"咨疑"时，衍身体有些不适，遂谓客人："裴逸民亦近在此，君可往问。"这都说明，裴頠在当时的清谈界有相当的地位。裴頠作为名士，有时也表现出一些放达的气质。他是王戎的女婿，《世说新语·任诞》载："王戎晨往裴许，不通径前。裴从床南下，女从北下，相对作宾主，了无异色。"

裴頠作为清谈名流，其特点是坚决捍卫儒家的名教。《晋书·裴传》说："頠深患时俗放荡，不尊儒术……乃著《崇有》之论，以释其蔽。"这是说裴頠针对当时的时弊，专门作书以矫之。他作的书就是《崇有论》。但这个《崇有论》是几篇呢？这里又涉及一桩学术公案。《世说新语·文学》注引《晋诸公赞》说："頠疾世俗尚虚无之理，故著《崇有》二论以折之。"这是说《崇有论》有两篇。又，《三国志·魏书·裴潜传》注引《惠帝起居注》曰："頠理甚渊博，赡于论难，著《崇有》《贵无》二论，以矫虚诞之弊，文辞精富，为世名论。"这说明裴頠不是作了两篇《崇有论》，而是作了《崇有》《贵无》二论。那么。裴頠作的书到底是什么？今《晋书·裴頠传》中录有《崇有论》，頠别的著作不存。

以上的史料，哪种说法对呢？冯友兰先生认为，《世说新语》所引《晋诸公赞》说的"《崇有》二论"的"二"乃"之"字之误。如果是这样，那么《裴潜传》所引《惠帝起居注》说的"《崇有》《贵无》二论"之"二"就无论如何也不会是"之"字之误了。这里的"《贵无》"怎么解释？冯友兰先生认为"贵无"二字是"后人妄加上的"。所以，他认为裴頠只有《崇有论》一论传世，与裴頠本传的文字相合。❶冯友兰先生所谓的"贵无"二字乃"后人妄加"之说，无可靠史料佐证，故难成公论。许抗生先生等人认为，裴頠著《贵无论》是有可能的。他们的理由有二：其一，除了陆机在《惠帝起居注》中说到裴頠作《崇有》《贵无》二论外，晋人孙盛作有《老聃非大贤论》(文见《广弘明集》卷五)，也言到頠著有《崇有》《贵无》两论；其二，从现存的《崇有论》的内容看，文中认为《老子》的思想在某些方面与《易》之《损》《谦》《艮》《节》等卦之旨相合，还认为老子的"无为"说对于节制人的欲望有一定作用，因此，裴頠大概作过《贵无论》。❷汤一介先生撰文《裴頠是否著有〈贵无论〉》，认为頠作《贵无论》有可能。他的理由有三：其一，东晋初的孙盛在《老聃非大贤论》中明确指出："昔裴逸民作《崇有》《贵无》二论"，"如果我们不能说明孙盛的话不可靠，那就不能否定裴頠没有作《贵无论》。"其二，《资治通鉴》卷八十二引有裴頠《崇有论》的一段文字，与《晋书·裴頠传》中所录文字不同，曰："夫万物之有形者，虽生于无，然生以有为已分（原注：物之未生，则有无未分，既生而有，则与无为已分矣），则无是有之所遗者也（原注：遗，弃也）。故养既化之有，非无用之所能全也；治既有之众，非无为之所能修也。"这段的"意思是说：在'万物之有形者'（有形的世界）没有产生之前，存在着一个无形的世界；在

---

❶ 参见冯友兰:《中国哲学史新编》第四册，人民出版社1986年版，第110—111页。

❷ 参见许抗生等:《魏晋玄学史》，陕西师范大学出版社1989年版，第278—279页。

'万物之有形者'产生之前，有形世界和无形世界尚未分开；当
'万物之有形者'产生之后，它就与无形世界分开了，因此，'万
物之有形者，虽生于无'，但在它产生之后，'万物之有形者'就
以'有'（与无相对）为它存在的根据了，从而无形的世界（无）就
为有形的世界（有）抛弃了。从这里看，裴頠是否确有另一篇讨
论有形世界（有）和无形世界（无）关系的《贵无论》呢？"汤
一介先生认为是有可能的。其三，裴頠《崇有论》中有这样几
句话："夫有非有，于无非无；于无非无，于有非有。"对这几句
话，汤一介先生同意冯友兰先生的意见，认为这几句话在原文中
的位置不对，应该放在"则无是有之所遗者也"句后，这样，"这
几句话连起来的意思是：'万物之有形者'，虽然是从无形的世界
变化而来，但它产生之后就以'有'作为它存在的根据（性分），从
而无形的世界就为有形的世界抛弃了。所以说对于'有'（有形
世界）说，'无'（无形世界）不是'有'（非有，不是有形世界），那
么对于'无'说，'有'也不是'无'（非无，有形世界也不再与
无形世界有关）。对于'无'说，'有'不是'无'，那么对于
'有'说，'无'也不是'有'。"汤一介先生认为裴頠在此论述了
"有"和"无"的关系，故裴頠作《贵无论》是有可能的。综合
以上三点，汤一介先生认为："总之，从现存历史文献看，我们
无法否定裴頠著有《贵无论》。"❶这些说法究竟哪一种对，现录
于此，以备参考。

　　由于裴頠的著作今仅存《崇有论》，我们只能据此来分析他

---

❶ 汤一介：《裴頠是否著有〈贵无论〉》,《学人》第十辑，1996 年第
9 期。

的玄学思想了。

（二）裴頠的"崇有论"

关于裴頠思想的研究一直处于低潮,20 世纪 80 年代以来,在学术思想大解放,学术研究迎来灿烂春天的情况下,有关裴頠思想研究的论文也不过三四篇而已。为什么会如此呢？张岱年先生曾说："裴頠的《崇有论》,基本观点是正确的,而语焉不详,理论贡献不大。"[❶]许抗生先生等认为："裴頠的崇有学说,虽然强调了万有的客观实在性,但对'有'（客观事物）本身缺乏深入的认识,不如王弼玄学那样深入到事物的本性、本质,揭示了本质与现象的矛盾等,以此从某种意义上说,他的理论思维水平又略逊于何、王玄学。"[❷]还有人认为,裴頠本身就不是玄学家。[❸]这些观点在一定程度上都是对的。但就整个魏晋玄学的发展过程来看,裴頠以其《崇有论》来公开反对元康时代的放诞时风,捍卫名教,代表了玄学思潮演化的一种必然趋势和演化方向,这对尔后玄学思想在更高阶段上的整合,将"名教"与"自然"统一起来,有重要的意义和作用。

下面就裴頠"崇有论"的思想予以叙述。

《崇有论》载《晋书·裴頠传》中,全文 1368 字,共五段。第

---

❶ 张岱年：《魏晋玄学的评价问题》,《文史哲》1985 年第 3 期。

❷ 许抗生等：《魏晋玄学史》,陕西师范大学出版社 1989 年版,第 293 页。

❸ 李中华在《裴頠及其〈崇有论〉新探》（《北京大学百年国学文粹·哲学卷》,北京大学出版社 1998 年版）一文中说："裴頠是儒家学者而不是玄学家。"

一、五段论述了"有"本论思想，而第二、三、四段分析了玄学贵"无"论产生的原委及其所造成的社会危害。第二段说，人是有欲望的，人的欲望过了度的话则是有害的，有的人正是针对这一点，"而睹简损之善，遂阐贵无之议，而建贱有之论"，其结果"贱有则必外形，外形则必遗制，遗制则必忽防，忽防则必忘礼。礼制弗存，则无以为政矣"。第三段指出，人的过度的欲求可以减损，但却不能彻底不要欲求；过度的用度要节制，但却不能没有用度。而一些人却走向极端，遂"深列有形之故［按：《通鉴》卷八十二引文'故'作'累'，似较妥］，盛称空无之美"，于是"辩巧之文可悦，似象之言足惑，众听眩焉，溺其成说"，遂使"贵无"之说传播开来，"是以立言藉于虚无，谓之玄妙；处官不听所司，谓之雅远；奉身散其廉操，谓之旷达。故砥砺之风弥以陵迟……其甚者至于裸裎"，造成了严重有害的社会影响。第四段指出，贵无论的思想滥觞于《老子》。而《老子》一文"甄举静一之义，有以令人释然自夷"，这"合于《易》之《损》《谦》《艮》《节》之旨"。但老子讲"有生于无"，"以虚为主"，则是不对的。然而，后世竟把《老子》的"有生于无"的这种"一方之言"谓之"至理"，"信以无为宗"，遂助长了"无"论的发展。裴𫖯在此提到班固、荀子、扬雄三人，认为他们曾对《老子》的"无"论有所"抑之"，但"犹偏有所许"。班固写过《难庄论》，批判过老庄思想，但未能使人折服。荀子在《天论》中说"老子有见于屈，无见于信"；扬雄在《法言·问道》中说"老子之言道德，吾有取焉耳"，他们对《老子》的言论在"抑之"的同时又赞之，这就使《老子》之言"日以广衍"，越来越盛了。裴𫖯说，他写《崇有论》的目的就在于"崇济先典，扶明大业"，要维护、捍卫儒家的名教。

如果说《崇有论》的二、三、四段旨在破《老子》的"无"论和王、何玄学贵无论的影响的话，那么该文的一、五段则旨在立"有"本论。这两段全面地论述了裴頠的"有"本论思想，现引于下：

> 夫总混群本，宗极之道也。方以族异，庶类之品也。形象著分，有生之体也。化感错综，理迹之原也。夫品而为族，则所禀者偏，偏无自足，故凭乎外资。是以生而可寻，所谓理也。理之所体，所谓有也。有之所须，所谓资也。资有攸合，所谓宜也。择乎厥宜，所谓情也。识智既授，虽出处异业，默语殊涂，所以宝生存宜，其情一也。众理并而无害，故贵贱形焉。失得由乎所接，故吉凶兆焉。是以贤人君子，知欲不可绝，而交物有会。观乎往复，稽中定务。惟夫用天之道，分地之利，躬其力任，劳而后飨。居以仁顺，守以恭俭，率以忠信，行以敬让，志于盈求，事无过用，乃可济乎！故大建厥极，绥理群生，训物垂范，于是乎在，斯则圣人为政之由也。……

> 夫至无者无以能生，故始生者自生也。自生而必体有，则有遗而生亏矣。生以有为已分，则虚无是有之所谓遗者也。故养既化之有，非无用之所能全也；理既有之众，非无为之所能循也，心非事也，而制事必由于心，然不可以制事以非事，谓心为无也。匠非器也，而制器必须于匠，然不可以制器以非器，谓匠非有也。是以欲收重泉之鳞，非偃息之所能获也；陨高墉之禽，非静拱之所能捷也；审投弦饵之用，非无知之所能览也。由此而观，济有者皆有也，虚无奚益于已有之群生哉！

在此两段中，裴頠阐述了关于"有"论的四个方面的思想：

其一，以群"有"为本。"夫总混群本，宗极之道也"，这是《崇有论》的总纲。这是说，现实世界中的群有、众有就是最后的本原、本体，在它之外别无本体了。裴頠首先把思想致思的方向由"无"转换到"有"；且不是抽象的"有"，而是群有，即具体的有。

其二，群有之间是相互联系、相互作用的，而这种作用是有"理"可寻的。裴頠说，"形象著分，有生之体也"，即每一个有形有象的个体就是本体。那么，这样的本体怎么存在呢？裴頠讲到"方以族异"，"化感错综"，即每个个体是不同的，但个体之间有联系，有"感"，有感就有作用，就是事物的相互联系，其中就有"理"存在。他认为："夫品而为族，则所禀者偏，偏无自足，故凭乎外资。是以生而可寻，所谓理也。"每个有形有象的个体都不能完全孤立和独立，要"凭乎外资"，即一物要与他物相联系和相作用，这就有了事物的存在之"理"。

其三，群有是"自生"的，即"始生者自生也"。何晏、王弼讲"有生于无"，讲以"无"为本。向秀曾有过"自生""自化"的思想，但仍偏向于何晏、王弼的"无"论。裴頠的"有"论明确讲"自生"，这是个进步。这为其后郭象的"独化"论做了必要的思想铺垫。

其四，所谓的"无"就是"至无""虚无"，"是有之所谓遗者也"。这是裴頠对何晏、王弼的"无"本论的批判。裴頠认为，所谓"无"就是"至无""虚无"，这样的"无"是没有用的，因为"夫至无者无以能生"，它不能作为群有的存在根据。所以裴頠认为："济有者皆有也，虚无奚益于已有之群生哉！"他把王弼的

"无"说成"虚无""至无",这是不对的。这既表明裴頠对正始玄学真正的哲学实质缺乏了解,也表现了其"有"论理论水平的有限性。

以上是裴頠"有"论的基本思想。从这里来看,裴頠似乎完全抛开了"无"本论。但事实上并不完全是这样。《资治通鉴》卷八十二节引了《崇有论》中的两段文字,共 371 字。其中所引《崇有论》第五段文字的开头几句是这样的:"夫万物之有形者,虽生于无,然生以有为已分(原注:物之未生,则有无未分,既生而有,则与无为已分矣),则无是有之所遗者也(原注:遗,弃也)。"《通鉴》所引据何本,现已不可得而知。但从这几句话看,裴頠认为,"有"从"无"中生出,但"有"一经有后,有就是"自生",就抛弃了那个"无"了。这表明,"有"是与"无"有关系的。

说到裴頠对"有""无"问题的看法,现存《崇有论》中,在第四段有这样 16 个字:"夫有非有于无非无于无非无于有非有。"人们习惯于将它断句为"夫有非有,于无非无;于无非无,于有非有"。但这样断开后,这几句与上下文不协调,文意突兀。冯友兰先生认为,有两个原因造成了对这 16 个字的难解:"一是原来抄书的人把这 16 个字抄在错误的地方,跟上下文都不接头,意思联系不上,而且把上下文的语气也打断了。二是原来抄写的人把这 16 个字的先后次序搞得颠倒错乱,以致不成句读。这两个错误,大概很早的抄本就有了。所以现在通行的本子都沿袭下来。"他认为,这 16 个字应放在第五段的"则虚无是有之所谓遗者也"一句后,句读应为:"夫有,非有于无,非有。于无,非有于有,非无。"这样断句,冯友兰先生认为是裴頠对"有""无"关系的论述,是说有与无是相对的,都是就具体事物说的,因为说有时要联系到无，如果没有无做参照就显不出有来；同样，说无时也要联系到有。❶冯友兰先生的意见有一定道理，可参考。

总之，裴𫖳的《崇有论》在魏晋玄学史上占有一定的地位。《三国志·魏书·裴潜传》注引《惠帝起居注》说，裴𫖳的"崇有"之论"文辞精富，为世名论"。《世说新语·文学》载："裴成公作《崇有论》，时人攻难之，莫能折。唯王夷甫来，如小屈。时人即以王理难裴，理还复申。"这说明裴𫖳的"崇有"论在当时有相当影响。《文心雕龙·论说》曰："夷甫、裴𫖳，交辩于有无之域，并独步当时，流声后代。"从魏晋玄学的演化理路来说，裴𫖳的"崇有"论在形式上与王弼的"贵无"论相对，但它实际上是王弼"无"本论之演化的逻辑必然。如果说竹林玄学的"越名教而任自然"论从理论逻辑上迎合了王弼"无"本论中抽象与具体之矛盾性中的抽象义，建构了一个以自我意识的独存为特征的"自然"本体论的话，那么裴𫖳的"有"论则在理论逻辑上迎合了王弼"无"本论中抽象与具体之矛盾性中的具体义，建构了一个以群有之自生为特征的"有"本论。不过，裴𫖳的"有"本论在元康时代出现，历史地和逻辑地要求着魏晋玄学在更高阶段上将"有"与"无"，亦即将"名教"与"自然"整合、统一起来。这一任务是由郭象的"独化"论来完成的。

（三）欧阳建的"言尽意论"

欧阳建，字坚石，渤海南皮（今河北南皮东北）人，约生于西晋武帝泰始五年（269 年，一说生于泰始六年），卒于西晋惠

---

❶ 参见冯友兰：《中国哲学史新编》第四册，人民出版社 1986 年版，第118 页。

帝永康元年（300 年）。他是石崇之甥，崇乃石苞子，故《晋书·石苞传》中记有欧阳建数语，曰："欧阳建字坚石，世为冀方右族。雅有理想，才藻美赡，擅名北州。时人为之语曰：'渤海赫赫，欧阳坚石。'辟公府，历山阳令、尚书郎、冯翊太守，甚得时誉。及遇祸，莫不悼惜之。年三十余。"晋惠帝永康元年（300年）四月，赵王司马伦、齐王司马冏捕杀把持朝政的贾后，贾后一党尽遇害，欧阳建和裴頠同时死难。

欧阳建也是当时的名士，他在玄学史上的贡献就是著有《言尽意论》。玄学探求本体问题，要求寄言出意。因此，言意问题也是魏晋人士注意和谈论的重要问题之一。荀粲、王弼、嵇康等都倡"言不尽意"论。欧阳建异军突起，主张"言尽意"论。欧阳建的《言尽意论》一文，今存《艺文类聚》卷十九。文曰：

> 有雷同君子问于违众先生曰："世之论者，以为言不尽意，由来尚矣。至乎通才达识，咸以为然。若夫蒋公之论眸子，钟、傅之言才性，莫不引此为谈证。而先生以为不然，何哉？"先生曰："夫天不言而四时行焉，圣人不言而鉴识存焉。形不待名，而方圆已著；色不俟称，而黑白以彰。然则名之于物，无施者也；言之于理，无为者也。而古今务于正名，圣贤不能去言，其故何也？诚以理得于心，非言不畅；物定于彼，非名不辩。言不畅志，则无以相接；名不辩物，则鉴识不显。鉴识显而名品殊，言称接而情志畅。原其所以，本其所由，非物有自然之名，理有必定之称也。欲辩其实，则殊其名；欲宣其志，则立其称。名逐物而迁，言因理而变。此犹声发响应，形存影附，不得相与为二矣。苟其不二，则言无不尽矣。吾故以为尽矣。"

此文的中心思想是说，言可以尽意，言是表达意的工具和手段。文中的"雷同君子"当指蒋济论眸子、钟会和傅嘏言才性等那些倡"言不尽意"的人。而"违众先生"是欧阳建自称，其说与流行的"言不尽意"论相反，主张"言尽意"，故言"违众"。概括其文，思想有三：

一是关于名的来源。欧阳建明确主张，形或实是第一性的，它的存在是独立的，并不待名而有，这就叫"形不待名，而方圆已著；色不俟称，而黑白以彰"。形不待名，但名却待形，有形才能有名，所以欧阳建说："名之于物，无施者也；言之于理，无为者也。"

二是关于名的作用和意义。名尽管对物的存在不能增减什么，但它却是必要的。欧阳建知道，"古今务于正名，圣贤不能去言"，就在于社会需要名和言。为何需要？因为"理得于心，非言不畅；物定于彼，非名不辩"。人能认识事物之理，但认识到的"理"总要被述说，这就非言不可了。同时，人在日常生活中要识物、辨物，就要给物命名，否则是无法辨物的。所以欧阳建说："言不畅志，则无以相接；名不辩物，则鉴识不显。鉴识显而名品殊，言称接而情志畅。"

三是关于言、意的关系。在论述实的客观性和名的功用性的基础上，欧阳建提出了自己的言意观，即言能尽意。言为什么能尽意？欧阳建有个逻辑前提：言与物、言与理"不得相与为二"，它们是对等的关系。他认为："原其所以，本其所由，非物有自然之名，理有必定之称"，"名逐物而迁，言因理而变"。名、言并不是先天就有的，而是人们根据事物所命的，事物不同，物理有变，相应的名就要变。所以，名言与事物间"犹声发响应，形存影附，不得相与为二矣"。既如此，名为什么不能辨物，言为什么不可称理呢？言能尽意矣。

欧阳建的这些观点并不新鲜，其说理也不怎么独到、深刻。他的"言尽意论"的哲学理论价值不怎么高，但其思想史的价值却不可忽视。

三、郭象与玄学理论的完成

（一）郭象生平

郭象，字子玄。关于郭象的生、卒年及里籍，史书皆无明确记载。我们现在先将涉及有关郭象生平的史料引述于下：

> 初，注《庄子》者数十家，莫能究其旨要。向秀于旧注外为解义，妙析奇致，大畅玄风。唯《秋水》《至乐》二篇未竟而秀卒，秀子幼，义遂零落，然犹有别本。郭象者，为人薄行，有隽才。见秀义不传于世，遂窃以为己注，乃自注《秋水》《至乐》二篇，又易《马蹄》一篇，其余众篇，或点定文句而已。后秀义别本出，故今有向、郭二《庄》，其义一也。（《世说新语·文学》，《晋书·郭象传》同此）

> 象字子玄，河南人。少有才理，慕道好学，托志老庄，时人咸以为王弼之亚。辟司空掾、太傅主簿。（《世说新语·文学》注引《文士传》）

> 象作《庄子注》，最有清辞道旨。（同上）

> 裴散骑（遐）娶王太尉（衍）女，婚后三日，诸婿大会，当时名士，王、裴子弟悉集。郭子玄在坐，挑与裴谈。子玄才甚丰赡，始数交未快，郭陈张甚盛，裴徐理前语，理致其微，四

坐咨嗟称快。王亦以为奇，谓诸人曰："君辈勿为尔，将受困寡人女婿。"（《世说新语·文学》）

郭子玄有隽才，能言《老》《庄》。庾敳尝称之，每曰："郭子玄何必减庾子嵩！"（《世说新语·赏誉》,《晋书·庾敳传》同此）

郭象，字子玄，黄门郎，为太傅主簿，任事用势，倾动一府。敳谓象曰："卿自是当世大才，我畴昔之意，都已尽矣。"其伏理推心，皆此类也。（《世说新语·赏誉》注引《名士传》,《晋书·庾敳传》同此）

王太尉（衍）云："郭子玄语议，如悬河泻水，注而不竭。"（《世说新语·赏誉》）

郭象字子玄，少有才理，好《老》《庄》，能清言。太尉每云："听象语，如悬河流水，注而不竭。"州郡辟召，不就。常闲居，以文论自娱。后辟司徒掾，稍至黄门侍郎。东海王越引为太傅主簿，甚见亲委，遂任职当权，熏灼内外，由是素论去之。永嘉末病卒。（《晋书·郭象传》）

庄周著内外数十篇，历世才士虽有观者，莫适论其旨统也。秀乃为之隐解，发明奇趣，振起玄风，读之者超然心悟，莫不自足一时也。惠帝之世，郭象又述而广之，儒墨之迹见鄙，道家之言遂盛焉。（《晋书·向秀传》）

东海王越得以宗臣，遂执朝政，委任邪佞，宠树奸党，至使前长史潘滔、从事中郎毕邈、主簿郭象等操弄大权，刑赏由己。（《晋书·苟晞传》）

根据这些材料可以知道：1. 郭象为河南人。南朝梁皇侃在《论语集解义疏》中说郭象为颖川人；唐陆德明在《经典释文序录》

中说郭象为河内人。颍川和河内均在今河南地。但郭象究竟具体是什么地方人,现已不可考了。2. 郭象卒于永嘉末。永嘉是西晋怀帝年号,时为公元307—313年,其实怀帝正式在位六年,即到公元312年。所以,现今人们将郭象的卒年定为永嘉六年(312年)。按郭象大概活了一个甲子算,他的生年当在魏齐王曹芳嘉平四年(252年)。3. 郭象辩才出众,声誉很高,人们称之为"王弼之亚","能清言""语议如悬河流水",尤其是"作《庄子》注,最有清辞遒旨"。他起码是玄学史上的一个大家。4. 以惠帝朝为标志,郭象的一生分为前、后两个阶段。惠帝即位于太熙元年(290年),此时的郭象大约38岁。在此之前,他"常闲居,以文论自娱","州郡辟召,不就",过的是隐居的生活。38岁以后,他出仕为官,为司徒掾、黄门侍郎等,后来为东海王司马越的主簿,且"任职当权,熏灼内外","操弄天权,刑赏由己","由是素论去之",名声不佳。他作《庄子注》就是在此段时期。

《晋书》的一些材料说,郭象依附权势,操弄大权,熏灼内外,对其人品不齿。但《太平御览》卷四四五引有王隐《晋书》中的一段材料,曰:"河南郭象著文,称'嵇绍父死在非罪,曾无耿介,贪位死暗主,义不足多'。曾以问郗公曰:'王袤之父,亦非罪死,袤尤辞征,绍不辞用,谁为多少?'郗公曰:'王胜于嵇。'或曰:'魏晋所杀,子皆仕宦,何以无罪也?'答曰:'殛鲧而兴禹,禹不辞兴者,以鲧犯罪也。若以时君所杀为当耶,则同于禹;以不当耶,则同于嵇。'"这里的王袤是王仪之子,王仪因敢于直言被司马昭所杀,子袤痛父死于非命,不与朝廷合作,"三征七辟皆不就"。嵇绍乃嵇康子,康被司马昭所害,亦死于非命,但子绍却出仕为官,后在晋室之乱中以身护惠帝,死于乱军中，《晋书·忠义传》将其收入。关于这件事，郭象的看法却不同，他认为嵇绍是死于暗主，"义不足多"。这说明郭象是一个有是非观念和标准的人，还是有自己的做人原则的。清末章太炎有《读郭象论嵇绍文》，称赞郭象对嵇绍的评价，曰："余观郭象是议，乃严于顾君远甚。绍之死，东海王越道经其墓，哭之悲恸，树碑表爵。象为东海王主簿，独奋笔无所忌，且举世而誉之，以为握节以死，国殇之雄，衹之者则为流俗甚疾，亦不恤焉。象则晋之清言者也，噩厉守正，邈远于儒，山涛之咎岂在清言也？"此处的"顾君"乃顾炎武，他在《日知录》正始条中批评嵇绍"忘其父而事其非君"，但他却把责任推到山涛身上，认为山涛推荐嵇绍仕晋是"败义伤教"。章太炎却认为，在封建统治者们大力表彰嵇绍的"忠节"的时候，为东海王司马越主簿的郭象，却以为绍"义不足多"，的确是一种颇大胆的、有主见的思想。

关于郭象的著作有：

《庄子注》，今存，十卷三十三篇。

《论语体略》，《旧唐书·经籍志》和《唐书·艺文志》均著录，二卷。至宋乃佚，部分文字在皇侃《论语义疏》和马国翰《玉函山房辑佚书》中。

《论语隐》，《隋书·经籍志》著录，一卷。已佚。

《老子注》，已不存。今在《道德真经注疏》（相传为唐张君相作）和《道德真经取善记》（宋李霖著）中录有其佚文五条。清文廷式《补晋书·艺文志》始著录郭象的《老子注》。

《论嵇绍文》，见《太平御览》卷四四五引王隐《晋书》。

《致命由己论》，原文已佚，《文选》卷五四刘孝标《辩命论》中提及。

《碑论》十二篇，《晋书·郭象传》有记，已佚。

《郭象集》，《隋书·经籍志》著录为二卷，《旧唐书·经籍志》《新唐书·艺文志》《明史·艺文志》均著录为五卷，今已佚。

现存的郭象著作是《庄子注》。关于此书的著者归属问题，我们在前面讲向秀思想时已有论及，它是郭象的著作。我们厘析郭象的玄学思想，主要根据《庄子注》。

（二）郭象的玄学思想

关于郭象的玄学思想，有以下几个方面：

1. "独化"论。"独化"是郭象玄学的核心范畴。所谓"独化"，顾名思义，就是每个事物的独立存在和变化。乍一看，这个范畴是比较简单的。但如果追问一下：现实世界中的每个个体为什么能独立存在？每个个体为什么能变化和要变化？可以发现，貌似简单的"独化"范畴并不简单。"独化"范畴起码有自身的逻辑结构。

汤用彤先生曾作《崇有之学与向郭学说》一文，这是他的授课提纲，后经整理刊发在 1984 年出版的《燕园论学集》中。他在讲"独化"问题时，具体讲了"有""独化""无先""性分""不为而相因"五个问题。这五个问题是关于"独化"的含义呢，还是其结构？汤用彤先生未说明。但在接着讲"独化于玄冥之境"问题时他却说："可见'独化'或有三义，甲、'自然'——即'自生'，无物使其生，独自而然，独自而化；乙、多元（而变化）。王弼之学说为一元，'天'为全一；而郭象以为'天'为多元，'天'乃万物之总名也；丙、不为而相因。""独化"的这三义也就是它的三种结构。汤一介先生在《郭象与魏晋玄学》(增订本)的第十一章中,把郭象的哲学体系析为相关的八个问题或方面:①有;②自性;③自生;④无待;⑤自然;⑥无心;⑦顺物;⑧独化。他指出:"'有'是郭象哲学体系中最基本概念,是'惟一的存在',其存在的根据不在自身之外,而即其自身之'自性'。每一事物依其'自性'而存在,必以'自生''无待''自然'为条件。事物的存在虽是'无待',但如执著'无待',则为'有待',故必'无心'(无所执著),方可'无待'。'自然'因物而然,故应'顺物','常无其心而付之自然'。要把'物各自性'(自性)以及事物存在的形式'自生''无待''自然'等观点坚持到底,则必有'独化'一概念。"可以看出,在"有"等八个概念中,"独化"概念是最高的,其他概念可以视为"独化"概念的子概念。这样,汤一介先生就为"独化"范畴建立了一个层次结构。以前素难明其堂奥的"独化"范畴,经汤用彤和汤一介父子的分疏,可见其内在结构了。

综览郭象《庄子注》中论"独化"问题的文字,可以厘析出有关"独化"的五种含义:

一是"有"与"自生"。裴頠讲群有,郭象也讲有。裴頠、郭象哲学的逻辑起点是一样的,即都从现实存在出发。郭象指出:

言天地常存,乃无未有之时。(《庄子·知北游注》)

殊气自有,故能常有。若本无之,而由天赐,则有时而废。(《庄子·则阳注》)

夫有不得变而为无。故一受成形,则化尽无期也。(《庄子·田子方注》)

初未有而有。故游于物初,然后明有物之不为而自有也。(同上)

自天地以及群物，皆各自得而已，不兼他饰，斯非主之以太一耶！（《庄子·天下注》）

夫无有何所能建？建之以常无有，则明有物之自建也。（同上）

一无有则遂无矣。无者遂无，则有自生，明矣。（《庄子·庚桑楚注》）

非唯无不得化而为有也，有亦不得化而为无矣。是以夫有之为物，虽千变万化，而不得一为无也。不得一为无，故自古无未有之时而常存也。（《庄子·知北游注》）

郭象肯定天地万物都是有，是存在，它们不是无，"夫有不得变而为无"，"夫有之为物，虽千变万化，而不得一为无也"。在郭象看来，有与无是对立的，"非惟无不得化而为有也，有亦不得化而为无矣"。

郭象首先把有肯定了下来。那么，有是如何而有、如何而存在的呢？郭象在此与裴颁有了区别。裴颁讲"夫总混群本，宗极之道也"，讲"夫至无者无以能生，故始生者自生也"。郭象则对万物之所以会有的问题做了一番认真的追问，他指出：

世或谓罔两待景，景待形，形待造物者。请问：夫造物者有邪？无邪？无也，则胡能造物哉！有也，则不足以物众形。故明众形之自物，而后始可与言造物耳。是以涉有物之域，虽复罔两，未有不独化于玄冥者也。故造物者无主而物各自造。物各自造而无所待焉，此天地之正也。（《庄子·齐物论注》）

谁得先物者乎哉？吾以阴阳为先物。而阴阳者即所谓物耳，谁又先阴阳者乎？吾以自然为先之。而自然即物之自尔

耳。吾以至道为先之矣，而至道者乃至无也，既以无矣，又
奚为先？然则先物者谁乎哉？而犹有物，无已。明物之自
然，非有使然也。(《庄子·知北游注》)

"罔两"即"景外之微阴也"。之所以有罔两这种现象存在，是因
为有影子存在；之所以有影子，是因为有物体存在；之所以有物
体，世人以为有造物者存在。那么，造物者又是什么呢？它如果
是有，它就会被造出来；如果是无，它何以能去造物？这样，从
罔两开始向上追问，但追来追去，却追不出个所以然来。其实，无
论是罔两，是影子，抑还是物体，都自然而然地那样存在着，它
们的所是就是其所以是，所然就是其所以然，自然就是必然，现
象就是本质，这就是事物的"有"或"自生"，就叫"独化"。所
以，从哲学性质上说，"独化"自身既非单纯的"有"亦非单纯
的"无"，而是"有""无"的有机统一，是"有"中之"无"和
"无"中之"有"，是"有"的无化和"无"的有化，即"有""无"一
体而生生不息，亦即"有"和"无"处于动平衡的"中"的状态。因
此，郭象才说："是以涉有物之域，虽复罔两，未有不独化于玄
冥者也。""独化于玄冥"，这就是事物的存在状态，也正是事物
之所以存在的根据和本体。

二是"相因"。所谓"独化"，表面看是就个体事物而言的。那
么，一个体为什么能"独"和"化"？就是说，个体何以能是个
体？个体为什么能以自己的状象独立地存在和变化？对此，郭象
这样指出：

夫相因之功，莫若独化之至也。故人之所因者天也，天
之所生者独化也。人皆以天为父，故昼夜之变，寒暑之节，犹
不敢恶，随天安之，况乎卓尔独化，至于玄冥之境，又安得

而不任之哉？（《庄子·大宗师注》）

> 故彼我相因，形景俱生，虽复玄合，而非待也。明斯理也，将使万物各反其所宗于体中而不待乎外。外无所谢而内无所矜，是以诱然皆生而不知所以生，同焉皆得而不知所以得也。（《庄子·齐物论注》）

郭象在此讲到了"相因"问题。"相因之功，莫若独化之至"，这说明"独化"是与"相因"相联系的。"相因"就是相待，是关于事物之间的关系和作用问题。郭象认为"彼我相因，形景俱生"，在彼与我、形与影之间有一种相互间的"玄合"关系。可以看出，当郭象在"有""自生"的意义上来谈"独化"时，是就个体之存在的自然之状而言的。现在却换了视角，从"相因"即从事物间的相互联系的意义上来谈"独化"了。

世界上的事物千差万别，多种多样。事物之所以能显示出差别，每个事物之所以能表现出自己的质的规定性，一言以蔽之，就是因为每个个体均与它之外的别的个体处在相互联系和作用中。倘若世上仅仅有一个个体的话，这个独一无二的个体因失去了存在的前提条件而根本无法存在。现实世界中的每个个体之所以能独立存在，能表现出自己的个体性，正是因为它是以它之外的别的个体的存在作为自己之存在的前提条件的，就是因为有一物之外的他物存在。所以，物物在"相因"中才能各自存在，才能表现出各自的质的规定性，才能是"有"和"自生"。郭象对此还做了具体的举例论证，他说：

> 故天地万物凡所有者，不可一日而相无也。一物不具，则生者无由得生；一理不至，则天年无缘得终。（《庄子·大宗师注》）

> 天地阴阳，对生也；是非治乱，互有也，将奚去哉？（《庄
> 子·秋水注》）

> 天下莫不相与为彼我，而彼我皆欲自为，斯东西之相反
> 也。然彼我相与为唇齿，唇齿者未尝相为，而唇亡则齿寒。故
> 彼之自为，济我之功弘矣，斯相反而不可以相无者也。（《庄
> 子·秋水注》）

> 夫竭唇非以寒齿而齿寒，鲁酒薄非以围邯郸而邯郸围，圣
> 人生非以起大盗而大盗起，此自然相生，必至之势也。（《庄
> 子·胠箧注》）

"鲁酒薄非以围邯郸而邯郸围"，说的是梁惠王攻赵的事。梁惠王早就想攻赵，但怕鲁国援助赵国而不便动手。这时正逢楚宣王朝会诸侯，鲁国的国君后到且献礼甚薄，楚怒，伐鲁。楚鲁交兵，梁惠王乘机围了邯郸。这些事例说明，自然界的存在，人类社会的事件，均处在相互联系中。有联系就有作用和变化，物物、事事正是在相互联系即"相因"中得以存在和变化的。所以，事物之"独"、之"化"并不是任意的，它有进一层的结构条件，即"相因"。

三是"自性"。郭象在描述事物的"独化"性时用了许多带"自"字的词，如"自生""自然""自性""自得""自尔""自为"等等。所以，"独化"与事物的"自性"等性质有关。那么，究竟什么是事物的"自性"等内性呢？我们又如何来把握事物的此种内性呢？这只能从事物的"相因"出发。相因就是联系，事物在相互联系中必然有相互作用，即一事物要作用于他事物并同时要接受他事物的作用和影响。但追问一下：事物为什么要有和能有作用和影响呢？其必然的逻辑是：每个事物自身中必然有一种能接受它之外的他物之作用和影响的性质，即可能性，倘若一物自

身中根本就没有能接受他物之作用和影响的可能性的话，任何的他物也影响不了它，它自身也就根本不会发生任何的变化了。事物自身中原本就有接受它之外的他物之作用和影响的质，这就表明它自己原本就有自我打开、自我敞开、自身显现、把自身敞露出来的性质，用现代西方存在主义者海德格尔哲学的语言来说，就叫"现象性"。事物有了这种自我打开、敞开的自性，它才能去接受它之外的他物的作用和影响，事物因此也才能有"相因"的表现，即才有可能处在相互的关系和联系中。可见，从事物的"相因"出发，逻辑地要涉及事物之自我打开、敞开的"现象性"的性质。

当然，对郭象来说，根本不会有"现象性"这一现代西方哲学的概念。但郭象的确悟到了事物自身中的"性"**❶**。在他看来，事物之所以能"相因"正是因为事物"各据性分"，即各有自己的"自性"。关于事物的"性"或"自性"问题，郭象说：

---

❶ 事物的"性"或"自性"究竟是什么？这里从总体上并从事物之存在的存在性及存在状态上来做了解释，即关于事物自身的"现象性"。但如果从逻辑分析的角度来说，这里的"性"就是事物自身中的"有"与"无"的有机统一性，即"有—无"性。任何事物首先要有"有"性，有了此性，事物就能有和要有；但事物不可只有此种性，即不可一"有"到底，因为这样的话这个事物就不会变化，就永远是它自己了，这样的事物就是死的了。因此，事物只有"有"性时，同时又要有一种相反的"无"性，即事物要使自己"无之"或"使之无"，这就是事物的变；但事物又不可只有此种"无"性，即不可一"无"到底，因为这样的话这个事物就会成为零或虚无，所以，任何事物的存在在本性上，即本质上都是"有"与"无"的有机统一，即有而无之和无而有之，有无相生而生生不息，"有—无"性。而这个"有—无"性，恰恰是"独化"范畴的内在结构。

若各据其性分，物冥其极，则形大未为有余，形小不为不足。(《庄子·齐物论注》)

若以性足为大，则天下之足未有过于秋毫也；其性足者为非大，则虽大山亦可称小矣。(同上)

苟足于天然而安其性命，故虽天地未足为寿而与我并生，万物未足为异而与我同得，则天地之生又何不并，万物之得又何不一哉？(同上)

凡所谓天，皆明不为而自然。言自然则自然矣，人安能故有此自然哉？自然耳，故曰性。(《庄子·山木注》)

天性所受，各有本分，不可逃，亦不可加。(《庄子·养生主注》)

物各有性，性各有极，皆如年知，岂跂尚之所及哉？(《庄子·逍遥游注》)

性之所能，不得不为也；性所不能，不得强为。故圣人唯莫之制则同焉皆得，而不知所以得也。(《庄子·外物注》)这些"性"，就是事物之为事物的本性或本质。郭象认为，任何事物之所以能存在和表现，就是因为它的"性"；只要事物按其"性"来表现，它就是自得的，就是逍遥、自由的。郭象举例说："苟足于其性，虽大鹏无以自贵于小鸟，小鸟无羡于天池，而荣愿有余矣。"(《庄子·逍遥游注》)"夫长者不为有余，短者不为不足，此则骈赘皆出于形性，非假物也。"(《庄子·骈拇注》)"马之真性，非辞鞍而恶乘，但无羡于荣华"，"若乃任驽骥之力，适迟疾之分，虽则足迹接乎八荒之表，而众马之性全矣"(《庄子·马蹄注》)。郭象以为，凡事物的所作所为和应作应为都是由其"自性"所决定的，这是自然的也是必然的。但当郭象将"自性"的思想用以处理社会问题时，他就主张"性各有分，故知者守知以待终，而愚者抱愚而至死，岂有能中易其性者也"（《庄子·齐物论注》）。这已明显超出了学术性而有明确的政治性了。

这里顺便要指出的是：郭象在讲事物的"性"或"自性"时，往往与"理"联系起来。他说："理有至分，物有定极，各足称其，其济一也。"（《庄子·齐物论注》）又说："夫物之所生而安者，趣各有极。以其知分，故可与言理也。"（《庄子·秋水注》）郭象认为，事物都有自己的"性"，也就有自己的极限，因此也就有其所以然之"理"。"理"与"性"是同类性质的概念。郭象论"理"的地方比较多，如说：

> 直以大物必自生于大处，大处亦必自生此大物，理固自然，不患其失，又何措心于其间哉？（《庄子·逍遥游注》）

> 凡物云云，皆自尔耳，非相为使也，故任之而理自至。（《庄子·齐物论注》）

> 至理尽于自得。（同上）

> 物有自然，理有至极，循而直往，则冥然自合。（同上）

> 事有必至，理固常通，故任之则事济。（《庄子·人间世注》）

> 凡所有者，凡所为者，凡所遇者，皆非我也，理自尔耳。（《庄子·德充符注》）

据统计，郭注《庄子》内篇七篇中共用"理"字条计70条，外、杂篇二十六篇中共用"理"字条计76条。[1]这些"理"字有些随

---

[1] 参见钱穆：《庄老通辨》下卷，台北东大图书股份有限公司1988年版，第379—403页。

文注出，哲学意义不大。但有些是用以说明事物之存在的本性或必然性的，与"性"或"自性"概念相得益彰，共同说明了"独化"论的"自性"义蕴。

四是"玄冥"。郭象在讲"独化"问题时又讲到"玄冥"。他指出：

> 是以神器独化于玄冥之境，而源流深长也。(《庄子序》)
>
> 是以涉有物之域，虽复罔两，未有不独化于玄冥者也。(《庄子·齐物论注》)
>
> 卓尔独化，至于玄冥之境。(《庄子·大宗师注》)

"玄"者深远也，"冥"者幽昏也，"玄冥"乃深幽貌，是一种深幽玄妙的境域、境界。郭象所谓的"独化于玄冥"或"独化于玄冥之境"，是说事物的"独化"是一种微妙幽深之貌，惟意会尔。

那么，郭象在讲"独化"问题时为什么要讲"玄冥"或"玄冥之境"呢？表面看，似乎是由于他不明白事物之"独化"的本质，即对事物之"独化"的所以然之理与所当然之则不甚了了，所以才用一种"玄冥"之境来形容和指称之。但如果从深层来看，这里的"玄冥"显然是有所指的。它究竟指什么呢？郭象指出：

> 玄冥者，所以名无而非无也。(《庄子·大宗师注》)

原来，"玄冥"与"无"有关，是对"无"的称谓或界定。这就又遇到一个问题：郭象玄学中的"无"的内涵是什么呢？"无"在郭象处实际上有两种含义：一是"至无"或虚无，即没有或零；另一是有，即有个"无"存在着。在郭象看来，"无不待有而无也"(《庄子·大宗师注》)，"夫言意者，有也；而所言所意者，无也。故求之于言意之表而入乎无言无意之域，而后至焉"(《庄子·秋水注》)。人们一般讲"无"时，是与"有"相对而言的，"无"即没有或不存在。但这样的"无"显然已经提离开了事物，它已经不是存在意义上的概念了，因此它不是活的而是死的东西。郭象讲的"所以名无而非无也"的"无"，"无不待有而无也"的"无"，显然不是这种无存在性意义的死"无"，而是活"无"。这种活"无"已出乎言意之表，只有"入乎无言无意之域"才能把握。可见，"玄冥"实际上指称、表征的是事物本身中所具有的那个活的"无"。

这个活"无"又是什么？无非是事物的"性"或"自性"。既然是"性"或"自性"，为什么要进一步用"无"来表征之呢？这里的关键是为了揭示事物自身中的否定性的性质。事物就是事物，它是有，它存在着，它表现出自己是自己的质的规定性，即自己的肯定性。但事物为什么自己是自己，为什么能表现出自己的肯定性呢？就事物之存在的外在条件上来讲，是因为世上不是也绝不能是一种事物或一个事物，事物是处在"相因"即相互联系中的，只有在并正因为在这种相互联系中，每一个事物不仅能存在而且能表现出自己是自己的肯定性。但如果就事物之存在的内在性质上来讲，是因为事物自身中的那种自我打开、自我敞开、自我显现的"现象性"的"自性"，倘若事物本身中没有此种自我打开的"现象性"的"自性"的话，那么这个事物就根本不能与它之外的他物发生联系和作用了。事物之自我打开，就是自我否定，就是使自身处在"无"化中。所以，郭象玄学中的"自性""玄冥""无"这些概念在逻辑上是相通的。可以说，"玄冥"是"性"或"自性"概念的逻辑引申。"玄冥"是理解"独化"的重要一环，"玄冥"的不可名表性、境界性正是"独化"之现象性的表现。郭象在《庄子注》中用到"冥"字的地方不少，其目的都是为了表示一种境界或境域。为了进一步理解郭象的玄学思想，现不妨摘录一些如下：

夫与物冥者，故群物之所不能离也。（《庄子·逍遥游注》）

冥乎不生不死者，无极者也。（同上）

故圣人不显此以耀彼，不舍己而逐物，从而任之，各冥其所能，故曲成而不遗也。（《庄子·齐物论注》）

知天人之所为者，皆自然也；则内放其身而外冥于物，与众玄同，任之而无不至者也。（《庄子·大宗师注》）

无所藏而都任之，则与物无不冥，与化无不一。（同上）

苟得中而冥度，则事事无不可也。（《庄子·养生主注》）

夫与物冥者，无多也。（《庄子·骈拇注》）

至理有极，但当冥之，则得其枢要也。（《庄子·徐无鬼注》）

不识不知而冥于自然。（《庄子·天地注》）

物物者无物而物自物耳。物自物耳，故冥也。（《庄子·知北游注》）

五是"无心"。郭象在讲"玄冥"时又与"无心"联系起来。他说：

故无心者与物冥而未尝有对于天下也。（《庄子·齐物论注》）

这就进入到认识主体——"心"的层次，即进入到主体的无认识状态。其实，当主体"我"有了一种"玄冥"之境后，本来就已经到了无知无虑、随感而应的"无心"状态了。所以，可以说"无心"是"玄冥"的进一步深入，即深入到了"玄冥"之境所形成和存在的主体条件方面。"独化于玄冥之境"的"玄冥"本来就是一种境界，要有此种境界，作为认识活动之主体的"心"就不能处在通常意义下的主客二分的状态中，而必须处在主客合一或

"天人合一"的"齐物我"状态中,即"心"的掘然自得、块然自生、苋然无知、窅然无为的状态中,这就是"无心"。郭象在注《庄》中所说的"窅然丧之""游心于绝冥之境"(《庄子·逍遥游注》),"旷然无盈虚之变""泯然与至当为一""与物冥而未尝有对于天下""居其枢要而会其玄极以应夫无方""旷然无累,与物俱往而无所不应""荡然无芥介于胸中""苋然无知""苋然直往而与变化为一""蜕然无系而玄同死生"(《庄子·齐物论注》),"闷然与至当为一""冥然与造化为一"(《庄子·养生主注》),"闷然若晦,玄同光尘""弥贯万物而玄同彼我,泯然与天下为一"(《庄子·人间世注》),"放心于天地之间,荡然无不当,而扩然无不适""玄鉴洞照,与物无私"(《庄子·德充符注》),"旷然无不一,冥然无不在,而玄同彼我也""玄同万物而与化为体""体天地,冥变化"(《庄子·大宗师注》)等等,都是一种"玄冥"境界,当然也是一种"无心"状态。

关于"无心",郭象有不少的论述。比如他指出:

无心玄应,唯感之从。(《庄子·逍遥游注》)

窅然丧之而常游心于绝冥之境,虽寄坐万物之上而未始不逍遥也。(同上)

至人之心若镜,应而不藏,故旷然无盈虚之变也。(《庄子·齐物论注》)

无心而无不顺。(同上)

譬之宫商,应而无心。(《庄子·人间世注》)

冥然以所遇为命而不施心于其间,泯然与至当为一而无休戚于其中。(同上)

虽天地之大,万物之富,其所宗而师者,无心也。(《庄子·大宗师注》)

无心于物，故不夺物宜。无物不宜，故莫知其极。（同上）

浩然泊心而玄同万方，故胜负莫得厝其间也。（《庄子·应帝王注》）

夫水常无心，委顺外物，故虽流之与止，鲵桓之与龙跃，常渊然自若，未始失其静默也。（同上）

无心而随物化。（同上）

动静无心，而付之阴阳也。（《庄子·刻意注》）

象天德者，无心而偕会也。（同上）

泊然无心，枯槁其形。（《庄子·徐无鬼注》）

是以至人无心而应物，唯变所适。（《庄子·外物注》）

这都主张以"无心"为宗。在郭象看来，真"心"就像一面镜子，随感而应，应物无累；惟变所适，适漠无朕，时时处处都无为而无不为。作为主体之"心"如若到了这一步，它就是"无心"。可以看出，"心"之"无心"状态实际上就是"心"的"独化"。这样，"心"的存在与天地万物的存在就在本性、本质上是同构的。

综上所述，郭象的"独化"论并不是一个简单的概念，它是有丰富内涵的、具有相当理论深度的哲学范畴。"独化"有"自生""相因""自性""玄冥""无心"这五个方面的含义。显然，这五个方面的含义是成层次性的。"自生"就是自己而生，自然而生，不假外求。但每个个体事物之所以能有"自生"性，是因为它与它之外的他物处在相互的联系中，他物正是它得以存在和表现出自己的质的规定性的前提条件；倘若世上仅仅有一个个体存在的话，这个个体会因此而不存在。所以，个体的"自生"性以一个体与他个体的"相因"性为条件。"相因"就是相互联系和作用。一事物与他事物之所以有"相因"关系，之所以会联系并相互作用和影响，是因为每个事物自身中都有一种自我打开、自我敞开即自我显现出来的性质，现代西方哲学称此种性质为"现象性"。郭象没有也不可能用到"现象性"这个概念，但他却讲到"无"，并讲到那个"无化中"的真"无"，这就是那种"现象性"，他称为"自性"或"性""性分"等。因此，"相因"性又以每个事物自身中的"无"或"自性"为条件。事物有"自性"，就必然会"各据性分"，由此每个事物的存在和表现就都既是自然的又是必然的，因而也都是自由的和逍遥的。这样，每个个体的存在就进入一种境界中，它自然又必然，无为又无不为。这种境界非感性经验所能解释，非语言所能表达，它是"象外之意""系表之言"，所以郭象用"玄冥"或"玄冥之境"一语来形容、指称之。可见，"玄冥"又是"自性"性的功能性的表现。有了"玄冥"之"境"后，思维就由客观进入了主观，或者说就把主客统一、合一起来，这时的主体"心"本身就将自己境界化、意境化，实际上这时的主体"心"就由原来的认识活动转入到了审美活动，就由原来的"有心"转入到现在的"无心"，"心"本身也就处于"独化"状态中了，达到了心、物在存在性上的同构。这样，就从物的"独化"到心的"独化"，完成了"天人合一"或主客合一的思想历程。

2. 动静观。"化"是郭象"独化"论中的题中应有之义。郭象的"独化"论证成了体用不二、圆贯如一的本体论理论体系，在此，体和用均是运动、变化的。考察郭象的运动观，它包括两个层次、四个方面的内容。所谓两个层次即本体层和现象层；所谓四个方面指关于自然事物的运动、关于人类历史的运动、关于"彼我相因"的运动条件论、关于"掘然自得而独化"的本体运动论。

一是关于天地万物"变化日新"论。郭象明确认识到了天地万物的变化发展并提出了"变化日新"的发展观。例如，在注《庄子·秋水》之"消息盈虚，终则有始"时说"变化日新，未尝守故"；在注《达生》之"更生则几矣"时说"更生者日新之谓也。付之日新，则性命尽矣"；在注《田子方》之"日夜无隙"时说"化恒新也"；又，在注其"吾终身与女交一臂而失之，可不哀与"时说"夫变化不可执而留也，故虽执臂相守而不能令停"；又，在注其"女殆著乎吾所以著也……"时说"人之生若马之过肆耳，恒无驻须臾，新故之相续，不舍昼夜也"；在注《知北游》之"注然勃然"时说"天下未有不变也"；等等。在郭象看来，天地万物均处在时时变化、日日更新的运动过程中；而且，变化是不停止的，永恒的，"恒无驻须臾"；包括人的生命在内的一切生存都是在变化过程中实现的。他还说：

> 夫时不再来，今不一停，故人之生也，一息一得耳。向息非今息，故纳养而命续；前火非后火，故为薪而火传。火传而命续，由夫养得其极也，世岂知其尽而更生哉！（《庄子·养生主注》）

> 夫无力之力，莫大于变化者也。故乃揭天地以趋新，负山岳以舍故。故不暂停，忽已涉新，则天地万物无时而不移也。世皆新矣，而目以为故；舟日易矣，而视之若旧；山日更矣，而视之若前。今交一臂而失之，皆在冥中去矣。故向者之我，非复今我也，我与今俱往，岂常守故哉！而世莫之觉，横谓今之所遇可系而在，岂不昧哉！（《庄子·大宗师注》）

> 夫藏而有之者不能止其遁也，无藏而任化者变不能变也。（同上）

　　无所藏而都任之，则与物无不冥，与化无不一，故无外无内，无死无生，体天地而合变化，索所遁而不得矣。（同上）

　　居变化之途，日新而无方。（《庄子·应帝王注》）

郭象不仅看到了物体在形状上的变化和位置上的变动，更重要的是看到了物体自身结构上的日化日新。他看到，人的生命过程是"一息一得"，即是不断吸呼、新陈代谢的过程，且每次的一呼一吸均与前次不同，这才有生命的延续日新；他看到，火从一束薪传到另一束薪，虽然在形式上都是火，但"前火非后火"；他看到，舟楫在外形上未变，但内在的结构时时在变化，"舟日易矣，而视之若旧"；他看到，一座山在外形上千百年可以是老样子，但内部结构却日日在变更，"山日更矣，而视之若前"；他看到，我这个人每天都在变化，"向者之我，非复今我也，我与今俱往"。他的结论是"天地万物无时而不移也"，万事万物无时无刻不在变化中，"新故相续，不舍昼夜"（《庄子·田子方注》）。

　　郭象十分重视变化的必然性。他认识到，"自古或有能违父母之命者矣，未有能违阴阳之变而拒昼夜之节者也"（《庄子·大宗师注》）。阴阳之变，万物之化，昼夜之更，这是自然的必然性，没有谁能阻止它。面对变化的这种必然性，人的态度只能是"正而待之"（《庄子·山木注》）。那么，怎么才能做到"正而待之"呢？这就是与"变化为一"，或叫作"齐变化"。对此，郭象指出：

　　然则体玄而极妙者，其所以会通万物之性而陶铸天下之化。（《庄子·逍遥游注》）

　　忘天地，遗万物，外不察乎宇宙，内不觉其一身，故能旷然无累，与物俱往而无所不应也。（《庄子·齐物论注》）

　　夫神全形具而体与物冥者，虽涉至变而未始非我。（同上）

> 芚然直往而与变化为一，一变化而常游于独者也。（同上）
>
> 与化为体，泰然而任之。（《庄子·大宗师注》）
>
> 与变化为一，旷然无不适矣。（同上）
>
> 夫圣人游于变化之途，放于日新之流，万物万化，亦与之万化，化者无极亦与之无极，谁得遁之哉？（同上）
>
> 玄同万物而与化为体，故其为天下之所宗也。（同上）
>
> 体天地，冥变化。（同上）
>
> 玄同外内，弥贯古今，与化日新，岂知吾之所在也。（同上）
>
> 冥然与变化日新。（《庄子·达生注》）
>
> 唯与时俱化者为能涉变而常通耳。（《庄子·山木注》）
>
> 形与物夷，心与物化。（同上）
>
> 是以至人无心而应物，唯变所适。（《庄子·外物注》）
>
> 泯然与化俱也。（《庄子·列御寇注》）

"与变化为一""与化为体""游于变化之途""与化日新""与时俱化""冥然与变化日新""泯然与化俱也"等等，这是对待变化的一种态度，也是认识变化的一种方式，还是体验变化的一种境界。人处在天地日新、与化为体的境界中，任化而不为化，日化而不觉化，这就叫"冥然与变化日新"，也叫"唯变所适"，也叫"游于独"。

二是关于"时移世异"的历史发展论。在历史观上，郭象承认人类历史的变化日新，这就是他的"时移世异，礼亦宜变"的思想。他说：

> 当古之事，已灭于古矣，虽或传之，岂能使古在今哉！古不在今，今事已变，故绝学任性与时变化，而后至焉。（《庄子·天道注》）

历史在前进，社会在发展，古代的一切不可能延续到今天，今天的事情与古代的事情已截然不同。这一切都要求人要有一种随时代的变化而变化的历史发展观，这样才能跟上历史的步伐。如若墨守成规，食古不化，那是有害无益的。郭象曾以社会礼仪制度的变化为例，具体说明了时代的变化与发展。他指出：

> 时移世异，礼亦宜变。故因物而无所系焉，斯不劳而有功也。(《庄子·天运注》)

> 夫先王典礼，所以适时用也。时过而不弃，即为民妖，所以兴矫效之端也。(同上)

> 夫礼义，当其时而用之则西施也，时过而不弃则丑人也。(同上)

礼仪制度当然是有用的，关键是要看什么时代用什么样的礼仪制度。时代不同了，所用的礼仪规范自然要变。《庄子·天运》说孔子"取先王已陈刍狗，取弟子游居寝卧其下，故伐树于宋，削迹于卫，穷于商周"，这是说孔子抱着先王已过时的说教不放，在时代变化了的情况下仍宣扬先王的学说而只能招致狼狈的后果。郭象对此作注说："废弃之物，于时无用，则更致它妖也。"(《庄子·天运注》)所以，"当其所须则无贱，非其时则无贵。贵贱有时，谁能常之。"(《庄子·徐无鬼注》)贵贱与否，全看是否合乎其时。《庄子·秋水》中讲到"昔者尧舜让而帝，之哙让而绝；汤武争而王，白公争而灭"的故事，对此郭象作了这样的注释："夫顺天应人而受天下者，其迹则争让之迹也。寻其迹者失其所以迹矣，故绝灭也。"(《庄子·秋水注》)尧禅位于舜，汤伐桀，武王伐纣，这是历史上发生过的事。这些做法对不对？在当时的时代条件下是对的。到了战国时代，情况有了变化，若在此时仍照搬过去的做法，不但无用，反而有害。"之哙让""白公争"就是例子。这里的"之"即子之，为燕相；"哙"是燕王的名字。燕王效法尧禅位于舜的故事，让位于宰相子之，三年国乱，齐乘机伐之，遂亡。"白公"是楚平王之孙，名胜。他为泄私愤，举兵反楚，被杀。郭象在此看到了历史时代和历史条件的重要性，是有见地的。

三是关于"彼我相因"的运动条件性。变化是如何发生的？事物为什么会有变化和能有变化呢？这就涉及有关运动的条件性问题。对此，郭象提出了"彼我相因"说。关于"相因"的思想，前面我们讲郭象"独化"范畴的层次结构时已述。表面看来，郭象讲"彼我相因"或"相因"是反对物与物间的因果关系的，认为万物均是"掘然自得而独化""块然而自生"的，没有其存在的条件和原因。但实际上，郭象在这里讲的正是有关事物之存在的条件性问题，同时也是事物之运动得以可能的条件性问题。郭象明确认为："故天地万物凡所有者，不可一日而相无也。一物不具，则生者无由得生；一理不至，则天年无缘得终。"(《庄子·大宗师注》)"天下莫不相与为彼我，而彼我皆欲自为，斯东西之相反也。然彼我相与为唇齿，唇齿者未尝相为，而唇亡则齿寒。故彼之自为，济我之功弘矣，斯相反而不可以相无者也。"(同上)在郭象看来，世上的事物间并不是绝对排斥的，而是相互联系和影响的。有联系就有相互作用，就会引起运动、变化和发展。所以，郭象的"彼我相因"论揭示了运动的条件性问题。

四是关于"掘然自得而独化""独化于玄冥之境"的本体运动论。郭象在运思本体问题时经过认真的思考，认为天地万物都是"块然而自生耳"(《庄子·齐物论注》)。万物既然是自生的，那就是自动的，这就叫"天地亦无心而自动"(《庄子·天地注》)。很明显,"天地无心而自动"与万物"掘然自得而独化""块然而自生"是逻辑地一致的。郭象的运动"自动"论与其"独化"本体论是内在统一的。

物体为什么要自动和为什么能自动?北宋张载说:"凡圜转之物,动必有机。既谓之机,则动非自外也。"(《正蒙·参两》)郭象的"自动"必须有也必然有"机"存在。郭象讲"天机自张"(《庄子·逍遥游注》)、"天机自发"(《庄子·大宗师注》)、"天机玄应"(《庄子·应帝王注》)等。那么,郭象的这个"机"是什么呢?这就是"无"。因为,郭象的"无"原有两层含义:一是作为零或没有的"无",即他所谓的"无既无矣,则不能生有"之"无";另一是作为"玄冥"或"玄冥之境"的"无",即"玄冥者,所以名无而非无也"(《庄子·大宗师注》)的"无",这个"无"显然不是零或没有,它不仅有,且是一种活的存在。郭象所说的"独化于玄冥"(《庄子·齐物论注》)、"独化于玄冥之境"(《庄子序》)就是独化于这个活"无"中。以"无"作为物体自动之"机",这倒颇有现代西方哲学中海德格尔的存在主义所谓的"现象"性。"独"者,个体之谓也。既是个体,就排除了物与物之间的外在联系;而"化"者,变化、发展也,变化必有机。现在既然排除了个体存在者的外在联系,那么外因论就失效了,而化必有机的"机"就只能是内因,即只能在个体自身中,这就是存在者自身中的"无"。所以,个体"独化"的过程也就是"无"的过程。那么,这个活"无"是如何"无"的呢?其径迹就是时间。可以说,"无"与"时间"在本质上是一致的。时间的存在是一维三段性,它以过去、现在、将来的三阶段而趋向一方。而在这三阶段中,能显现出的只有"现在"这一段。但"现在"是怎样的"在"呢?它在本质上就是一瞬,而这个一瞬是既过去又将来，既有又无的。有无在"一瞬"的"在"中可以相互导通和置换，表现出或者说显现出了有而无之且无而有之，有无一体而生生不息的存在过程。所以说，运动的本质是"无"，是与时间内在一致的无化。

综上所述，郭象的运动论是很丰富的。他的运动论所包含的以上四个方面显然属于两个结构层次：前三个方面属于现象层，第四个方面属于本体层。再具体言，前两个方面是现象层上的运动问题，第四个层次是本体层上的运动问题，而第三个方面则是沟通第一、二方面和第四方面的途径，因为物物间相联系（相因）而构成的参照构架既是物体运动的条件，也是物体之"有—无"一体的内在本性的表现、显现。

3."冥而忘迹"的认识论。一般都说郭象持"不可知论的认识论"或"神秘主义的认识论"，这个看法并不对。不错，郭象的确有"既忘其迹，又忘其所以迹"（《庄子·大宗师注》）的"冥而忘迹"的思想，但这只是郭象认识论思想中的一个方面，且它并不神秘，并没有不可知论的成分。考察郭象的认识论思想，其内容有三：

一是关于"唯言随物""神顺物而动"的思想。郭象论"独化"，首先得去面对外物。从物的存在开始，此乃郭象"独化"本体论之必然的逻辑要求，也是他的认识论的逻辑前提。他指出：

夫卮，满则倾，空则仰，非持故也。况之于言，因物随变，唯彼之从，故曰日出。（《庄子·寓言注》）

谢变化之自尔，非知力所为，故随时任物而不造言也。（同上）

付之与物而就用其言，则彼此是非居然自齐。若不能因

彼而立言以齐之，则我与万物复不齐耳。（同上）

夫唯言随物制而任其天然之分者，能无夭落。（同上）

虽知落天地，未尝开言以引物也，应其至分而已。（《庄子·列御寇注》）

因物则物各自当其名也。（《庄子·应帝王注》）

名当其实，故由名而实不滥也。（《庄子·天道注》）

名当其实，则高明也。（《庄子·天运注》）

名止于实。（《庄子·则阳注》）

郭象在此所说的言"因物随变""随时任物而不造言""付之于物而就用其言""唯言随物制""开言以引物""物各自当其名""名当其实""名止于实""随时因物"（《庄子·外物注》）、"虚而顺物"（《庄子·田子方注》）、"随物而已"（《庄子·山木注》）等等，其认识的出发点是很明确的。在他看来，言、名这些东西是"随物制"的，"唯言随物"，先有物然后才有言和名。只有"名止于实"，"名当其实"，名才是真正的名。郭象认识论的这个出发点显然是对的。

"唯言随物"，这是郭象认识论的逻辑起点。那么人究竟怎么样去随物？怎样在随物中提出日常生活中所需要的"言"呢？这就关系到人的认识活动是如何进行的问题。郭象认为，人的认识活动要用人的感官、心知来进行。他说："物无贵贱，未有不由心知、耳目以自通者也。"（《庄子·人间世注》）又说："我生有崖，天也；心欲益之，人也。"（《庄子·大宗师注》）又说："夫自然之理，有积习而成者，盖阶近以至远，研粗以至精。"（同上）又说："物感而后应也。"（《庄子·天地注》）又说："神明由事感而后降出。"（《庄子·天下注》）又说："不虑而知，开天也；知而后感，开人也。然则开天者性之动也，开人者知之用也。"（《庄子·达生注》）又说："然视其所以，观其所由，察其所安，搜之有途，亦可知也。"(《庄子·列御寇注》)这些论述说明，人的认识活动是从感官接物开始的，这就是"物感而后应"，其感其应的结果就是名、言的产生。而"夫名者天下之所共享"(《庄子·天运注》)，有了名言，天下之人就可用来交流思想，这是正常的社会生活所必需的。

正因为强调"唯言随物"，所以郭象主张"神顺物而动"，"无心顺有"。他说：

出处语默，常无其心而付之自然。(《庄子·在宥注》)

神顺物而动，天随理而行。(同上)

夫自任者对物，而顺物者与物无对。……是以无心玄应，唯感之从，泛乎若不系之舟，东西之非己也。(《庄子·逍遥游注》)

夫圣人之心，极两仪之至会，穷万物之妙数，故能体化合变，无往不可，旁(磅)礴万物，无物不然。……苟无心，亦何为不应世哉？然则体玄而极妙者，其所以会通万物之性，而陶铸天下之化。(同上)

偶，对也。彼是相对而圣人两顺之，故无心者与物冥而未尝有对于天下也。此居其枢要而会其玄极，以应夫无方也。(《庄子·齐物论注》)

夫任自然而忘是非者，其体中独任天真而已，又何所有哉？故止若立枯木，动若运槁枝，坐若死灰，行若游尘。动止之容，吾所不能一也；其于无心而自得，吾所不能二也。(同上)

在郭象看来，人在认识外物的时候要"无心"，要"无其心而付之自然"，要"神顺物而动"，要"无心玄应，唯感之从"，要"物亲即鉴，鉴不以心"（《庄子·应帝王注》），要"无心与物冥"，甚至于要做到"止若枯木""动若槁枝""坐若死灰""行若游尘"式的"无心而自得"。乍看起来，郭象在此主张的并不是去认识外物，而是不去认识外物，大有反认识之嫌。其实，郭象的目的是为了如实地去认识外物，以之能够把握住外物的本然之性。那么，要如实地把握事物的本然之性为何要"无心"、要"神顺物而动"呢？郭象认为，人生而有喜怒哀乐等情性，这会自然地影响到对外物的真实认识。他说："人在天地之中，最能以灵。知喜怒扰乱群生，而振荡阴阳也。故得失之间，喜怒集乎百姓之怀，则寒暑之和败，四时之节差，百度昏亡，万事失落也。"（《庄子·在宥注》）正因为这样，人在认识外在事物时就要避免个人的喜怒之情。而要能避免喜怒之情，就要"无心"，就要"神顺物而动"。可见，郭象所主张的"无心"并不是不去对外物做认识，而是要戒掉人的主观性和人为性。所以，当郭象说"足不知所以行，目不知所以见，心不知所以知，俛然而自得矣。迟速之节，聪明之鉴，或能或否，皆非我也。而或者因欲有其身而矜其能，所以逆其天机而伤其神器也。至人知天机之不可易也，故捐聪明，弃智虑，魄然忘其为而任其自动，故万物无动而不逍遥也"（《庄子·秋水注》）的话时，表面看来是主张不可知论，实际上是主张"无心顺有"而客观、如实地去认识事物。但应该看到，郭象因过分强调了"无心""顺物"的一面，就不可避免地削弱了或否定了人的认识的能动性的一面。所以，郭象的顺应论与我们今天所说的反映论是有原则区别的。他之所以要讲"神顺物而动"，这与其"独化于玄冥之境""掘然自得而独化"的"独化"本体论有紧密关系。

　　二是关于"寄言出意"的思想。郭象的"寄言出意"说既是一种方法论，也是一种认识论。首先，"寄言出意"是他用以注《庄》的方法和方法论。他指出：

> 　　鲲鹏之实，吾所未详也。夫庄子之大意在乎逍遥游放，无为而自得。故极小大之致，以明性分之适。达观之士，宜要其会归，而遗其所寄，不可事事曲与生说，自不害其弘旨皆可略之耳。（《庄子·逍遥游注》）

> 　　此皆寄言耳。夫神人，即今所谓圣人也。……今言王德之人，而寄之此山，将明世所无由识，故乃托之于绝垠之外而推之于视听之表耳。（同上）

> 　　四子者，盖寄言以明尧之不一于尧耳。夫尧"实"冥矣，其"迹"则尧也。自"迹"观"冥"，内外异域，未足怪也。（同上）

> 　　夫庄子推平天下，故每寄言出意，乃毁仲尼，贱老聃，上掊击乎三皇，下痛病其一身也。（《庄子·山木注》）

> 　　故夫昭昭者，乃冥冥之迹也。将寄言以遗迹，故因陈蔡以托患。（同上）

《庄子》为文恣肆汪洋，其"寓言十九，重言十七，卮言日出，和以天倪"（《庄子·寓言》）。倘若局限于《庄》之言语而像汉代经学家注经那样对每言每句做考证，"事事曲与生说"而生吞活剥、生搬硬套，必会害其意而遗其旨。这一点正是郭象所极力反对的。在他看来，言只是一种工具、手段，目的是为了表意、达意。《庄子》中那么多的寓言、重言，都能做追根究底的考察吗？未必！都有必要一一追源吗？亦未必！关键在于明其意。这是郭象注《庄子》的根本方法论原则。郭象抓住了《庄子》中的"言"所寄之"意"，故他的《庄子注》能以义理见长而别开生面，振起玄风。

郭象的"寄言出意"虽然是他注《庄》的方法和原则,但却具有一般的认识论意义。但言只是认识的手段而非目的。言的生命和价值是其所表现的"意",而不是它本身。正如《庄子·天道》中轮扁与桓公的对话所说的,"六经"等圣人之书只是圣人的糟粕所在,如果死抱住圣人所说的话不放,而不解其言之意的话,读圣人之书是不会有收益的。所以郭象说:

> 求之于言意之表,而后至焉。(《庄子·则阳注》)

> 求道于言意之表则足。不能忘言而存意则不足。(同上)

> 夫道,物之极,常莫为而自尔,不在言与不言。(同上)

> 故夫昭昭者,乃冥冥之迹也。将寄言以遗迹。(《庄子·山木注》)

> 明夫自然者,非言知之所得,故当昧乎无言之地。是以先举不言之标,而后寄明于黄帝,则夫自然之冥物,概乎可得而见也。(《庄子·知北游注》)

"求之于言意之表而后至焉","求道于言意之表则足,不能忘言而存意则不足",这是"言不尽意"论吗?是"得意忘言"论吗?不能一概而论。郭象不是"言不尽意"论者,他认为言在表意的过程中是有作用的,只是不可因言废意,而要"寄言出意",求之于言意之表,最终目的在于把握住"意"。

三是关于"冥而忘迹"的思想。这是郭象认识论的核心和归宿,也是其招致非议最多之处。郭象为什么要"冥"、要"忘"呢?就是为了达到"以不知为宗"(《庄子·大宗师注》)的目的。而为什么又要"以不知为宗"呢?郭象说:

> 物事之近,或知其故。然寻其源以至乎极,则无故而自尔。自尔则无所稍问其故也,但当顺之。(《庄子·天运注》)

夫死者已自死，而生者已自生，圆者已自圆，方者已自方，未有为其根者，故莫知。(《庄子·知北游注》)

凡此上事，皆不知其所以然而然，故曰芒也。今夫知者，皆不知所以知而自知矣，生者皆不知所以，生面自生矣。万物虽异，至于生不由知，则未有不同者也。故天下莫不芒也。(《庄子·齐物论注》)

若待蛇蚹蜩翼，则无特操之所由，未为难识也。今所以不识，正由不待斯类而独化故耳。(同上)

在郭象看来，凡世上事"皆不知其所以然而然"，"莫不独化于玄冥者也"，故"莫不芒也"。既然如此，"但当顺之"，就不必去知了，所以要"以不知为宗"，这是从客观方面讲的道理。郭象又说：

人之生也，形虽七尺而五常必具，故虽区区之身，乃举天地以奉之。……然身之所有者，知或不知也；理之所存者，为或不为也。故知之所知者寡，而身之所有者众；为之所为者少，而理之所存者博，在上者莫能器之而求其备焉。人之所知不必同，而所为不敢异，异则伪成矣，伪成而真不丧者未之有也。或好知而不倦以困其百体，所好不过一枝而举根俱弊，斯以其所知而害所不知也。若夫知之盛也，知人之所为者有分，故任而不强也；知人之所知者有极，故用而不荡也。故所知不以无涯自困，则一体之中，知与不知暗相与会而俱全矣，斯以其所知养所不知也。(《庄子·大宗师注》)

夫物之性表虽有理存焉，而非性分之内，则未尝以感圣人也，故圣人未尝论之。(《庄子·齐物论注》)

物无贵贱，未有不由心知、耳目以自通者也。故世之所谓知者岂欲知而知哉？所谓见者岂谓见而见哉？若夫知见可以

欲为而得者，则欲贤可以得贤、为圣可以得圣乎？固不可
矣。百世不知知之自知，因欲为知以知之；不见见之自见，因
欲为见以见之；不知生之自生，又将为生以生之，故见目而
求离娄之明，见耳而责师旷之聪，故心神奔驰于内，耳目竭
丧于外，身处不适，则与物不冥矣。不冥矣而能合乎人间之
变，应乎世世之节者，未之有也。(《庄子·人间世注》)

郭象认为，人的认识能力是有限的，"人之所为者有分"；"人之
所知者有极"，所以圣人对人的性分之外的东西"未尝论之"。如
果人不明白自己的认识能力的有限性而求知性分之外的东西，就
"犹以圆学方，以鱼慕鸟"，"愈近彼"而"愈远实"，"学弥得而
性弥失"，终不可得。郭象的结论是："所不能者，不能强能也。由
此观之，知与不知，能与不能，制不由我也，当付之自然耳。"(《庄
子·知北游注》)这是从主观方面讲的"以不知为宗"的道理。从物、
我两个方面，郭象判定人的认识能力是有限的，所知所识也是有
限的，故只能"以不知为宗"了。郭象认识论之不可知论的成分
于此有显，不可否认。

但联系郭象"独化"本体论来考察其整个认识论，他的"冥
而忘迹"论和"以不知为宗"论并不是主张不可知论和神秘主
义。其实，郭象的"冥而忘迹""以不知为宗"所要抛弃的是那
种日常的俗知，而要把握的是以不知为知的真知和大知。那么，这
种以不知为知的真知要知什么呢？就是要知事物之"独化"的本
质，也就是要知事物自身中的那个真"无"。有这个活的、真的
"无"存在，事物才能自我打开，才有能力和条件去与它之外的
他物做物质和能量上的交换，它自己才能现实地存在。而这个真
"无"的存在不是以逻辑的方式出现的和被把握的，它是以现象

的方式存在的，故只能用现象的方法来把握之。但郭象不懂得也不可能有现象学的方法，故才用中国传统的直觉法来表述其对"独化"的认识。郭象在说明事物的"独化"本质时，用了"诱然""历然""块然""畅然""泯然""冥然""泊然""荡然""闷然""睯然""旷然""莣然""蜕然""扩然""掘然"（见《庄子·齐物论注》《大宗师注》等）等状摹词，所表达的正是事物的"独化"本质以及该本质在人的认识上的独化式的表现。因为，"独化"揭示的是事物现象性的性质，当人认识到了事物之"独化"的这个本质后，人的主体"我"自身就同时处在了"独化"之中，达到了对象与主体间的同构，此时的认识主体和认识对象都自然而然地现象、显现着自身，这就叫主客一体或合一。这是一种境界，此即为真正的"意"之所在。

现在的问题是：如何才能做到"冥而忘迹"的"忘"呢？《庄子·外物》上讲"得鱼忘筌""得兔忘蹄"和"得意忘言"，王弼讲"得象忘言""得意忘象"。但究竟如何才能达到"忘"？"忘"什么？"忘"的结果如何呢？王弼未能明言。郭象则谈到了此问题，这就是他的"遣之又遣之"的是非"双遣"法。他说：

> 今以言"无"是非，则不知其与言"有"者，类乎？不类乎？欲谓之类，则我以无为是而彼以无为非，斯不类矣；然此虽是非不同，亦固未免于有是非也，则与彼类矣。故曰，类与不类，又相与为类，则与彼无以异也。然则将大不类，莫若无心。既遣是非，又遣其遣，遣之又遣之，以至于无遣，然后无遣无不遣，而是非自去矣。（《庄子·齐物论注》）

> 夫有是有非者，儒墨之所是也；无是无非者，儒墨之所非也。今欲是儒墨之所非而非儒墨之所是者，乃欲明无是无

非也。欲明无是无非，则莫若还以儒墨反复相明。反复相明，则所是者非是而所非者非非矣。非非则无非，非是则无是。（同上）

人要获得对事物的认识，是不容易的。但要忘掉所已获得的认识，就更不容易了。怎么忘？难道让正常人成为植物人那样没有记忆吗？否！这不是真正的忘。郭象"遣之又遣之"的"双遣"法就是用来解决人的认识活动中的相对性而达到真正的"忘"的方法。这里的"忘"有两个步骤：先遣是非，再遣其遣。即先遣掉"是非"观念，然后再将执行遣"是非"任务的主体"我"自身也遣掉，以达到无"心"。这也就是《大智度论》中所说的"如服药，药能破病，病已得破，药亦应出。若药不出，则复是病。以空灭诸烦恼，恐空复为患，是故以空舍空，是名空空"的意思。唐代道教"重玄"论者如成玄英、李荣、杜光庭等讲"玄之又玄"的方法，例如成玄英指出："有欲之人，唯滞于有；无欲之士，又滞于无，故说一玄，以遣双执。又恐学者滞于此玄，今说又玄，更祛后病。既而非但不滞于滞，亦乃不滞于不滞，此则遣之又遣，故曰玄之又玄。"（成玄英：《老子疏》）这与郭象"又遣其遣"的思想亦一致。

郭象"又遣其遣"的道理是清楚的。但究竟如何来"遣其遣"呢？郭象则未予说明。事实上，在当时的时代条件下也无法说明之。这里的关键就是象思维的建立。这里的"象"不是名词意义上的状象、形象，而是动词意义上的现象、显象，即思维主体或主体自我自己把自己显现出来，让自身自然而然地敞亮之、活动之、认识之，这就是认识活动中的主体"我"自身的"独化"过程。到了这时，主体"我"就处在一种自然而天然的状态中，它无目的而合目的，无认识而无不认识，无知而无不知，这就是一种境界，是主客一体、天人合一的齐物我、齐是非的超越之境。此时，郭象"遣之又遣之"的"双遣"法就完成了，他的"冥而忘迹"的"忘"也就最终实现了，这就叫"以不知为宗"："夫为为者不能为而为自为耳，为知者不能知而知自知耳。自知耳，不知也；不知也，则知出于不知矣。自为耳，不为也；不为也，则为出于不为矣。为出于不为，故以不为为主；知出于不知，故以不知为宗。是故真人遣知而知，不为而为，自然而生，坐忘而得，故知称绝而为名去也。"（《庄子·大宗师注》）这些说法神秘吗？是不可知论吗？是蒙昧主义吗？关键在于你如何看待、理解它。若用通常的逻辑方法来视之，它的确不可说，不可解。但如果用象思维方法来认识，它并不神秘，也非反科学，它倒是一种真切的、科学的认识论。

4."名教""自然"论。郭象从事学术活动（主要是注《庄》）和政治活动（为东海王司马越主簿，操弄大权）主要在惠帝当朝（从太熙元年到永兴三年，即290—306年）。其时，魏晋玄学史上关于"自然"与"名教"问题的讨论，从正始时期王弼的"名教"出于"自然"论中经竹林时期嵇康的"越名教而任自然"论和元康时期裴頠的弃"自然"而任"名教"论，已时逾半个世纪了。半个世纪以来的理论的和历史的经验证明，单纯走嵇康任"自然"的路和单纯走裴頠任"名教"的路都难以行通。前者因抛弃"名教"而取消了社会关系的调节原则和社会取向的价值标准，实际上是取消了人类社会自身的存在。后者则抛弃了"自然"而就名教论名教，使得社会名教失去了其存在的本体论根据，因此也就失去了其调节和整合社会关系的权威性。所以，关于"名教"问题的解决还得返回到王弼的思想，即从"名教"与"自然"的关系入手来为"名教"的建立找到一个真正的本体论依据。这就是郭象玄学在"名教"问题上的任务。正如余敦康先生所说："玄学发展到了永嘉年间，必然要复归于自己的主题，像阮籍、嵇康那样排斥名教去谈自然，或者像裴頠那样排斥自然去谈名教，都不是出路，只有着眼于二者的辩证的结合，找到一种合乎自然的名教或者合乎名教的自然，才能解决问题。当然，这是一个十分困难的任务。"❶

郭象是如何来完成将"名教"自然化或将"自然"名教化的时代任务的呢？首先，郭象认为社会名教的存在是正常的和必要的。他指出：

刑者，治之体，非我为。……任治之自杀，故虽杀而宽。（《庄子·大宗师注》）

礼者，世之所以自行耳，非我将。……顺世之所行，故无不行。（同上）

德者，自彼所循，非我作。（同上）

凡此皆自彼而成，成之者不在己。……常无心而顺彼，故为与不好，所善所恶，与彼无二也。（同上）

夫仁义自是人之情性，但当任之耳。恐仁义非人情而忧之者，真可谓多忧也。（《庄子·骈拇注》）

夫仁义者，人之性也。（《庄子·天运注》）

明夫尊卑先后之序，固有物之所能无也。（《庄子·天道注》）

---

❶ 余敦康：《郭象的时代与玄学的主题》，《孔子研究》1988 年第 3 期。

治道先明，天不为弃赏罚也，但当不失其先后之序耳。（同上）

千人聚，不以一人为主，不散则乱。故多贤不可以多君，无贤不可以无君，此天人之道，必至之宜。（《庄子·人间世注》）这些论述说明，郭象是承认并肯定社会名教之存在的必要性的。在他看来，仁、义、礼、刑、德、君、臣等社会礼仪制度并不是可有可无的随便摆设品，它们乃是社会之存在的必不可少的东西。

郭象虽然承认和肯定社会礼法名教之存在的现实性和必要性，但他并没有像裴頠那样一味地肯定名教并粉饰它。郭象在肯定社会名教之存在的合理性的同时，也清醒地看到了它的危害性和不合理性的一面。郭象曾说：

夫君人者，动必乘人，一怒则伏尸流血，一喜则轩冕塞路。故君人者之用国，不可轻之也。（《庄子·人间世注》）

言暴乱之君，亦得据君人之威以戮贤人而莫之敢亢者，皆圣法之由也。向无圣法，则桀纣焉得守斯位而放其毒，使天下侧目哉？（《庄子·胠箧注》）

夫轩冕斧钺，赏罚之重者也。重赏罚以禁盗，然大盗者又逐而窃之，则反为盗用矣。所用者重，乃所以成其大盗也。大盗也者，必行以仁义，平以权衡，信以符玺，劝以轩冕，威以斧钺，盗此公器，然后诸侯可得而揭也。是故仁义赏罚者，适足以诛窃钩者也。（同上）

己与天下，相因而成者也。今以一己而专制天下，则天下塞矣，己岂通哉！故一身既不成，而天下有余伤矣。（《庄子·在宥注》）

夫暴君非徒求恣其欲，复乃求名，但所求者非其道耳。（《庄子·人间世注》）

夫物之形性何为而失哉？皆由人君挠之以至斯患耳。（《庄子·则阳注》）

主日兴伪，士民何以得其真乎？（同上）

可见，郭象明确认识到了君主统治的危害性，看到了君主借礼法之名以行阴谋之实的所作所为。郭象借批评卫君专断之事指出，君主"举国而输之死地，不可称数，视之若草芥也"（《庄子·人间世注》）。郭象的这个看法与阮籍在《大人先生传》中所说的"君立而虐兴，臣设而贼生。坐制礼法，束缚下民。……假廉以成贪，内险而外仁，罪至不悔过，幸遇则自矜"，和嵇康在《太师箴》中所说的"下逮德衰，大道沉沦。智慧日用，渐私其亲。惧物乖离，攘臂立仁。名利愈竞，繁礼屡陈。刑教争驰，天性丧真"的思想是一致的。如果说嵇、阮对君主礼法的批判主要是针对司马氏大权独揽、杀伐己出的特殊情况的话，那么郭象对君主礼法的批判就则更具一般性。

社会要能存在和正常运作，不能没有礼法名教；但礼法名教出现后，又会被少数人所利用而影响和阻碍到社会的正常运作。怎么办呢？郭象在这里返归到了王弼玄学，他提出了与王弼一样的解决名教问题的办法，这就是"守母以存子"的方法。郭象有言：

夫知礼意者，必游外以经内，守母以存子，称情而直往也。若乃矜乎名声，牵乎形制，则孝不任诚，慈不任实，父子兄弟，怀情相欺，岂礼之大意哉！（《庄子·大宗师注》）

凡此皆变朴为华，弃本崇末，于其天素，有残废矣，世

虽贵之，非其贵也。（《庄子·马蹄注》）

夫圣人者，天下之所尚也。若乃绝其所尚而守其素朴，弃其禁令而代以寡欲，此所以培击圣人而我素朴自全，纵舍盗贼而彼奸自息也。故古人有言曰："闲邪存诚，不在善察；息淫去华，不在严刑。"此之谓也。（《庄子·胠箧注》）

"守母存子""弃本崇末"是王弼玄学的思想和方法，郭象在这里援用了。"闲邪存诚，不在善察"云，是王弼在《老子指略》中讲的，郭象称之为古人之言。他把去己不远的王弼称为古人，可见他对王弼的敬意以及王弼之言在他心目中的价值。与王弼一样，郭象亦以为根治名教之滥用问题的根本措施是"守母以存子"，而不是弃本以崇末。这就把名教问题置于哲学本体论的意义上来思考了。

"名教"之本究竟是什么呢？在理论形式上，郭象和王弼一样也讲"自然"，即认为"名教"之本是"自然"。而郭象的"自然"又是什么意思呢？汤一介先生分析指出，"自然"一词在郭象著作中有五个方面的含义，即"自然"者天人之所为也、自为也、任性也、必然也、偶然也。❶汤一介先生的分析颇有道理。但我以为，郭象"自然"的基本含义是自然而然的"独化"义。且看：

万物万情，趣舍不同，若有真宰使之然也。起索真宰之朕迹，而亦终不得，则明物皆自然，无使物然也。（《庄子·齐物论注》）

无既无矣，则不能生有；有之未生，又不能为生，然则

---

❶ 参见汤一介：《郭象与魏晋玄学》，湖北人民出版社 1983 年版，第302—308 页。

生生者谁哉？块然而自生耳。自生耳，非我生也。我既不能生物，物亦不能生我，则我自然矣。自己而然，则谓之天然；天然耳，非为也，故以天言之。所以明其自然也，岂苍苍之谓哉？（同上）

谁得先物者乎哉？吾以阴阳为先物；而阴阳者即所谓物耳。谁又先阴阳者乎？吾以自然为先之；而自然即物之自尔耳。吾以至道为先之矣，而至道者乃至无也；既以无矣，又奚为先？然则先物者谁乎哉？而犹有物，无已。明物之自然，非有使然也。（《庄子·知北游注》）

夫与内冥者游于外也。独能游外以冥内，任万物之自然，使天性各足而帝王道成，斯乃畸于人而侔于天也。（《庄子·大宗师注》）

任自然而覆载，则天机玄应，而名利之饰皆为弃物矣。（《庄子·应帝王注》）

夫真者，不假于物而自然也。夫自然之不可避，岂值君命而已哉！（《庄子·大宗师注》）

可以看出，郭象的"自然"具有本体意义。当郭象说"明物皆自然，无使物然也"等等时，这与他所谓的"凡得之者，外不资于道，内不由于己，掘然自得而独化也"的意思是完全一致的，即"自然"等于"独化"。当郭象用"诱然""历然""畅然""泯然""脔然""旷然""苝然""蜕然""冥然""扩然""掘然""块然"（见《庄子·齐物论注》《庄子·大宗师注》等）等状摹词来描述事物之存在的"独化"本质时，这些个"然"都有自然、本然等本体论含义。

王、郭都讲"名教"的基础是"自然"，但"自然"的哲学意义和价值在二人的玄学中并不一样。王弼在名教问题上的思想理路是：名教→朴＝道＝自然＝（功能义的）无，即王弼最终把名教之本落实到了功能义的"无"上。但就王弼整个"无"本论玄学体系来说，"无"的基本含义是抽象义和生成义，而"无"的功能义只是其歧出义。所以，在王弼处"名教"与"自然"还未达到真正的体用圆贯。郭象就不同了。郭象的"自然"和"独化"是同等意义的范畴。万物之存在就是万物自然而然的表现，即万物把自己的本性显现、现象出来而如此这般地存在着、变化着，这就叫"独化"。所以，这个"自然"或"独化"是现象性的，此时的体与用是圆融一体、体用不二的。具体到"名教"问题上言，"名教"在形式上与人的自然本性相悖，似乎是用来束缚人的自然本性的；但在本质上它却并不与人的本性相左，不如说它就是人的本性的要求和表现。倘若人的本性中压根就没有能接受"名教"这种东西的可能性，就是神仙也不可能使人去按"名教"办事！所以，"名教"作为社会的意识形态是社会的生产方式发展的必然结果，同时也是人的基本本性使然。因此，如同自然事物的存在是自然而然地"独化"一样，每个个体之人在社会中的存在亦是自然而然地"独化"的，他（她）如此这般地按自己的自然本性生存着，同时就如此这般地合乎着社会名教的要求，人的自然性与社会性达到了和谐统一。对此，郭象这样指出：

凡所谓天，皆明不为而自然。言自然则自然矣，人安能故有此自然哉？自然耳，故曰性。（《庄子·山木注》）

夫仁义自是人之情性，但当任之耳。恐仁义非人情而忧之者，真可谓多忧也。（《庄子·骈拇注》）

臣妾之才，而不安臣妾之任，则失矣。故知君臣上下，手足内外，乃天理自然，岂真人之所为哉？（《庄子·齐物论注》）

夫时之所贤者为君，才不应世者为臣，若天之自高，地之自卑，首自在上，足自居下，岂有递哉！虽无错（措）于当而必自当也。（同上）

若夫任自然而居当，则贤愚袭情，而贵贱履位，君臣上下，莫匪尔极，而天下无患矣！（《庄子·在宥注》）

任其天性而动，则人理亦自全矣。（《庄子·达生注》）"自然耳，故曰性"。既然"自然"就是人的本性，那么，是人的什么本性呢？"夫仁义者，人之性也。"（《庄子·天运注》）仁义道德等所有人类社会的礼仪轨制均是人本性的要求和表现。人要饥食渴饮困眠，同样人要知仁懂义守礼。没有前者的自然行为人不是现实的人；同样，没有后者的社会行为人也不是现实的人。吃饭穿衣与循礼守法同样是人的本性使然。更重要的是，人的自然本性是自然而然地表现出来的，不假外力；同样，人的社会本性也是自然而然地表现出来的，不假外力。至此，郭象的"名教"即"自然"的思想已表现出来。

当郭象确定了"名教"是人的自然之性的原则后，"名教"原则就自然地同时也必然地要贯彻和体现在人的行动上。所以，郭象的"名教"即"自然"论不仅为"名教"原则建立起了一个本体论依据，同时也为实现"名教"原则规定了途径和方法，这就是他的"无为"理论。"无为"是郭象在"名教"原则中为统治者所规定的一种施政原则或政治原则。何为"无为"？郭象说：

所谓无为之业，非拱默而已；所谓尘垢之外，非伏于山林也。（《庄子·大宗师注》）

夫能令天下治不治天下者，故尧以不治治之，非治之而治者也。今许由方明既治则无所代之，而治实由尧，故有子治之言。宜忘言以寻其所况。而惑者遂云：治之而治者尧也，不治而尧得以治者许由也，斯失之远矣。夫治之由乎不治，为之出乎无为也，取于尧而足，岂借之许由哉！若谓拱默乎山林之中而后得称无为者，此庄、老之谈所以见弃于当涂。(《庄子·逍遥游注》)

夫自任者对物而顺物者与物无对，故尧无对于天下而许由与稷、契为匹矣。何以言其然邪？夫与物冥者故群物之所不能离也。是以无心玄应，唯感之从，泛乎若不系之舟，东西之非己也。故无行而不与百姓共者，亦无往而不为天下之君矣。以此为君，若天之自高，实君之德也。若独兀然立乎高山之顶，非夫人有情于自守，守一家之偏，尚何得专此？此故俗中之一物，而为尧之外臣耳。若以外臣代乎内主，斯有为君之名而无位君之实也。(同上)

郭象在此详细辨析了"无为"的本义。所谓"无为"，并不是无所作为，即"拱默乎山林之中"或"独兀然立乎高山之顶"，这样的"无为"是出世的，是与"有为"对立的，这时的"无为"与"有为"体用殊别，截然为二，这样的"无为"是空洞的，是没有用的。真正的无为并不在有为之外，它就在有为之中，是有为的自然表现。郭象在此指出，尧和许由的本质区别就在于前者是与有为一体的无为，而后者则是离开有为的单纯无为，所以许由是出世的，而尧是既出世又入世的，是现实与超越的统一。尧不是不为，而是自然而为，为而不为，这时的"是"就是"应当"，应然就是必然，无目的就是合目的，这就叫天然。所以，郭象说：

夫无为之体大矣，天下何所不为哉！故主上不为冢宰之任，则伊吕静而司尹矣；冢宰不为百官之所执，则百官静而御事矣；百官不为万民之所务，则万民静而安其业矣；万民不易彼我之所能，则天下之彼我静而自得矣。故自天子以下至于庶人，下及昆虫，孰能有为而成哉？是故弥无为而弥尊也。（《庄子·天道注》）

夫工人无为于刻木而有为于用斧，主上无为于亲事而有为于用臣。臣能亲事而主能用臣，斧能刻木而工能用斧，各当其能则天理自然，非有为也。若乃主代臣事则非主矣，臣秉主用则非臣矣。故各习其任则上下咸得，而无为之理至矣。（同上）

无为之言不可不察也。夫用天下者，亦有用之为耳。然自得此为，率性而动，故谓之无为也。今之为天下用者，亦自得耳。但居下者亲事，故虽舜禹为臣，犹称有为。故对上下则君静而臣动；比古今则尧舜无为而汤武有事，然各用其性，而天机玄发，则古今上下无为，谁有为也？（同上）

郭象在《庄子注》中有不少对"无为"的论述。既然有为与无为是统一的，所以，"内圣"与"外王"也是统一的。郭象说：

夫神人即今所谓圣人也。夫圣人虽在庙堂之上，然其心无异于山林之中，世岂识之哉！徒见其戴黄屋，佩玉玺，便谓足以缨绂其心矣；见其历山川，同民事，便谓足以憔悴其神矣；岂知至至者之不亏哉！（《庄子·逍遥游注》）

夫理有至极，外内相冥，未有极游外之致而不冥于内者也，未有能冥于内而不游于外者也。故圣人常游外以弘内，无心以顺有，故虽终日挥形而神气无变，俯仰万机而淡然自若。夫见形而不反神者，天下之常累也。是故睹其与群物并行，则莫能谓之遗物而离人矣；观其体化而应务，则莫能谓之坐忘而自得矣，岂直谓圣人不然哉？（《庄子·大宗师注》）在郭象这里，"内圣"就是"外王"。"内圣"是一种理想人格，也是一种人生境界，是人的精神方面的东西；"外王"则是一种功业、事功，是人的社会行为。这两个方面能一致吗？正是在这里，郭象玄学多被误解和谴责。郭象为何能将"内圣"和"外王"统一起来？关键就在于其"独化"本体的现象性本质。就是说，倘若从逻辑析理的角度来理解"内圣"即"外王"的这个"即"，精神性的"内圣"与功利性的"外王"就是截然两分的。但若从现象的意义上来理解，"内圣"与"外王"的统一就是自然的。人自然地按"内圣"品格去生活、去行动，这就自然地有了外在的功业，"内圣"就自然表现在、体现在"外王"中了。至此，郭象"名教"即"自然"论就达到了最终目的，传统儒学的价值标准和人生理想也就最终被建立起来并实现了。

（三）郭象"独化"论在魏晋玄学史上的理论贡献及地位

郭象玄学思想的核心和特色就在"独化"范畴上。前面就"独化"范畴的含义，也就是它的逻辑结构做了分析。现在，有必要从哲学理论贡献以及历史地位的角度再来认识"独化"范畴。

提起郭象的"独化"，人们往往将其简单化，认为它指的就是每个个体的独立存在和变化。但"独化"实际上并不简单。一个个独立的个体为什么能存在？为什么能变化？"独"与"化"之间有什么内在关系？颇值得思考。由于人们对"独化"范畴做了简单化处理，相应地对郭象玄学中的"玄冥"概念也做了简单、表面地处理，或认为"'玄冥'是郭象哲学的中心观念，就是一种神秘主义世界观"❶；或认为"玄冥"是最虚无的"无"，是上帝的别名❷；或认为郭象的"玄冥之境"不是客观物质世界生成、变化的场所，而是一个抽象、空洞、无形无象、无迹可寻、不可奈何的"天理""性命"的彼岸世界模式❸；或认为郭象的"玄冥之境"虽然不包含造物主的意思，却和"以无为本"中的"无"一样，指的是绝对精神本体，"玄冥之境"是本体界，而"独化于玄冥之境"中的"独化"指的是现象界❹；或认为郭象的"玄冥"指的是一种微妙的默契，是用于说明天地万物的生成无任何东西作为其根据，是自生的，即物物间的生存是没有因果关系的、一种外在的微妙默契，这种"玄冥"类似于休谟的无因论，"如果说休谟是用'习惯是人生伟大的指南'来否认因果关系的话，那么郭象则是用'独化于玄冥之境'来代替因果联系。前者以'自由'否认因果，后者则以'必然'代替因果，二者殊途同归"❺；或认为"在本体论范围内，玄冥表征着万有的独化状态；在人生论范围内，玄冥表征着人的某种精神状态；在历史哲学的范围内，玄冥又表征着社会存在的某种理想状态。这三种意义，本质上又是统一的"❻，等等。这些见解有一些是对的，但似乎总未抓着郭

---

❶ 任继愈主编：《中国哲学史》第二册，人民出版社 1979 年版，第212 页。

❷ 孙叔平：《中国哲学史稿》，上海人民出版社 1980 年版，第 432 页。

❸ 楼宇烈：《郭象哲学思想剖析》，《中国哲学》第一辑。

❹ 余敦康：《郭象》，《中国古代著名哲学家评传》第二卷。

❺ 兰喜并：《试释郭象的"玄冥之境"》，《中国哲学史研究》1986 年第 2 期。

❻ 高晨阳：《玄冥》，《中国哲学史研究》1989 年第 2 期。

象玄学思想的实质。

那么，郭象玄学思想的实质是什么？要追究这个问题，必须先考察郭象运思"独化"问题的目的和任务。郭象在注《庄》时，总结了从正始经竹林到元康时期的玄学思想的发展，明确对究竟以什么为"本"的问题做了认真运思（见《庄子·齐物论注》等）。他考察的结果是："无"和"有"都不能作为本体。如果以"无"为本，"无既生矣，则不能生有"；如果以"有"为本，则"有之未生，又不能为生"（《庄子·齐物论注》）。"无"不能为本，"有"也不能为本，"然则生生者谁哉？""谁得先物者乎哉？吾以阴阳为先物。而阴阳者即所谓物耳，谁又先阴阳者乎？吾以自然为先之。而自然即物之自尔耳。吾以至道为先之矣，而至道者乃至无也，既以无矣，又奚为先？然则先物者谁乎哉？而犹有物，无矣。明物之自然，非有使然也"（《庄子·知北游注》）。原来，"死生出入，皆欻然自尔，未有为之者也"（《庄子·庚桑楚注》）；"物之所有，自然而然耳，非无能有之也"（《庄子·则阳注》）；"万物万情，趣舍不同，若有真宰使之然也。起索真宰之朕迹，而亦终不得，则明物皆自然，无使物然也"（《庄子·齐物论注》）；"凡得之者，外不资于道，内不由于己，掘然自得而独化也"（《庄子·大宗师注》）。任何事物的存在在本性上、本质上均是自生、自尔、自为、自然的，它自己就是自己的存在根据，它的所是就是其所以是，所然就是其所以然，即它的自然就是必然，这就叫"独化"，这才是最终的本体。

可见，郭象的"独化"范畴既不是抽象性的，也不是具体性的，它不是个抽象的纯概念，也不是个经验的纯具体，它是"自然"性的。怎么个"自然"性呢？郭象在讲"独化"论时使用了很多的状摹词，以描述事物的存在状态，如说"窅然丧之"（《庄子·逍遥游注》),"块然而自生""条畅而自得""诱然皆生""同焉皆得""历然莫不独见""畅然俱得""泯然无迹""旷然无累""芚然无知""蜕然无系"(《庄子·齐物论注》),"卓尔独化""掘然自得"(《庄子·大宗师注》),"荡然放物于自得之场""闷然若晦,玄同光尘""冥然以所遇为命""泯然与至当为一""泊然不为而群才用"(《庄子·人间世注》),"扩然无不适也"(《庄子·德充符注》),"突然而自得"(《庄子·天地注》),"忽然而自尔也"(《庄子·知北游注》),"欻然自生""欻然自死""皆欻然自尔""有自欻生"(《庄子·庚桑楚注》),"废起皆自尔"(《庄子·则阳注》)等等。之所以要用这些状摹词,无非是为了说明每个事物的存在都是自然、自生、自尔、自得的,此即"独化"也。所以,貌似简单的"独化"范畴倒与现代西方哲学中存在主义者的"现象"一词相类似。按照海德格尔的说法,"现象"这个词有两个词源:一个词源是古希腊词 phainomenon,它从动词 phainesthai 派生之,而这个动词又来自动词 phaino,其意义为"携入光明中",phaino 的前缀反映的就是光明、明亮者,即能使某种东西在其中公开自身的场所,动词 phainesthai 的意思就是显现、让自身显现,相应的名词 phainomenon 的意思就是显现者,即自我显现者;另一个词源是希腊词 logos(逻各斯),意为揭露出来的事物,它"暴露出来","使一些东西让人看见"。因此,"现象"指的就是大白于天光之下的东西,"现象学"的原始意义为"显现学"或"显示学",它把"自身显示者"如其所是的那样"显示"出来,"让人从显现的东西本身那里,如它从其本身所显现的东西那样来看它"。所以,"'现象学'——'显现学'并不止于'表

象'，恰恰相反，它是对'表象'的一种扬弃，从'本质'的'显现'来说，现象学正是'本质论''本体论'。"❶

用现代西方哲学中的"现象"概念来审视郭象的"独化"范畴，不难发现，所谓"独化"正是事物本质的现象、显现，即事物在自然地存在过程中敞开、显露、打开自身，将自己的本质展现出来。郭象在说"独化"时所用的"诱然""历然""泯然""冥然""窅然""旷然""芚然""蜕然""扩然""掘然""块然""欻然""闷然"等状摹词，正具有现象学的成分和性质。

明白了郭象"独化"范畴的"现象"性实质后，就不难明白，郭象的"独化"论高于王弼的"无"论和裴頠的"有"论。王弼的"无"在哲学实质上是抽象的，"无"不过是对"道"的无形无象无名无状的抽象性或一般性的称谓，所以"无"就是"道"。"道"是抽象的一般或"一"，所以它才能遍名天下之名，遍形天下之形，遍象天下之象，才可"苞通天地，靡使不经"，才能为万物之本。王弼的这个"无"看起来思辨性挺强，抽象程度挺高，但理论意义和价值却很有限，因为它自身中孕育着抽象与具体的矛盾性。这个纯抽象的"无"怎么能与纯具体的万事万物相结合？抽象怎么转化为具体？矛盾不可克服。当然，在王弼的理论中，他的玄学原则和主张是"体用不二"，讲"无"的体用统一和如一。但就他的"无"本论的理论自身言，抽象与具体的矛盾不可克服，并

❶ 关于海德格尔存在主义的"现象"概念，参见其《存在与时间》第七章等，陈嘉映、王庆节译，三联书店1987年版。另外，可参见陈嘉映《海德格尔哲学概论》第二章第四节，三联书店1995年版；孙周兴《说不可说之神秘》第一章第一节，上海三联书店1994年版；叶秀山《世纪的困惑——中西哲学对"本体"问题之思考》，《中国哲学史》1997年第1期。

未真正达到体用如一。所以，王弼的"无"论在魏晋玄学史上的真正意义就在于：它以其自身的抽象与具体的矛盾性逻辑地展开了玄学思想的演进。竹林玄学通过"越名教而任自然"的主张和方式，将王弼"无"论中的抽象与具体的矛盾激化了，其结果是完全撇开了具体而收拢进了孤悬的、纯抽象的自我意识本身。裴頠则走了另一条相反的路，他反"自然"而捍"名教"，完全负隅于群有之"有"中。玄学演进到郭象这里，其自身的逻辑要求就是对竹林玄学的极端"自然"论和裴頠玄学的极端"名教"论进行整合，以解决王弼"无"本论中的抽象与具体的矛盾。郭象对这一点是有所觉察和认识的。他自觉考察了本体究竟是"无"还是"有"的问题，从而扬弃了"无"和"有"，提出了他自己的极富特色的"独化"论。"独化"在哲学性质上既不是抽象也不是具体，它是"现象"，或者说它的哲学实质是"现象性"。从"现象"的视野和角度来看"独化"论，说事物都是"独化"的，实质上就是说事物都是自我显示、自我显现、自我打开、自我敞露的，每个事物都显现、开显着它自己的存在本性、本质。它如此这般地存在着，正显现着它所以如此这般地存在着，它的存在状态就是其之所以存在的本体。这样，每个事物都是即体即用，即用即体，体用如一，本末不二的。在此，思想的基域已非认识，而是存在；事物所展现出来的性质已非抽象性、具体性等认识论意义上的性质，而是其功能性、功用性等方面的存在论意义上的性质。因此，郭象的"独化"论是存在论。正因为如此，这个"独化"论才能高屋建瓴地来整合以前的玄学思想，才能化解王弼"无"本论中的抽象与具体的矛盾而使魏晋玄学完成了其自身的逻辑演进。

这是郭象"独化"论在玄学理论上的价值和贡献。当然，玄学毕竟是一种社会意识，它没有也绝不能脱离开其时代的社会性。就是说，在玄学自身按自己的逻辑做演进的同时，它扣合着并承载着社会发展演进的历史过程和任务。就社会而言，魏晋时代的突出问题是"名教"和"自然"的关系问题。当时的社会所要解决的是将"名教"与"自然"协调、统一起来。早在正始时期，"名教"与"自然"的矛盾就表现出来。王弼玄学从"无"本论出发，试图给"名教"寻找到一个赖以存在的基础，以调和社会的异化和分裂，这就是正始玄学的"名教"出于"自然"论。但这个理论很是苍白无力，很快就被竹林玄学的"越名教而任自然"论所取代。竹林玄学否定"名教"的做法当然是不成功的。历史自身的辩证法对否定再做否定，于是就有了元康时代裴颁在矫社会之弊的名义下倡导的"名教"论。郭象所面临的历史任务与王弼相似，即为社会的"名教"寻找赖以存在的基础。郭象在这个问题上的贡献就在于：他从其"独化"论的理论出发，契悟到了社会的"独化"，这就是社会的最原始、和谐的存在性，也就是整个社会自身的各方面协调而运动的功用、功能性。从此出发，他将"名教"与"自然"这两大基本的方面整合、统一起来，这就是他的"名教"即"自然"论。郭象有一段著名的论述，他说："夫理有至极，外内相冥，未有极游外之致而不冥于内者也，未有能冥于内而不游于外者也。故圣人常游外以冥内，无心以顺有，故虽终日挥形而神气无变，俯仰万机而淡然自若。"（《庄子·大宗师注》）游外冥内，无心顺有，俯仰万机，淡然自若，这是"名教"与"自然"的统一，是"外王"与"内圣"的统一，是认识与境界的统一，是"善"与"美"的统一，这就是社会的原始和谐。

第五章　东晋玄学

一、中兴名士

（一）东晋中兴及其社会的政治、思想任务

西晋龙兴本来就没有给人们带来所希望的鼎盛气象。从惠帝元康元年（291年）到光熙元年（306年），西晋社会进入长达十六年的"八王之乱"中。八王之乱的恶果不仅是中原大乱，而且引来了匈奴人刘渊与羯人石勒的叛乱。接着"八王之乱"的是破坏性更大的"永嘉之乱"。永嘉二年（308年）刘渊攻占平阳（今山西临汾西南），迁都蒲子（今山西隰县），自称皇帝，国号汉。永嘉三年迁都平阳。永嘉五年，石勒在苦县宁平城（今河南鹿邑西南）大败晋军，俘杀王衍。同年六月，汉刘曜、王弥攻入洛阳，晋怀帝被掳。永嘉七年（313年）怀帝被杀，逃到长安的司马邺闻凶讯后称帝，是为愍帝。建兴四年（316年）11月，刘曜攻入长安，愍帝降。317年，镇守建康的琅邪王司马睿自称晋王。同年，晋愍帝被杀。318年，晋王司马睿在建康（今南京）称帝，是为晋元帝，东晋始。

东晋建国是特殊形势下的守势的需要。从建国之日起，东晋

朝最基本的政治任务就是固守和偏安。它自身没有政治和军事的力量来收复北方。东晋朝虽然有祖逖的北伐，有庾亮于咸康五年（339 年）年的请求"北伐"，庾翼于建元元年（343 年）的请求"北伐"，有永和五、六年（349、350 年）外戚褚裒和名士殷浩的北伐，特别有桓温于永和十年（354 年）、永和十二年、太和四年（369 年）的三次北伐，但都未能真正收复北方，只是起到了以进为守的效果。而积极地稳固内部，营造一个和谐、安定的政治局面，倒是东晋朝的首要任务。因为，一方面，南迁的北方之民亟需一个相对安定的局势，永嘉之乱使北方的士族和广大民众饱受涂炭之苦。《晋书·怀帝纪》载：永嘉五年"丁酉，刘曜、王弥入京师。帝开华林园门，出河阴藕池，欲幸长安，为曜等所追及。曜遂焚宫庙，逼辱妃后……百官士庶死者三万余人。"又《晋书·东海王越传》载："永嘉五年，（越）薨于项……还葬东海。石勒追及于苦县宁平城……于是数十万众，勒以骑围而射之，相践如山。王公士庶死者十余万。王弥弟璋焚其余众，并食之。"这种亡国灭种的空前浩劫真是惨甚。此时，王公贵胄尚难保，一般平民的生命就更不堪一提了。《世说新语·德行》记载有一事："邓攸始避难，于道中弃己子，全弟子。既过江，取一妾，甚宠爱。历年后讯其所由，妾具说是北人遭乱，忆父母姓名，乃攸之甥也。攸素有德业，言行无玷，闻之哀恨，终身遂不复畜妾。"这则故事读来令人心酸和同情。该条下刘孝标注引王隐《晋书》曰："攸以路远，斫坏车，以牛马负妻子以叛，贼又掠其牛马。攸语妻曰：'吾弟早亡，唯有遗民［按：遗民乃邓绥小字］。今当步走，担两儿尽死，不如弃己儿，抱遗民，吾后犹当有儿。'妇从之。《中兴书》曰：'攸弃儿于草中，儿啼呼追之，至暮复及。攸明日系儿于树而去。遂渡江，至尚书左仆射，卒。弟子绥，服攸齐衰三年。'"这故事读之更使人悯叹不已。邓攸南渡的遭遇仅是千千万万南渡人中较为典型的一例。当时北方士人的惨状可想而知。在这样的情势下，北方南渡士人亟需的是什么？莫过于求得一个安定的社会环境。据说，永嘉之乱中南迁到长江流域的北方人数有七十余万，还有二十余万人聚居在了山东境内。这些南迁之人背井离乡，饱经患难，在心理上和生理上都在苦待着安宁的社会生活。东晋初，几度北征失利后，竟使士族忌讳"北"字。如《晋书·王恭传》说，王恭让"平北将军"号时言："初，都督以'北'为号者，累有不祥，故桓冲、王坦之、刁彝之徒不受镇北之号。恭让表军号，以超受为辞，而实恶其名，于是改号前将军。"这件事充分表明了北方南迁之人的心理。同时，另一方面，南方的土居士族和人民也亟需一个安宁的社会环境。大批北人南迁，自然影响到南人的生产和生活。社会能不能安定？能否继续生存和生活？已有的利益能否受到保障？这是南著士人所关心的大事。再从晋代统治阶级的内部来说，司马睿虽然在建康登基为帝，但帝王之基业并非司马氏家族的，而属于南方的大族和北方南迁的大族，如果没有南、北大姓士族的支持和归心，东晋政权就难以存在。所以，对东晋当局来说，最基本的国策并不是去收复北土，而是稳定人心，妥善处理南、北士族之间的矛盾，以达到政治上的和谐、安定。东晋从开国到中期（淝水之战），其主要的政治工作就是加强内部团结和稳定朝野。东晋朝颇有影响的两位宰辅——王导和谢安的主要政绩就在于稳定政治和社会。

与这一基本的政治任务相一致，东晋朝的基本的思想任务就是稳定人的心理，以建立起一种平静、安宁、和谐、快乐的生活观念和思想模式。这种生活观念和思想模式既不能太激进和进取，也不能太消极和黯暗，它既要积极配合社会的政治需要以稳定人们的思想、观念，但又不能散布纯消极、厌世的情调，而要给人一些生活的情调和乐趣。那么，如何来完成这一思想任务呢？仍然是从传统的儒、道思想中吸收营养。这实质上仍是如何将"名教"与"自然"更好地统一起来的问题。所以，就魏晋之时的这一总时代来看，东晋朝的思想任务与西晋朝、魏代的思想任务是一致的，并无本质的变化。本质未变，但具体的思想任务和实施策略却有了很大变化。在魏之正始时期和西晋之元康时期，其思想任务主要是理论建设，即为"名教"与"自然"的统一寻求理论基础和根据，亦即建构一种玄学理论将"名教"与"自然"统一起来，或者说能为二者的统一提供合理的理论解释。王弼的"无"本论和郭象的"独化"论，尤其是郭象的"独化"论，就是比较成功的用以整合"名教"与"自然"的玄学理论。但到东晋时期，情况就不同了，一方面，已有了从魏至西晋长达百年的玄学理论探索工作，已提出了"无"本论、"自然"论（越名教而任自然）、"有"本论、"独化"论等理论，特别是"独化"论，代表了玄学理论的最高水平，其思想的深度和广度都代表着魏晋玄学的发展成果，因此在东晋朝再做那些玄学理论上的探索工作已无需要和可能。另一方面，东晋朝最紧迫的政治任务是安定，最紧迫的思想任务也是安定，即如何尽快提出安定思想、稳定心理、统一观念的思想策略和方法，而不是去提出如何才能将"名教"与"自然"，即将儒、道思想统一起来的理论。所以说，在东晋朝，不是思想理论建设工作，具体的文化政策才是最主要和重要的思想任务。如果说在魏晋玄学的发展中，正始玄学和元康玄学重在理论建构的话，那么东晋玄学则重在理论的运用，特别是将郭象的"独化"论玄学思想贯彻、运用于实际生活中，转化为、塑化为人的心理习惯和生活方式。刘勰在《文心雕龙·时序》中说："自中朝贵玄，江左称盛，因谈余气，流成文体。"这正道出了西晋朝和东晋朝的玄学思想的特点。西晋中朝"贵玄"是指关于玄学理论的建构和建设，东晋江左"称盛"是关于玄学理论的实践和运用。运用当然是重要的，是理论发展的重要环节。正是经过东晋江左的玄学理论的实践和运用，才使玄学思想形成风气，流成文体，作为一个时代的思想而载入了史册。

郭象从其"独化"本体论出发，得出了"名教"即"自然"的结论。郭象的这一思想理论正是东晋朝的玄学实践的指导思想，也可以说就是东晋玄学的思想方针。郭象说："千人聚，不以一人为主，不散则乱。故多贤不可以多君，无贤不可以无君，此天人之道，必至之宜。"（《庄子·人间世注》）此言不差。东晋建国正是如此。当北方大族南迁而与南方大族共居于江左之时，这种"千人聚"的局面不得不要求有一个君主，哪怕是一个傀儡君主。这就是说，社会的名教在当时非有不可。所以，东晋元帝刚即位后，王导就上书说："殿下以命世之资，属阳九之运，礼乐征伐，翼成中兴。诚宜经纶稽古，建明学业，以训后生，渐之教义，使文武之道坠而复兴，俎豆之议幽而更彰。"（《晋书·王导传》）既然社会需要"名教"，那么"名教"对人来说就不是由社会强加的，而毋宁说它就是人性，即正如郭象所言："夫仁义自是人之情性，但当任之耳。恐仁义非人情而忧之者，真可谓多忧也。"（《庄子·骈拇注》）人应当"任仁义"以行事。但这里的关键问题是如何去"任"？儒家口不离仁义，历朝历代的君主也高唱仁义，这不能不说是"任仁义"。但"任"的结果如何呢?"夫君人者,动必乘人,一怒则伏尸流血,一喜则轩冕塞路。故君人者之用国,不可轻之也。"(《庄子·人间世注》)"夫轩冕斧钺,赏罚之重者也。重赏罚以禁盗,然大盗者又逐而窃之,则反为盗用矣。所用者重,乃所以成其大盗也。大盗也者,必行以仁义,平以权衡,信以符玺,劝以轩冕,威以斧钺,盗此公器,然后诸侯可得而揭也。是故仁义赏罚者,适足以诛窃钩者也。"(《庄子·胠箧注》)之所以"任仁义"而"任"出了不好的结果,根本原因就在于把仁义仅仅作为工具和手段来使用了,即没有将仁义置于其存在的根基上,亦即没有将仁义统一起来。如果能将仁义根置于它的基础上,情况就不同了。郭象说:"夫圣人者,天下之所尚也。若乃绝其所尚而守其素朴,弃其禁令而代以寡欲,此所以捐击圣人而我素朴自全,纵舍盗贼而彼奸自息也。故古人有言曰:'闲邪存诚,不在善察;息淫去华,不在严刑。'此之谓也。"(同上)"闲邪存诚"是王弼讲的。郭象在此称王弼为古人,表明了对王弼的尊重;同时,也表明了郭象对待"名教"问题的态度和取向与王弼是一致的。但他不同于王弼的是,王弼将"名教"统一于"无"这个"本",他则要以"独化"来统一"名教",即"独能游外以冥内,任万物之自然,使天性各足而帝王道成,斯乃畸于人而侔于天也"(《庄子·大宗师注》)。这也叫"夫理有至极,外内相冥,未有极游外之致而不冥于内者也,未有能冥于内而不游于外者也。故圣人常游外以弘内,无心以顺有,故虽经日挥形而神气无变,俯仰万机而淡然自若。夫见形而不反神者,天下之常累也。是故睹其与群物并行,则莫能谓之遗物而离人矣;观其体化而应务,则莫能谓之坐忘而自得矣,岂直谓圣人不然哉?"(同上)

郭象这种将"名教"与"自然"、"内圣"与"外王"、出世与入世有机结合起来的"游外以弘内""无心以顺有"的"独化"论玄学，正是东晋社会所需求的思想指导方针。东晋从立国始就贯彻着这一思想方针。《世说新语·方正》有刘孝标注引《高逸沙门传》云："晋元、明二帝，游心玄虚，托情道味。"元帝就是东晋开国皇帝司马睿，明帝是其子司马绍。东晋开国皇帝所采取的基本思想方针就是"游心玄虚"，即以道家的清静无为来化解社会礼教方面的冲突。后来的简文帝也是"履尚清虚，志道无倦"。《世说新语·言语》载："简文入华林园，顾谓左右曰：'会心处，不必在远。翳然林水，便自有濠、濮间想也，觉鸟兽禽鱼自来亲人。'"东晋几个有建树的皇帝是这样，东晋的辅弼宰臣更是这样。如王导，"迈达冲虚，玄鉴劭邈；夷淡以约其心，体仁以流其惠；棲迟务外，则名隽中夏；应期灌缨，则潜算独运"（《晋书·王导传》）。谢安也是"德政既行，文武用命，不存小察，弘以大纲，威怀外著，人皆比之王导"（《晋书·谢安传》）。正是西晋中朝玄学的无心顺有、游外弘内的"名教"与"自然"相统一的思想为思想文化的指导方针，与安宁、稳定的政治方针紧密配合，最终才使东晋社会得以存在。

（二）中兴名士

西晋王朝在"八王之乱"和随后的"永嘉之乱"中灭亡了。早在"八王之乱"发生时，一些有识见的政治家和思想家就已感觉到了时局的严重和难以控制，于是将希望寄托在了朝廷以外的力量上。例如，司马睿、王导等就是这样的一批人。当西晋灭亡，北人避难南迁时，这些人审时度势，拥立镇守建康的琅邪王司马睿为晋王，后为帝，开东晋新朝。史称这些人为"中兴名士"。

现在我们要从魏晋玄学思想发展的角度来讲"中兴名士"，这就首先遇到了两个问题：一是"中兴"的时间概念怎么确定？二是"中兴名士"究竟应该包括什么人士？关于"中兴"的时间，有狭义和广义之分：在狭义上，"中兴"指东晋朝的建立时期；而在广义上，"中兴"不仅指东晋朝的立国，还包括其巩固的一段过程。太兴元年（318年）晋王司马睿称帝改元，东晋立国了。但东晋朝远未巩固，内忧外患不断。永昌元年（322年）有武昌守将王敦起兵入京，咸和三年（328年）有历阳内史苏峻攻入建康，咸安二年（372年）有桓温从姑孰（今安徽当涂）入京试图谋乱，这些是内忧；同时，北方的胡人政权时时窥视着偏安的东晋朝，这是外患。直到太元八年（383年）的淝水之战后，可以说偏安的东晋才最终站稳了脚。所以，要说"中兴"的话，其时间概念起码应包括东晋初至其中期略后的时期。在这段时间内的有关名士我们都可以用"中兴名士"一语来称之。

那么，中兴名士到底有哪些人呢？据史载，羊曼、王承、王述、祖逖、刘琨、温峤、桓彝、桓温、王导、庾亮、谢安、殷浩、王濛、刘惔等都是有名的中兴之士。但这些人中一些是纯军事家，如祖逖、刘琨、温峤等，与思想史的关系不大。而有些既是政治家也是思想家，并以思想见长。我们现在所讲的"中兴名士"理应指以思想见长的人，这些人有王导、谢安、庾亮、殷浩、王濛、刘惔，其中最有典型性和代表性的是王导和谢安。下面就这些中兴名士予以介绍。

王导 王导字茂弘，琅邪临沂（今山东临沂）人，生于西晋武帝咸宁二年（276年），卒于东晋成帝咸康五年（339年）。他是王衍的族弟。《晋书·王导传》载，他"初袭祖爵"，"后参东海王越军事"，但这均非他的抱负和理想。他是个有远见的政治家。"时元帝为琅邪王，与导素相亲善。导知天下已乱，遂倾心推奉，潜有兴复之志，帝亦雅相器重，契同友执。帝之在洛阳也，导每劝令之国。会帝出镇下邳，请导为安乐司马，军谋密策，知无不为。"从此他成为司马睿的重要谋士。《晋书·元帝纪》载："永嘉初，用王导计，始镇建邺，以顾荣为军司马，贺循为参佐，王敦、王导、周颛、刁协并为心腹股肱，宾礼名贤，存问风俗，江东归心焉。"司马睿是永嘉元年（307 年）移镇建业（邺）的，时年 32 岁，吴人并不大服。王导联合从兄王敦及江南士族顾荣、贺循拥戴司马睿，使其得以在南京立足建基。睿称帝后，以导为丞相，后又受遗诏辅明帝，再受明帝遗诏辅成帝，历事三朝，朝野号称"仲父"。王导作为一位有识见的政治家，为东晋朝的存立做出了重要贡献。东晋始立，人心不稳，朝纲未振，是王导积极为政，稳定人心。《世说新语·言语》载："过江诸人，每至美日，辄相邀新亭，藉卉饮宴。周侯（颛）中坐而叹曰：'风景不殊，正自有山河之异！'皆相视流泪。唯王丞相愀然变色曰：'当共戮力王室，克复神州，何至作楚囚相对？'"这故事《晋书·王导传》亦有载。王导积极引导大家共同为国家命运而努力。《晋书·王导传》说："桓彝初过江，见朝廷微弱，谓周颛曰：'我以中州多故，来此欲求全活，而寡弱如此，将何以济？'忧惧不乐。往见导，极谈世事。还谓颛曰：'向见管夷吾，无复忧矣！'"《世说新语·言语》中有一事说："温峤初为刘琨使，来过江。于时江左营建始尔，纲纪未举。温新至，深有诸虑。既诣王丞相，陈主上幽越，社稷焚灭，山陵夷毁之酷，有《黍离》之痛。温忠慨深烈，言与泗俱，丞相亦与之对泣。叙情既毕，便深自陈结，丞相亦厚相酬纳。既出，欢然言曰：'江左自有管夷吾，此复何忧！'"人们将王导比做管仲，对他的期许很高，这说明他在东晋立国时起了重大作用。那么，王导怎么来举纲纪，振寡弱，以兴东晋朝廷呢？他的施政方针是两条：一是清静无为。王导本传说他"为政务在清静"。《晋书·庾亮传》也说："时王导辅政，主幼时艰，务存大纲，不拘细目。"二是寡欲节俭。《晋书·王导传》说："时帑藏空竭，库中唯有练数千端，鬻之不售，而国用不给。导患之，乃与朝贤俱制练布单衣，于是士人翕然竞服之，练遂踊贵。"又说："导简素寡欲，仓无储谷，衣不重帛。"他简素寡欲，带头节俭，为东晋社会开了一个好的风气。

王导不仅在东晋开国时起过重要作用，在东晋政权的尔后巩固、发展中亦发挥了重大作用。这表现在：一是拥立太子之事。《晋书·王导传》说："初帝爱琅邪王裒，将有夺嫡之议，以问导。导曰：'夫立子以长，且绍又贤，不宜改革。'帝犹疑之，导日夕陈谏，故太子卒定。"二是反对王敦谋逆。王敦乃王导之从兄。元帝时敦手握荆州重兵。晋元帝永昌元年（322年），敦以清君侧为名，在武昌起兵，在南方大族沈充的援助下攻入建康。十一月元帝忧愤而死，子司马绍即位，是为晋明帝，导受遗诏辅政。在王敦提兵向阙时，王导没有助纣为虐，而是从国家利益出发。《晋书·王导传》曰："时王氏强盛，有专天下之心。敦惮帝贤明，欲更议所立，导固争乃止。及此役也，敦谓导曰：'不从吾言，几致履族。'导犹执正议，敦无以能夺。"三是辅佐成帝，据乱保阙。晋明帝太宁三年（325年）七月，明帝死，太子衍即位，时年五岁，是为成帝，庾太后临朝，外戚庾亮专权，王导受排挤。成帝咸和二年（327 年），庾亮招苏峻入朝。次年，苏峻与祖约联合反，入建康，纵兵掠，裸士女。在王导的极力保护下，成帝幸免于难。咸和四年，经温峤、陶侃的讨伐，苏峻之乱平，王导再次执政。时京华灰烬，温峤议迁都豫章（今江西南昌），三吴豪族议迁都会稽（今浙江绍兴），争执不休。王导说服了大家，没有迁都，且"镇之以静"，很快安定了人心，恢复了国家秩序。晚年的王导主要做了两件事：一方面仍以虚静的精神维持政局；另一方面提携接班人何充。《世说新语·政事》载："丞相末年，略不复省事，正封篆，诺之。自叹曰：'人言我愦愦，后人当思此愦愦。'"这是说，晚年的王导诸事不问，只在有关文件上签字画诺而已。但这不是一种糊涂，是清静方针的表现。刘孝标在该条下注引徐广《历记》曰："导阿衡三世，经纶夷险，政务宽恕，事从简易，故垂遗爱之誉也。"

王导不仅是政界元老，也是当时的清谈领袖。《晋书·王导传》说"导少有风鉴，识量清远"。这是说他从小就有玄学方面的素质。《世说新语·企羡》载："王丞相过江，自说昔在洛水边，数与裴成公、阮千里诸贤共谈道。羊曼曰：'人久以此许卿，何须复尔？'王曰：'亦不言我须此，但欲尔时不可得耳！'"这说明王导在过江前就与裴頠、阮瞻等有过清谈。可以看出王导受元康、永嘉清谈之风的影响。过江后王导当然不忘清谈。《世说新语·文学》载：

> 殷中军为庾公长史，下都，王丞相为之集，桓公、王长史、王蓝田、谢镇西并在。丞相自起解帐带麈尾，语殷曰："身今日当与君共谈析理。"既共清言，遂达三更。丞相与殷共相往反，其余诸贤，略无所关。既彼我相尽，丞相乃叹曰："向来

语，乃竟未知理源所归，至于辞喻不相负。正始之音，正当尔耳。"明旦，桓宣武语人曰："昨夜听殷、王清言甚佳，仁祖亦不寂寞，我亦时复造心，顾看两王掾，辄翣如生母狗馨。"

这是一次清谈聚会。与会者有王导、殷浩、桓温、谢尚、王濛、王述诸人，清谈的主人是王导，主角是王导和殷浩。此次清谈的时间当在晋成帝咸康元年（335年）前后。因为，据《晋书·殷浩传》说，浩为庾亮长史是在亮为征西将军时；据《晋书·庾亮传》，亮为征西将军是陶侃死后；侃死于咸和九年（334年）。咸康元年，王导辟王濛为掾，故时在座。王导与殷浩清谈达三更，可见谈情之盛。旁观者谢尚"亦不寂寞"，或时有插言；而旁观者桓温也时为清谈的内容、话语所打动，"时复造心"，若有所思。至于王濛、王述，只有静听的资格，倒也听得认真，于拘谨、羞涩中略带几分可爱之气，故桓温说他俩"辄翣如生母狗馨"。

这是王导清谈活动中有代表性的一次。当然，王导的清谈绝不止一两次。他以东晋朝政治领袖的身份和资格积极参与、倡导清谈，以配合他的清虚政治。可以说，清谈正是贯彻清虚政治方针的文化方式和策略。就此次聚会所谈的记载看，似乎与正始清音多少有点关系，因为今存的谢尚《谈赋》中有这样的片断："斐斐叠叠，若有若无；理玄旨邈，辞简心虚。"当然，东晋的清谈已无必要和可能再讨论正始玄学的有、无问题了。关于王导清谈的问题，《世说新语·文学》云："旧云：王丞相过江，止道声无哀乐、养生、言尽意三理而已。然宛转关生，无所不入。""声无哀乐"和"养生"二理源于嵇康的《声无哀乐论》和《养生论》；"言尽意"一理源于欧阳建的《言尽意论》。王导的具体观点是什么，今已不可具体而知。《世说新语·规箴》载："元帝过江，犹好酒。王茂弘与帝有旧，常流涕谏。帝许之，命酌酒一酣，从是遂断。"从这一条记载看，王导是提倡节俭，反对纵欲的，这倒与嵇康的养生主张一致。至于言意问题，从上引王导叹"辞喻不相负"看，他似有"言不尽意"的倾向。

谢安 谢安字安石，陈郡阳夏（今河南太康）人，生于晋元帝太兴三年（320年），卒于东晋孝武帝太元十年（385年）。他是继王导之后重要的宰辅，对东晋朝中期的稳定起了重要作用。《晋书·谢安传》说，他起初不愿出仕，"寓居会稽，与王羲之及高阳许询、桑门支遁游处，出则渔弋山水，入则言咏属文，无处世意"。还说："有司奏，安被召，历年不至。禁锢终身，遂栖迟东土。尝往临安山中，坐石室，临濬谷，悠然叹曰：'此去伯夷何远！'"他因拒绝出仕，竟遭禁锢。但他却将禁锢作为遁世的机会。其实，谢安不是真的不愿出仕以展宏图，只是等待恰当的机会。《世说新语·文学》说："谢公因子弟集聚，问《毛诗》何句最佳？遏（谢玄小字）称曰：'昔我往矣，杨柳依依。今我来思，雨雪霏霏。'公曰：'讦谟定命，远猷辰告。'谓此句偏有雅人深致。"谢安所喜爱的这两句诗出自《诗经·大雅·抑》，意思是建国的宏略定为法令，远大的规划及时宣告。这表现了他政治献谋的志愿。《晋书·谢安传》说："安虽放情丘壑，然每游赏，必以妓女从。既累辟不就，简文帝时为相，曰：'安石既与人同乐，必不得不与人同忧，召之必至。'"谢安并未真正地忘情。时为宰辅的简文帝正是看到了这一点，才召谢安出仕的。东晋穆帝升平四年（360年），41岁的谢安出仕，在桓温部下任司马。

东晋哀帝隆和元年（362年），谢安兄谢万病逝，出仕三年的谢安以奔丧为名又回东山。不久，朝廷任安为吴兴太守。接着又征为侍中，升吏部尚书、中护军，青云直上。谢安的政治功绩主要表现在两个方面：一是和内，二是攘外。桓温于永和十年（354年）、永和十二年、太和四年（369年）的三次北伐后，重兵在握，成为朝中权臣。太和六年，温废晋废帝司马奕，立丞相司马昱为帝，此为简文帝。咸安二年（372年），登基不到一年的简文帝驾崩，年仅10岁的太子司马曜继位，是为晋孝武帝。时桓温权欲膨胀，在简文帝病危时胁迫其立遗诏，让他入朝摄政。时谢安、王坦之在朝，表示反对，王坦之并面见简文帝，撕掉了其已下的让桓温摄政的诏书。温闻后大怒。简文帝病逝后，桓温从姑孰（今安徽当涂）入京，谢安、王坦之率百官到新亭迎接。已动杀机的桓温宴请谢安、王坦之，想在席间杀掉他们。《晋书·谢安传》这样描述了当时的情景："桓公伏甲设馔，广延朝士，因此欲诛谢安、王坦之。王甚遽，问谢曰：'当作何计？'谢神意不变，谓文度曰：'晋阼存亡，在此一行。'相与俱前，王之恐状转见于色。谢之宽容，愈表于貌，望阶趋席，方作洛生咏，讽'浩浩洪流'。桓惮其旷远，乃趣解兵。王、谢旧齐名，于此始判优劣。"此事在《世说新语·雅量》中亦有载，其条下并有刘孝标注引《文章志》曰："安能作洛下书生咏，而少有鼻疾，语音浊。后名流多学其咏，莫能及，多掩鼻而吟焉。"刘注并说："桓温止新亭，大陈兵卫，呼安及坦之，欲于坐害之。王入失厝，倒执手版，汗流霑衣。安神姿举动不异于常，举目遍历温左右卫士，谓温曰：'安闻：诸侯有道，守在四邻。明公何须壁间著阿堵辈？'温笑曰：'正自不能不尔。'于是矜庄之心顿尽，命却左右，促燕行觞，笑语移日。"谢安以自己的胆气和智慧挫败了一次政变阴谋。晋孝武帝宁康元年（373年），桓温病。在临死前他要求朝廷加他"九锡"，又是谢安采取拖的办法，使其意未逞。温死后，其弟桓冲代镇姑孰，并任扬、豫二州刺史。后来谢安渐削冲之权，从而使朝廷得到了巩固。在攘外方面，谢安的功绩是指挥并打赢了淝水之战。当时晋军八万，前秦苻坚有八十余万兵马，力量悬殊颇大，形势异常严峻。谢安以其政治家的气度和魄力，指挥了这场关系东晋存亡的战争。《晋书·谢安传》曰："玄入问计，安夷然无惧色，答曰：'已别有旨。'既而寂然。……遂命驾出山墅，亲朋毕集，方与玄围棋赌别墅。安常棋劣于玄，是日玄惧，便为敌手而又不胜。……安遂游涉，至夜乃还，指授将帅，各当其任。"完全是一派举重若轻的气魄。又说："玄等既破坚，有驿书至，安方对客围棋，看书既竟，便摄放床上，了无喜色，棋如故。客问之，徐答曰：'小儿辈遂已破贼。'"这种超乎寻常的"平常心"更令人赞叹。总之，谢安继王导之后，为东晋朝的巩固起了重要作用。在执政方针上，谢安"德政既行，文武用命，不存小察，弘以大纲"（《晋书·谢安传》），这与王导的"务存大纲，不拘细目"的清虚方针是一致的。《世说新语·言语》载："王右军与谢太傅共登冶城，谢悠然远想，有高世之志。王谓谢曰：'夏禹勤王，手足胼胝；文王旰食，日不暇给。今四郊多垒，宜人人自效，而虚谈废务，浮文妨要，恐非当今所宜。'谢答曰：'秦任商鞅，二世而亡，岂清言致患邪？'"这充分说明了谢安清虚的政治方针和思想。

谢安也是当时的清谈领袖。《晋书·谢安传》说他幼时"神识沉敏，风宇条畅，善行书"。这是说他有基本的谈玄资质。《世说新语·赏誉》载："谢太傅未冠始出，西诣王长史，清言良久。去后，荀子曰：'向客何如尊？'长史曰：'向客亹亹，为来逼人。'"此事谢安本传亦有载。这里的王长史是王濛，荀子是濛之子王修。谢安在青年时代即善于清谈，为王濛见重。《世说新语·文学》曰："谢安年少时，请阮光禄（阮裕）道《白马论》，为论以示谢。于时，谢不即解阮语，重相咨尽。阮乃叹曰：'非但能言人不可得，正索解人亦不可得。'"这说明安少时曾钻研过公孙龙"白马非马"类的问题。及长后，谢安和当时的名士经常清谈。《世说新语·文学》载："支道林、许、谢盛德，共集王家。（谢）顾谓诸人：'今日可谓彦会，时既不可留，此集固亦难常，当共言咏，以写其怀。'许便问主人有《庄子》否？正得《渔父》一篇。谢看题，便各使四坐通。支道林先通，作七百许语，叙致精丽，才藻奇拔，众咸称善。于是四坐各言怀。言毕，谢问曰：'卿等尽否？'皆曰：'今日之言少不自竭。'谢后粗难，因自叙其意，作万余语，才峰秀逸，既自难干加，意气拟托，萧然自得，四坐莫不厌心。支谓谢曰：'君一往奔诣，故复自佳耳。'"这是支遁、许询、谢安、王濛诸人在王濛家的一次聚会谈玄，谈题是《庄子·渔父》的思想。《庄子·渔父》为寓言，通过孔子与渔父的对话，说明了人要保持自己的率真本性。此次玄谈发挥的当是率性的问题。谢安作言万余，可见其说理深透。通过这些谈玄活动，士大夫们一是陶冶情操，另外也是当时社会之政治和文化的需要。

在东晋中兴时期，名士以王导、谢安最为著名。他们的清谈代表了东晋时代的政治、思想的时代要求和倾向。除王、谢外，尚有以下诸人也是有名的东晋中兴之士：

庾亮　庾亮字元规，颍川鄢陵（今河南鄢陵西北）人，生于西晋武帝太康十年（289 年），卒于东晋成帝咸康六年（340年）。《晋书·庾亮传》说，他"年十六，东海王越辟为掾，不就。随父在会稽，嶷然自守，时人皆惮其方严，莫敢造之。元帝为镇东时，闻其名，辟西曹掾，及引见，风情都雅，过于所望，甚器重之，由是聘亮妹为皇太子妃"。中兴初拜中书郎，后迁黄门侍郎，散骑常侍。"王敦既有异志，内深忌亮，而外崇重之。亮忧惧，以疾去官。后代王导为中书监。及敦举兵，加亮左卫将军，与诸将距。"太宁三年（325 年）晋明帝死，太子衍即位，是为成帝，时五岁，由庾太后临朝。庾亮时为中书令，与司徒王导共同辅政。此时庾亮专权，于咸和二年（327 年）招苏峻入朝。次年，峻反，攻入建康，庾亮、温峤、陶侃讨之。咸和九年（334 年）陶侃死，亮代侃镇武昌，都督江、荆、豫、益、梁、雍六州军事，领江、豫、荆三州刺史。亮于咸康六年死，其弟庾翼代守武昌。

庾亮是东晋初的重臣，他也是当时清谈界的名流之一。《晋书·庾亮传》说他"美姿容，善谈论，性好庄老，风格峻整，动由礼节，闺门之内不肃而成，时人或以为夏侯太初、陈长文之伦也"。可见，庾亮不仅好老庄，也重儒术。"时王敦在芜湖，帝使亮诣敦，筹事。敦与亮谈论，不觉改席而前，退而叹曰：'庾元规贤于裴颜远矣。'"南渡前，他曾与其从父庾敳讨论过言意问题。《世说新语·文学》载："庾子嵩（敳）作《意赋》成，从子文康（亮）见问曰：'若有意耶，非赋之所尽；若无意耶，复何所赋？'答曰：'正在有意无意之间。'"在江左，庾亮为朝廷重臣，时也参与清谈活动。《世说新语·容止》载："庾太尉在武昌，秋夜，气佳景清，佐吏殷浩、王胡之之徒登南楼理咏，音调始遒。闻函道中有屐声甚厉，定是庾公，俄而率左右十许人步来，诸贤欲起避之。公徐曰：'诸君少住，老子于此处兴复不浅。'因便据胡床与诸人咏谑，竟坐甚得任乐。后王逸少（羲之）下，与丞相（导）言及此事，丞相曰：'元规尔时风范不得不小颓。'右军答曰：'唯丘壑独存。'"庾亮镇守武昌是在陶侃死后。侃死于咸和九年（334年）。故此次欢聚谈玄当在咸和九年或咸康元年（335年）。在此次玄谈中，庾亮表达了他的"丘壑之心独存"的玄虚情调。该条下刘孝标注引孙绰《庾亮碑文》云："公雅好所托，常在尘垢之外，虽柔心应世，蟆屈其迹，而方寸湛然，固以玄对山水。""以玄对山水"，正是庾亮或名士清谈活动的精神内容。

殷浩 殷浩字渊源（《晋书·殷浩传》作"深源"），陈郡长平（今河南西华）人，生年不详，卒于晋穆帝永和十二年（356年）。他早年不愿出仕。《晋书·殷浩传》说："三府辟，皆不就。征西将军庾亮引为记室参军。累迁司徒左长史；安西庾翼复请为司马，除侍中安西军司，并称疾不起。遂屏居墓所，几将十年，于时拟之管、葛。王濛、谢尚犹伺其出处，以卜江左兴亡，因相与省之，知浩有确然之志。既反，相谓曰：'深源不起，当如苍生何！'"当时他隐居不出，时人拟之为管仲、诸葛亮，足见声名之盛。晋穆帝永和初，桓温都督荆、司、雍、益、梁、宁六州军事，领南蛮校尉、荆州刺史；永和三年（347年）温伐蜀胜，权势日盛，朝廷畏之。时任抚军大将军的简文帝司马昱想借殷浩盛名，以抑桓温，故辟浩为建武将军、扬州刺史。浩上书辞让，简文帝（时在藩）答曰："足下沈识淹长，思综通练，起而明之，足以经济。若复深存抱退，苟遂本怀，吾恐天下之事于此去矣。"并说："足下去就即是时之废兴。"（《晋书·殷浩传》）可见朝廷对殷浩期望之高。但殷浩并非铁腕式的政治家，他也无定邦之奇策，非桓温对手。永和九年（353年）浩受中军将军称号，督师北伐，败，被桓温参劾废为庶人。《晋书·殷浩传》说："（浩）被黜放，口无怨言，夷神委命，谈咏不辍，虽家人不见其有流放之戚。但终日书空，作'咄咄怪事'四字而已。"又说："浩少与温齐名，而每心竞。温尝问浩：'君何如我？'浩曰：'我与君周旋久，宁作我也。'温既以雄豪自许，每轻浩，浩不之惮也。"等殷浩北伐败而废为庶人后，"温语人曰：'少时吾与浩共骑竹马，我弃去，浩辄取之，故当出我下也。'又谓郗超曰：'浩有德有言，向使作令仆，足以仪刑百揆。朝廷用违其才耳。'"桓温说殷浩只宜作令仆之官，倒是识人。

殷浩非杰出的政治家，但在清谈方面却享盛名。《晋书·殷浩传》曰："浩识度清远，弱冠有美名，尤善玄言，与叔父融俱好《老》《易》。融与浩口谈则辞屈，著篇则融胜。浩由是为风流谈论者所宗。"江左玄风炽盛之时，殷浩乃清谈场上的常客。例如，《世说新语·文学》载王导、殷浩、桓温、谢尚、王濛、王述等在王导处聚会，王导与殷浩谈至三更；《世说新语·容止》载殷浩与王胡之、庾亮等"登南楼理咏"；《世说新语·文学》载"殷、谢诸人共集，谢因问殷：'眼往属万形，万形入眼不？'"，这是殷浩、谢安等人的共聚；又载"刘真长与殷渊源谈，刘理如小屈，殷曰：'恶卿不欲作将，善云梯仰攻'"；又载"谢镇西（尚）少时闻殷浩能清言，故往造之。殷未过有所通，为谢标榜诸义，作数百语，既有佳致，兼辞条丰蔚，甚足以动心骇听。谢注神倾意，不觉流汗交面。殷徐语左右，取手巾与谢郎拭面"。这些记载都说明，殷浩在当时的清谈界颇有声名。

殷浩清谈所涉及的玄理有：一是关于《易》《老》之理。殷浩本传说他和叔父殷融具通《易》《老》，《世说新语·文学》注引《中兴书》说融著有"《象不尽意》《大贤须易论》"，理义精微，谈者称焉"。殷融长于著论，殷浩长于口谈。浩与融就《易》理问题当有较多谈论。但究竟谈了些什么？未有记载。不过，《世说新语·文学》有条记载说："殷中军、孙安国、王（濛）、谢（尚）能言诸贤悉在会稽王（简文帝）许所。殷与孙共论《易》象，妙于见形。"该条下刘孝标注曰："其论略曰：'圣人知观器不足以达变，故表圆应于蓍龟。圆应不可为典要，故寄妙迹于六爻。六爻周流唯化所适，故虽一画而吉凶并彰，微一则失之矣。拟器托象而庆咎交著，系器，则失之矣。故设八卦者，盖缘化之影迹也。天下者，寄见之一形也。圆影备未备之象，一形兼未形之形，故尽二仪之道，不与乾、坤齐妙；风雨之变，不与巽、坎同体矣'。"从这里的"寄见之一形""一形兼未形之形"的话看，殷浩等所论《易》之象有点近"无"的意思。二是关于才性问题。《世说新语·文学》说："殷中军虽思虑通长，然于才性偏精。忽言及《四本》，便若汤池铁城，无可攻之势。"这里的"《四本》"当指正始时期钟会等的《才性四本》。殷浩在此方面"偏精"。《世说新语·文学》又载："支道林、殷渊源俱在相王（即简文帝）许，相王谓二人：'可试一交言，而才性殆是渊源崤函之固，君其慎焉。'支初作改辙远之，数四交，不觉入其玄中。相王抚肩笑曰：'此自是其胜场，安可争锋！'"这是殷浩与沙门支遁关于才性问题的一次辩论，可惜无具体的辩论过程记载。三是殷浩晚年倾心于佛学。浩因北伐失败被罢归后，倾心于佛。《世说新语·文学》载："殷中军见佛经云：'理亦应阿堵上。'"又载："殷中军被废东阳，始看佛经，初视《维摩诘》，疑般若波罗蜜太多，后见《小品》，恨此语少。"又载："殷中军被废徙东阳，大读佛经，皆精解，唯至事数处不解。遇见一道人，问所签，便释然。"殷浩晚年在佛教中寻求精神安慰。

王濛　王濛字仲祖，小字阿奴，太原晋阳（今属山西）人，生于西晋怀帝永嘉三年（309 年），卒于东晋穆帝永和三年（347 年）。据《晋书·王濛传》，司徒王导曾辟他为掾，后补长山令，徙中书郎。"简文帝辅政，益贵幸之，与刘惔号为入室之宾，转司徒左长史。"他做官到此，不久就病逝了。

王濛也是江左的清谈名流。《晋书·王濛传》说："濛少时放纵不羁，不为乡曲所齿。晚节始克己励行，有风流美誉，虚己应物，恕而后行，莫不敬爱焉。"还说他"事诸母甚谨，奉禄资产，常推厚居薄。喜愠不形于色，不修小絜，而以清约见称。善隶书"。《世说新语·赏誉》注引《濛别传》曰："濛之交物，虚己纳善，恕而后行，希见其喜愠之色，凡与一面莫不敬而爱之。然少孤，事诸母甚谨，笃义穆亲，不修小絜，以清贫见称。"这说明，王濛见长后严于律己，颇有乡誉。《晋书·王濛传》说他"美姿容，尝览镜自照，称其父字曰：'王文开生如此儿邪！'居贫，帽败，自入市买之，妪悦其貌，遗以新帽，时人以为达"。他有任达的一面。东晋中兴初，濛资历尚浅，他有时也参与清谈，但多是聆听，如《世说新语·文学》载王导与殷浩等在导处清谈，王濛和王述"辄翣如生母狗馨"，只有听的份儿。后来他与刘惔善并齐名。《晋书·王濛传》曰："（濛）与沛国刘惔齐名友善。惔常称濛性至通，而自然有节。濛每云：'刘君知我，胜我自知。'时人以惔方荀奉倩，濛比袁曜卿，凡称风流者，举濛、惔为宗焉。"濛死，"临殡，刘惔以犀柄麈尾置棺中，因恸绝久之。"王濛的清谈也多与刘惔有关。《世说新语·言语》曰："王长史与刘真长（惔）别后相见，王谓刘曰：'卿更长进。'答曰：'此若天之自高耳。'"《世说新语·品藻》曰:"刘尹(惔)抚王长史背曰:'阿奴比丞相,但有都长。'"又,"刘尹、王长史同坐,长史酒酣起舞,刘尹曰:'阿奴今日不复减向子期。'"又,"刘尹至王长史许清言,时苟子(脩)年十三,倚床边听。既去,问父曰:'刘尹语何如尊?'长史曰:'韶音令辞不如我,往辄破的胜我。'"这是说王濛谈玄时善妙言,而刘惔则善于辩驳。《世说新语·品藻》还载有谢安对王濛的评价:"谢公语孝伯:'君祖比刘尹,故为得逮。'孝伯云:'刘尹非不能逮,直不逮。'"王孝伯即王恭,乃王濛孙。谢安说王濛比得上刘惔,而王恭却说刘惔比不上王濛。还云:"谢太傅谓王孝伯:'刘尹亦奇自知,然不言胜长史。'"

刘惔 刘惔字真长,《晋书·刘惔传》说他是"沛国相人",而《世说新语·德行》注引《刘尹别传》则说他乃"沛国萧人"。关于他的生卒年,惔本传只说"年三十六卒",但未有卒年。《晋书·刘惔传》曰:"惔少清远,有标奇。与母任氏,寓居京口。家贫,织芒属以为养,虽荜门陋巷,晏如也。人未之识,惟王导深器之。……及惔年德转升,论者遂比之荀粲。尚明帝女庐陵公主。以惔雅善言理,简文帝初作相,与王濛并为谈客,俱蒙上宾礼。"他曾任丹阳尹。丹阳时为京畿重地,故刘惔居东晋要职。他在任"为政清整,门无杂宾"。他还看到桓温有政治野心,"惔每奇温才,而知其有不臣之迹。及温为荆州,惔言于帝曰:'温不可居形胜地,其位号常宜抑之。'劝帝自镇上流,而己为军司。帝不纳。又请自行,复不听。"这说明他有政治远见。他尚老庄,任自然,为政尚清静。孙绰为他作的《诔》说:"居官无官官之事,处事无事事之心。"然矣。

刘惔亦为当时的清谈名流,与王濛齐名。《晋书·刘惔传》

说时人比他为正始名士荀粲，足见对他的期许。还载："桓温尝问恢：'会稽王谈更进邪？'恢曰：'极进，然故第二流耳。'温曰：'第一复谁？'恢曰：'故在我辈。'其高自标置如此。"会稽王即简文帝。刘恢尚以简文帝为二流玄谈者，可见他的自信。关于刘恢在谈玄中的突出表现，《世说新语·文学》载："殷中军（浩）、孙安国（盛）、王（濛）、谢（尚）能言诸贤悉在会稽王（简文帝）许。殷与孙共论《易》象，妙于见形。孙语道合，意气干云，一坐咸不安孙理，而辞不能屈。会稽王慨然叹曰：'使真长来，故应有以制彼。'即迎真长，孙意已不如。真长既至，先令孙自叙本理，孙粗说己语，亦觉绝不及向。刘便作二百许语，辞难简切，孙理遂屈。一坐同时抚掌而笑，称美良久。"此事在《晋书·刘恢传》中亦有载。这说明刘恢的谈玄较殷浩、王濛等为高。

二、永和玄言

（一）江左玄风及其特点

"永和"是东晋穆帝的年号，共十二年（345—356 年）。至永和时，东晋已历五帝四十余年，其社会的经济、政治、思想结构已趋稳定，所以"永和"时期可以作为东晋中期及其后社会的指称。如果我们用"中兴名士"一语来指代东晋前期的玄学思潮的话，那么就可用"永和玄言"一语来指称东晋中后期的玄学思潮。

东晋中兴玄风与西晋的元康玄风既有继承也有区别。永嘉之乱，社稷倾覆，大批北土士人南渡。背井离乡之感和颠沛流离之苦难免使他们产生消沉情绪。为了排解消沉，一些士人也就学习和继承了元康放达之风。如《晋书·光逸传》载，逸避乱渡江，"初至，属辅之与谢鲲、阮放、毕卓、羊曼、桓彝、阮孚散发裸裎，闭室酣饮已累日"，光逸欲参与之，但守门者不让，"逸便于户外脱衣露头，于狗窦中窥之而大叫。辅之惊曰：'他人决不能尔，必我孟祖也。'遽呼入，遂与饮，不舍昼夜，时人谓之八达。"《世说新语·言语》说："过江诸人每至美日，辄相邀新亭，藉卉饮宴。周侯中坐而叹曰：'风景不殊，正自有山河之异！'皆相视流泪。"这种聚饮排闷的方式，见景触情的伤感，是可想而知的。这里的"周侯"就是周顗，他的生活方式是极为放荡的。《世说新语·任诞》载："有人讥周仆射（顗）与亲友言戏，秽杂无检节。周曰：'吾若万里长江，何能不千里一曲。'"周顗的行为是如何"秽杂无检节"的呢？该条下有刘孝标注引邓粲《晋纪》曰："王导与周顗及朝士诣尚书纪瞻，观伎。瞻有爱妾，能为新声。顗于众中欲通其妾，露其丑秽，无怍色。有司奏免顗官，诏特宥之。"周顗的行为与《晋书·五行志》上所说的"惠帝元康中，贵游子弟相与为散发裸身之饮，对弄婢妾"的做法有过之而无不及。《世说新语·言语》在"庾公造周伯仁"条下注引孙盛《晋阳秋》说："顗有风流才气，少知名，正体嶷然，侪辈不敢媟也。"就是这样一个平时挺严肃的人，生活却相当放纵，就连以放达著称的谢鲲也对他批评有加。《世说新语·排调》曰："谢幼舆（鲲）谓周侯（顗）曰：'卿类社树，远望之峨峨拂青天，就而视之，其根则群狐所托，下聚溷而已。'"这些都表明，东晋初期的玄风多类西晋元康时的放达之风。

但这种类似有其特定的时代意义，形式上的类似实际上有实质上的重要不同。元康放达之风直接危及社会名教，引起了乐广、裴頠等有识之士的反对。相比之下，东晋中兴时的放达风尚多是一种排遣心中郁闷的方式，它并不危害社会名教。相反，那些中兴放达之士常常是维护名教的楷模。例如，那个"任达不已，幼舆折齿"的谢鲲，过江后"为豫章太守，从大将军下石头。敦谓鲲曰：'余不得复为盛德之事矣。'鲲曰：'何为其然？但使自今已后，日亡日去耳！'敦又称疾不朝，鲲谕敦曰：'近者明公之举，虽欲大存社稷，然四海之内，实怀未达。若能朝天子，使群臣释然，万物之心于是乃服。仗民望以从众怀，尽冲退以奉主上，如斯，则勋侔一匡，名垂千载。'时人以为名言"。(《世说新语·规箴》)王敦不轨，谢鲲数谏，在大非问题上颇有气节。还有那个饮酒不已的羊曼，苏峻乱，王师败绩，或劝曼避之，曼曰："朝廷破败，吾安所求生。"遂勒马不动，为峻所害(《晋书·羊曼传》)。这比被石勒俘而说责任不在己并劝勒称尊号的王衍强多了，不可同日而语。就是那个生活行为颇为不检，且"饮酒一石""略无醒日"的周颉，面对王敦的反叛，"颉大言曰：……贼臣王敦，倾覆社稷，枉杀忠臣，陵虐天下，神祇有灵当速杀敦，无令纵毒以倾王室。语未终，收。人以戟伤其口，血流至踵，颜色不变，容止自若，观者皆为流涕。遂于石头南门外石上害之。"(《晋书·周颉传》)周颉的死真可谓惊天地，泣鬼神矣！这些人大节无亏，是非分明，为名教敢于献身。他们的放达行为与元康时代的放达派相别何止天壤！

那么，东晋中兴之士的既放达又捍卫名教的做法说明了什么呢？说明了东晋初江左玄风的特点，这就是："名教"与"自然"的统一。西晋玄学的功绩在理论建设，以郭象的"独化"论为最高和最后的理论代表，从哲学本体论的意义上解决了"名教"与"自然"的关系问题。至东晋朝,其玄风虽炽,但已不是玄学理论的建构,而是对西晋关于"名教"即"自然"的玄学理论的践履和运用。在社会平静时,士大夫们不免触景思旧,求放畅达,以表达人性中的"自然"性的一面;而面对社会的大是大非问题时,他们又十分坚定,坚决卫护名教,以保护正常的社会秩序不乱。正是在这些东晋中兴名士的行为中,表现出了"名教"与"自然"的统一。

如果说,东晋中兴时名士的行为主要是在生活方式的意义上实践了"名教"与"自然"相统一的时代主题的话,那么东晋的永和玄风则在精神归宿的意义上实践和表现了"名教"与"自然"的统一。《世说新语·文学》说:"旧云王丞相过江,止道《声无哀乐》《养生》《言尽意》三理而已。"王导谈玄言"声无哀乐""养生""言尽意"三理,这代表了整个东晋初期的玄风方向和特点。很明显,王导等名士谈这些理,已不是理论探讨和建构,而重在实践之。更重要的是,他们将这些玄理实践在生活行为和方式上,前面所讲的东晋初的放达之风就是对此的一种说明。这时,东晋玄学尚未深入到对人的精神问题的解决。至永和玄言,情况就有了变化。经东晋初三四十年政治上的稳定,江左玄风也逐渐由人的生活方式的层面深入到了人的精神归宿的层面,即由初期的如何在日常生活方式上将"名教"与"自然"相统一转入到了如何在人的精神自由和归宿的意义上将二者相统一。这当然是东晋玄学思潮的一个发展。那么,何以见得永和玄言表现出了江左玄风向人的精神归宿层面的转化呢?这可以从以下几个方面得到说明:

其一,对《庄子》之"逍遥"义的探求。《庄子》对魏晋玄学思想的发展影响深远。竹林玄学就看重《庄》，向秀注《庄》以振起玄风，嵇康、阮籍在《庄》中提升出了"越名教而任自然"的思想。元康时郭象也注《庄》，从中提炼出了"独化"本体论，解决了"名教"与"自然"的统一问题。至东晋永和时期，《庄》又受到名士们的青睐。《世说新语·文学》载："《庄子·逍遥》篇旧是难处，诸名贤所可钻味，而不能拔理于郭、向之外。支道林在白马寺中将冯太常共语，因及《逍遥》。支卓然标新理于二家之表，立异义于众贤之外，皆是诸名贤寻味之所不得。后遂用支理。"这里的"白马寺"指当时余杭的白马寺。又载："王逸少（羲之）作会稽，初至，支道林在焉。孙兴公（绰）谓王曰：'支道林拔新领异，胸怀所及乃自佳，卿欲见否？'王本自有一往隽气，殊自轻之。后孙与支共载往王许，王都领域，不与交言。须臾，支退。后正值王当行，车已在门，支语王曰：'君未可去，贫道与君小语。'因论《庄子·逍遥游》。支作数千言，才藻新奇，花烂映发。王遂披襟解带，流连不能已。"《世说新语·文学》还载，说支道林、谢安、许询等共集王濛家，谈《庄子·渔父》篇的玄理，支道林"作七百许语，叙致精丽，才藻奇拔，众咸称善，于是四坐各言怀"，谢安后"因自叙其意，作万余语，才峰秀逸"。这些记载表明，当时的名士们对《庄子》的"逍遥"义多有讨论。《庄子·渔父》的主旨实际上与《庄子·逍遥》的主旨相近。向秀、郭象的《庄子·逍遥》篇之义理，在今本郭注《庄子》中可以见到，意思是：不论是大鹏还是小鸟，只要"各任其性，苟当其分"，就可逍遥矣。支道林之理与此不同。刘孝标注说："支氏《逍遥论》曰：'夫逍遥者，明至人之心也。庄生建言大道，而寄指鹏鷃。鹏以营生之路旷，故失适于体外；鷃之在近而笑远，有矜伐于心内。至人乘天正而高兴，游无穷于放浪，物物而不物于物，则遥然不我得；玄感不为不疾而速，则逍然靡不适，此所以为逍遥也。若夫有欲当其所足，足于所足，快然有似天真，犹饥者一饱，渴者一盈，岂忘蒸尝于糗粮，绝觞爵于醪醴哉？苟非至足，岂所以逍遥乎？'"可以看出，支认为所谓"逍遥"就是明心、见性，而不是"自足其性"，倘若以"自足其性"为逍遥的话，那就等于饥者求一饱、渴者思一盈一样，将逍遥生活化了，这当然并非真逍遥。真逍遥重在明心，要根植于人的心性中。这个倾向明显是将江左玄风向人的精神心性方面提升。

其二，对真率之性的追求。至东晋中期后，名士们尤重率真本性的表现。《晋书·简文帝纪》说他"履尚清虚，志道无倦"。他以帝王之尊，时为清谈领袖。他本人尚清虚，求淡恬，以表现真性情为宗。《世说新语·言语》曰："简文入华林园，顾谓左右曰：'会心处，不必在远，翳然林水，便自有濠、濮间想也，觉鸟兽禽鱼自来亲人。'"这完全是物我两忘的境界。《世说新语·德行》载："晋简文为抚军时，所坐床上尘不听拂，见鼠行迹，视以为佳。有参军见鼠白日行，以手扳批杀之，抚军意色不悦。门下起弹，教曰：'鼠被害，尚不能忘怀，今复以鼠损人，无乃不可乎？'"这种见鼠迹以为佳的心境，自是清虚、自然的玄理。《世说新语·言语》载："庾公造周伯仁。伯仁曰：'君何所欣说而忽肥？'庾曰：'君何所忧惨而忽瘦？'伯仁曰：'吾无所忧，直是清虚日来，滓秽日去耳。'"这是庾亮与周颛的对话，语义双关。周颛所谓的"清虚日来"，自是清虚心境的培养。又载："司马太傅斋中夜坐，于时天月明净，都无纤翳。太傅叹以为佳。谢景重在坐，答曰：'意谓乃不如微云点缀。'太傅因戏谢曰：'卿居心不净，乃复强欲滓秽太清邪？'"司马太傅即司马道子，他是东晋孝武帝之弟，在孝武帝、安帝朝大权独揽。谢景重即谢重。司马道子以澄空无云来喻心中无杂念，显然玄远意境较谢重为高。

东晋名士不仅重清虚，还重率真达性。《世说新语·任诞》载："王子猷出都，尚在渚下，旧闻桓子野善吹笛，而不相识。遇桓于岸上过，王在船中，客有识之者云：'是桓子野。'王便令人与相闻云：'闻君善吹笛，试为我一奏。'桓时已贵显，素闻王名，即便回下车，踞胡床，为作三调。弄毕，便上车去。客主不交一言。"桓子野即桓伊，王子猷即王徽之，乃王羲之之子。王子猷欲听，桓子野即奏，皆率性而行，奏完即去，不交一言。《世说新语·任诞》还载："王子猷居山阴，夜大雪，眠觉，开室，命酌酒。四望皎然，因起彷徨，咏左思《招隐诗》。忽忆戴安道，时戴在剡，即便乘小船就之，经宿方至，造门前而返。人问其故，王曰：'吾本乘兴而行，兴尽而返，何必见戴？'"这真是性之所起，随遇而行，够率真的！《任诞》又载："罗友作荆州从事，桓宣武为王车骑集别。友进坐良久，辞出，宣武曰：'卿向欲咨事，何以便去？'答曰：'友闻白羊肉美，一生未曾得吃，故冒求前耳。无事可咨，今已饱，不复须驻。'了无惭色。"桓温宴集宾客，为王洽送别，罗友为吃一次白羊肉而凑入。罗的行为虽有些乞白食之嫌，但却真性表露，倒也令人高看。《世说新语·雅量》载："庾小征西，尝出未还。妇母阮是刘万安妻，与女上安陵城楼上。俄顷翼归，策良马，盛舆卫。阮语女：'闻庾郎能骑，我何由得见？'妇告翼，翼便于道开卤簿盘马，始两转，坠马堕地，意色自若。"庾翼是庾亮弟。咸康五年（339 年），庾亮谋收中原时以翼镇守江陵，咸康六年亮死，翼代亮镇守武昌。庾翼受岳母嘱表演骑术，但始两转便堕马，当着岳母和妻子的面，还有众人在观，翼却不以为怀。这是雅量，当然也表现了他的率真之性。《世说新语·伤逝》载："王东亭与谢公交恶，王在东闻谢丧，便出都诣子敬，道：'欲哭谢公。'子敬始卧，闻其言，便惊起曰：'所望于法护。'王于是往哭。督帅刁约不听前，曰：'官平生在时，不见此客。'王亦不与语，直前，哭甚恸，不执末婢手而退。"王东亭即王珣，小字法护。末婢是谢安子谢琰的小字。子敬乃王献之。王珣与谢安有隙事，《晋书·王珣传》曰："珣兄弟皆谢氏婿，以猜嫌致隙。太傅安既与珣绝婚，又离珉妻，由是二族遂成仇衅。"谢安死后，王珣去哭祭，这完全出于其真性情，是率真的表现。

其三，名士与名僧的普遍交游。江左玄谈的一个比较突出的特点是玄学和佛学的渗透。当时盛行的是大乘空宗的般若学，其典为《放光般若经》《道行般若经》等，名僧和名士多有所研究、倾慕。据《世说新语》等载，东晋时的名僧有支遁（道林）、竺法深、释道安、支愍度、竺法汰、康僧渊、于法开、帛尸梨蜜多罗（高座道人）、竺道壹、庾（康）法畅、僧伽提婆、慧远等。与名僧相交游的名士有王导、王洽、王珣、庾亮、郗超、王濛、王修、刘惔、谢安、谢朗、殷浩、简文帝（司马昱）、王羲之、王胡之、许询、孙绰等。《世说新语·方正》载："……深公谓曰：'……昔尝与元、明二帝，王、庾二公周旋。'"深公即竺法深。此条下刘孝标注引《高逸沙门传》云："晋元、明二帝，游以玄虚，托情道味，以宾友礼待法师。王公、庾公倾心侧席，好同臭味也。"《世说新语·赏誉》载："初，法汰北来，未知名，王领军供养之。每与周旋，行往来名胜许，辄与俱；不得汰，便停车不行。因此名遂重。"王领军即王洽，乃王导子，时官至中领军，死时26岁。这是竺法汰

与王洽的交游。《世说新语·文学》载："提婆初至，为东亭（王
珣）讲《阿毗昙》。始发讲，坐裁半，僧弥（王珉）便云：'都
已晓。'即于坐乃数四，有意道人更就余屋自讲。提婆讲竟，东
亭问法冈道人曰：'弟子都未解，阿弥那得以解？所得云
何？'曰：'大略全是，故当小未精核耳。'"这是僧伽提婆在王
珣府中讲《阿毗昙》经。提婆是印度西北之罽宾国人，于东晋
安帝隆安元年（397年）至建康。《世说新语·文学》又载："康
僧渊初过江，未有知者，恒周旋布肆，乞索以自营，忽往渊源许，值
盛有宾客，殷使坐，粗与寒温，遂及义理，语言辞旨，曾无愧色。领
略粗举，一往参诣，由是知之。"这是康僧渊在殷浩居处的一次
谈玄活动，遂知名。又载："支道林，许掾（询）诸人共在会稽
王（简文帝）斋头。支为法师，许为都讲。支通一义，四坐莫不
厌心。许送一难，众人莫不抃舞。但共嗟咏二家之美，不辨其理
之所在。"这是名僧（支遁）与名士在简文帝处的一次玄谈。《世
说新语·言语》曰："庾法畅造庾太尉（亮），握麈尾至佳。公曰：'此
至佳，那得在？'法畅曰：'廉者不求，贪者不与，故得在耳。'"这
是庾亮与庾法畅之间借麈尾拂尘说玄理。《世说新语·文学》
载："僧意在瓦官寺中，王苟子（修）来与共语，便使其唱理。意
谓王曰：'圣人有情不？'王曰：'无。'重问曰：'圣人如柱邪？'王
曰：'如筹算，虽无情，运之者有情。'僧意云：'谁运圣人邪？'苟
子不得答而去。"这是僧、士关于圣人有无情问题的讨论。又
载："殷荆州曾问远公：'《易》以何为体？'答曰：'《易》以感
为体。'殷曰：'铜山西崩，灵钟东应，便是《易》耶？'远公
笑而不答。"远公即僧慧远，殷荆州即殷仲堪。这是慧远和殷仲
堪关于《易》理的一次谈话。殷将慧远讲的《易》理具体化为

一种事例，故远笑之不答。又载："褚季野（裒）语孙安国（盛）云：'北人学问，渊综广博。'孙答曰：'南人学问，清通简要。'支道林闻之曰：'圣贤固所忘言。自中人以还，北人看书，如显处视月；南人学问，如牖中窥日。'"这是关于当时南北学风，也是玄风的一次谈论。《世说新语·轻诋》载："王北中郎不为林公所知，乃著《论沙门不得为高士》，大略云：'高士必在于纵心调畅，沙门虽云俗外，反更束于教，非情性自得之谓也。'"又曰："王中郎与林公绝不相得。王谓林公诡辩，林公道王云：'箸腻颜帢，缤布单衣，挟《左传》，逐郑康成车后，问是何物尘垢囊？'"王北中郎即王坦之，他是个儒士，曾著《废庄论》。林公即支道林，他讽刺王坦之戴颜帢帽，挟《左传》以步郑玄后尘，言王坦之少玄理。除上引诸事外，我们在前面还讲到，支道林（遁）曾与王羲之谈过"逍遥"义，与谢安等谈过《庄子·渔父》义等。可以看出，东晋的名僧与名士的交游是很普遍的，玄理与佛理的结合亦成时代之势。

其四，寄情于山水。江左玄风还有一个特点，就是倾慕山水，以寄情怀。东晋人士不像竹林诸士那样在林下饮酒，也不去寻仙求隐，更不像西晋元康放达派的纵酒裸裎，他们求放达，但以山水为企慕之所，在清幽静谧的山水间以怡情怀。对此，如简文帝（司马昱）谓"会心处，不必在远，翳然林水，便自有濠、濮间想也"；"顾长康从会稽还，人问山川之美，顾云：'千岩竞秀，万壑争流，草木蒙笼其上，若云兴霞蔚。'""王司州至吴兴印渚中看，叹曰：'非唯使人情开涤，亦觉日月清朗。'""王子敬云：'从山阴道上行，山川自相映发，使人应接不暇。若秋冬之际，尤难为怀。'"（均见《世说新语·言语》）这些对大自然的赞叹，抒发了一种玄远清虚的心境和情怀。这一玄风，至陶渊明达到高峰，他以"采菊东篱下，悠然见南山"的诗句表达了天人合一的美学境界，可以说将江左玄风推到了新的方向。

（二）永和玄言

东晋士人寄情山水，乐于山水，这是东晋中晚期玄风的一个突出特点。游山览水，对东晋名士言，与清谈、服药一样，已成为一种文化方式。谢安前后有两个时期以游历山水为乐，一次在出仕前，时寓居会稽上虞之东山时；一次是晚年，于上元县之土山营别墅。葛立方《韵语阳秋》卷五引《建康事迹》云："安石于此拟会稽之东山。"《世说新语·栖逸》曰："许掾好游山水，而体便登陟。时人云：'许非徒有胜情，实有济胜之具。'"何法盛《晋中兴书》云，孙统"少任诞不羁，家于会稽，性好山水，及求鄞县，遗心细务，纵意游肆，名阜胜川，靡不历览"（黄奭辑：《何法盛晋中兴书》）。许嵩《建康实录》说，孙绰居会稽，游放山水十有余年，乃作《遂初赋》。此赋已佚，而《序》云："余少慕老、庄之道，仰其风流久矣，却感于陵贤妻之言，怅然悟之，乃经始东山，建五亩之宅，带长阜，倚茂林，孰与坐华幕、击钟鼓者同年而语其乐哉！"（《孙廷尉集》）《晋书·王羲之传》说："羲之雅好服食养性，不乐在京师。初渡浙江，便有终焉之志。会稽有佳山水，名士多居之，谢安未仕时亦居焉。孙绰、李充、许询、支遁等皆以文义冠世，并筑室东土，与羲之同好。"

东晋士人的游山览水之乐、玄言清咏之趣，在永和年间的会稽兰亭之会中有突出、充分的展现，人们多称之为"永和玄言"。这次聚会的时间是东晋穆帝永和九年（353年）三月上旬。古代习俗，于三月上旬巳日，官民并集之于东流之水上，被除不祥。后来这一仪式发展为暮春之初的河边嬉游。西晋成公绥《洛禊赋》云："考吉日，简良辰，被除解禊，会同洛滨。妖童媛女，嬉游河曲，或振纤手，或濯素足。临清流，坐沙场，列叠樽，飞羽觞。"（《艺文类聚》卷四）这说的正是以嬉戏之游为主要场面。在东晋时，名士会聚于暮春之初则为了饮宴赋诗，玄谈清咏。聚会的地点是在会稽山阴之兰亭。《水经注》卷四十浙水江注云："浙江又东与兰溪合，湖南有天柱山，湖口有亭，号曰兰亭，亦曰兰上里。太守王羲之、谢安兄弟数往造焉。吴郡太守谢勖，封兰亭侯，盖取此亭以为封号也。太守王廙之移亭在水中。晋司空何无忌之临郡也，起亭于山椒，极高尽眺矣。"《绍兴府志》谓兰亭之会在兰渚山，山"在山阴西南二十七里处，即《越绝书》勾践种兰渚田，及晋王羲之修禊处"。关于此次聚会的参与人员，《世说新语·企羡》注引《临河叙》，谓当时赋诗者 26 人，不能赋诗而罚酒者 15 人，共 41 人，但未言是否包括王羲之本人。宋人张淏《云谷杂记》明确记载包括王羲之，当为 42 人。张淏所说来自宋人施宿等撰《会稽志》。《会稽志》卷十引《天章碑》谓：王羲之、谢安、谢万、孙绰、徐丰之、孙统、王凝之、王肃之、王彬之、王徽之、袁峤之 11 人成四言、五言诗各一首；郗昙、王丰之、华茂、庾友、虞说、魏滂、谢绎、庾蕴、孙嗣、曹茂之、曹华、桓伟、王玄之、王蕴之、王涣之 15 人各成一篇；谢瑰、卞迪、丘髦、王献之、羊模、孔炽、刘密、虞谷、劳夷、后绵、华耆、谢滕、任儗、吕系、吕本、曹礼 16 人诗不成而罚酒三巨觥❶。此参与者中无名僧支遁，但唐人张

---

❶ 参见罗宗强《玄学与魏晋士人心态》，天津教育出版社 2005 年版，第

彦远《法书要录》卷三则有支遁，不知何本。

关于此次兰亭之会的主题，今有一些诗文，其中表达了怡情山水的情趣，如谓"松竹挺岩崖，幽涧激清流。消散肆情志，酣畅豁滞忧"（王玄之）。"神散宇宙内，形浪濠梁津。寄畅须臾欢，尚想味古人。"（虞说）还表达了审美与玄理的契合，如谓"相与欣佳节，率尔同褰裳。薄云罗阳景，微风翼轻航。醇醪陶丹府，兀若游羲唐。万殊混一理，安复觉彭殇。"（谢安）"茫茫大造，万化齐轨。罔悟玄同，竞异标旨。平、勃运谋，黄、绮隐几。凡我仰希，期山期水。"（孙统）在聚会中，王羲之写了一篇序文，名《兰亭集序》，书法与文章俱佳。文中充分表现了对生命的感悟和与山水为一体的情怀。现不妨录如下：

> 永和九年，岁在癸丑，暮春之初，会于会稽山阴之兰亭，修禊事也。群贤毕至，少长咸集。此地有崇山峻岭，茂林修竹，又有清流激湍，映带左右，引以为流觞曲水，列坐其次。虽无丝竹管弦之盛，一觞一咏，亦足以畅叙幽情。
>
> 是日也，天朗气清，惠风和畅。仰观宇宙之大，俯察品类之盛，所以游目骋怀，足以极视听之娱，信可乐也。
>
> 夫人之相与，俯仰一世，或取诸怀抱，悟言一室之内，或因寄所托，放浪形赅（骸）之外。虽趣舍万殊，静躁不同，当其欣于所遇，暂得于己，快然自足，不知老之将至。及其所之既倦，情随事迁，感慨系之矣。向之所欣，俯仰之间，已为陈迹，犹不能不以之兴怀，况修短随化，终期于尽。古人云：死生亦大矣，岂不痛哉！

251 页。

　　每览世人兴感之由，若合一契，未尝不临文嗟悼，不能喻之于怀。固知一死生为虚诞，齐彭殇为妄作。后之视今，亦犹今之视昔，悲夫！故列叙时人，录其所述。虽世殊事异，所以兴怀，其致一也。后之览者，亦将有感于斯文。（《晋书·王羲之传》）

此序是感慨抒怀之作。人终有一死，"修短随化，终期于尽"。面对生命的短促，人不免会发出"死生亦大矣"的感叹。感叹之后怎么办呢？从此序的思想倾向看，是寄情于山水，并寄怀于山水，又寄生命于山水。文中发出了"固知一死生为虚诞，齐彭殇为妄作"的悲叹，情调似为颓废，但目的不在于此。这里的一抑，旨在扬升文中所描述的"崇山峻岭，茂林修竹"，"清流激湍，映带左右"，"天朗气清，惠风和畅"的自然之美和自然之生命力，以之使人去"仰观宇宙之大，俯察品类之盛，所以游目骋怀，足以极视听之娱"，在大自然的盎然生机中去感悟生命的终极意义和价值。孙绰有《兰亭后序》，云：

　　古人以水喻性，有旨哉斯谈。非以停之则清，混之则浊耶！情因所习而迁移，物触所遇而兴感，故振辔于朝市，则充屈之心生；闲步于林野，则寥落之志兴。仰瞻羲唐，邈已远矣；近咏台阁，顾深增怀。为复于暧昧之中，思萦拂之道，屡借山水，以化其郁结。永一日之足，当百年之溢，以暮春之始，禊于南涧之滨。高岭千寻，长湖万顷，隆屈澄汪之势，可为状矣。乃席芳草，镜清流，览卉木，观鱼鸟，具物同荣，资生咸畅。于是和以醇醪，齐以达观，决然兀矣，焉复觉鹏鷃之二物哉！耀灵纵辔，急景西迈，乐与时去，悲亦系之，往复推移，所故相换，今日之迹，明复陈矣。原诗人之致兴，谅

歌咏之有由。(《艺文类聚》卷四《孙廷尉集》)

这里的格调与王羲之《兰亭集序》的格调一样，要人在大自然的盎然生机中契悟生命的生机与活力。东晋玄学到了这里，达到了它应有的高度。

三、张湛与玄学理论的终结

(一)张湛其人及其《列子注》

张湛，字处度，高平(今山东金乡西北)人。他的生卒年不详，大概生活于 330—400 年间。《晋书·范宁传》有"初，宁尝患目痛，就中书侍郎张湛求方，湛因嘲之曰"云;《宋书·王歆之传》曰:"高平张祐，并以吏材见知。……祐祖父湛，晋孝武世以才学为中书侍郎、光禄勋。"据此判断，张湛当生活于东晋的中晚期。张湛出身宦门，曾出仕为官。他又通老、庄，明玄理，是东晋后期的思想家。《世说新语·任诞》载:"张湛好于斋前种松柏。时袁山松出游，每好令左右作挽歌。时人谓:'张屋下陈尸，袁道上行殡。'"又载:"张骁(湛小字)酒后挽歌甚悽苦，桓车骑曰:'卿非田横门人，何乃顿尔至致?'"

关于张湛的著作，据《隋书·经籍志》和《新唐书·艺文志》记载，他著有《养生要集》十卷，《延年秘录》十二卷，并为《列子》作注。前二书均佚，今有《列子注》行世。

说到张湛的《列子注》，自然就涉及《列子》一书。《汉书·艺文志》著录有《列子》八篇，为先秦列御寇所作。但张湛注《列子》在东晋时才出现。关于出现经过，张湛《列子序》说:

吾先君与刘正舆、傅颖根皆王氏之甥也。……遭永嘉之乱，与颍根同避难南行，车重各称力，并有所载。而寇虏弥盛，前途尚远。张谓傅曰："今将不能尽全所载，且共料简世所希有者，各各保录，令无遗弃。"颍根于是唯赍其祖玄父咸子集，先君所录书中有《列子》八篇。及至江南，仅有存者，《列子》唯《杨朱》《说符》目录三卷。比乱，正舆为扬州刺史，先来过江，复在其家得四卷。寻从辅嗣女婿赵季子家得六卷。参校有无，始得全备。

据此，今本《列子》是张湛先祖辑缀的。这是否就是先秦列御寇的《列子》呢？近人多有考证。马叙伦有《〈列子〉伪书考》❶一文，列出"二十事"以证明《列子》为伪书。杨伯峻有《从汉语史的角度来鉴定中国古籍写作年代的一个实例——〈列子〉著作年代考》❷一文，从汉语发展史的角度对《列子》中所使用的一些词汇做了考证，以证《列子》之伪。现在，学界普遍认为，今本《列子》并非列御寇的原作，乃后人赝托。但究竟是何时、何人的赝作？有人说是汉魏时人，有人说是魏晋时人，有人则说是东晋中期的张湛所造，等等。有学者进一步研究指出，今本《列子》乃西晋元康时期所作，为元康放达派谢鲲、王澄、胡毋辅之之流的作品。❸

今人马达著有《〈列子〉真伪考辨》（北京出版社 2000 年 12 月版）一书，对历史上有关论《列子》的文字做了系统甄定，特

---

❶ 文载《古史辨》第四册，上海古籍出版社 1982 年版。

❷ 文载《新建设》1956 年第 7 期。

❸ 参见任继愈主编《中国哲学发展史》（魏晋南北朝）之"《列子》与《列子注》"章，以及许抗生等著《魏晋玄学史》第五章第二节。

别对马叙伦、杨伯峻证《列子》之伪的证明——做了匡正，认为今本《列子》虽系张湛整理，但就是先秦列御寇的《列子》。此说可备参考。

如果说《列子》一书的真伪问题还有待进一步研究的话，那么《列子注》却是张湛的货真价实的作品。东晋名士留下的玄理著作极少，张湛的《列子注》倒是罕有的东晋玄学著作。张湛借注《列子》阐发了他的玄学思想，从中可以看出东晋玄学的特点以及整个魏晋玄学的演化趋势。

（二）张湛的玄学思想

关于张湛的玄学思想，有下列方面：

1. "至虚"论。张湛在《列子序》中对《列子》一书的思想主旨有个概括。他说：

> 其书大略：明群有以"至虚"为宗，万品以终灭为验，神惠以凝寂常全，想念以著物自丧，生觉与化梦等情，巨细不限一域，穷达无假智力，治身贵于肆任，顺性则所之皆适、水火可蹈，忘怀则无幽不照，此其旨也。然所明往往与佛经相参，大归同于老庄，属辞引类特与《庄子》相似。

这与其说是张湛对《列子》主旨的概述，倒不如说是他关于自己的玄学思想的申述。他认为，世上的万物终归要灭亡，人的一生如同梦幻，贫富达舛非智力所能强求，想托物不死也是枉然，只有顺性任情、神惠凝寂才是人生之道。很明显，张湛的玄学思想已没有了正始玄音那种寻求理论建设的动力，也没有了竹林玄风那种追求精神自由和人格独立的思想张力，亦没有了西晋中朝玄学那种寻求"名教"与"自然"的有机统一的理论热情和深刻沉思，他看到的和关心的是人的生命，但认为万物终灭、生命短促，故要顺性任情而为。这种玄学格调是消沉的，连张湛自己都认为这与佛教的出世思想不无关系。

但张湛并非一味地消极谈论顺性任情而享乐于现实社会，他毕竟是个玄学理论家，他在讲其顺性任情的思想时，也为这种思想建造了一种本体论的理论依据，这就是他的"群有以至虚为宗"说，即他的"至虚"论。"至虚"论是张湛玄学的总纲。

那么，什么是"至虚"呢？我们先看张湛的一些论述：

夫巨细舛错，修短殊性。虽天地之大，群品之众，涉于有生之分，关于动用之域者，存亡变化，自然之符。夫唯寂然至虚，凝一而不变者，非阴阳之所终始，四时之所迁革。（《列子·天瑞》题注）

生物而不自生者也。化物而不自化者也。不生者固生物之宗。不化者固化物之主。（《列子·天瑞注》）

生者非能生而生，化者非能化而化。直自不得不生，不得不化者也。（同上）

不生之主，岂可实而验哉？疑其冥一而无始终也。（同上）

故生者必终而生，生物者无变化也。（同上）

至无者，故能为万变之宗主也。（同上）

机者，群有之始，动之所宗。故出无入有，散而反无，靡不由之也。（同上）

生者反终，形者反虚，自然之数也。（同上）

夫生生物者不生，形形物者无形，故能生形万物于我，体无变。今谓既生既形而复反于无生无形者，此故存亡之往复尔，非始终之不变者也。（同上）

生化之本，归之于无物。（《列子·周穆王注》）

张湛看到，天地万物处在生生化化之中，事事物物皆有生有死，有变有化，即"天地之大，群品之众，涉于有生之分，关乎动用之域者，存亡变化，自然之符"。但这些变化是怎么发生的呢？张湛认为，"生物而不自生"，"化物而不自化"，"生生物者不生，形形物者无形"，即"生化之本，归之于无物"。"无物"是生化之本，也就是不生不化者，即"不生者固生物之宗"，"不化物之主"。他的结论是："至无者，故能为万变之宗主也"，"唯寂然至虚，凝一而不变者，非阴阳之所终始，四时之所迁革"也。

可见，张湛给万物的生生化化建构了一个"本"，这个"本"就是"至无"或"至虚"。"以'无'为本"，这是正始玄音中王弼玄学的宗纲。现在，张湛又提"至无"或"至虚"，那么，他是在什么意义上来规定这个"无"或"虚"的呢？张湛指出：

"有之为有，恃无以生"，言生必由无，而无不生有。此运通之功必赖于无，故生动之称，因事而立耳。（《列子·天瑞注》）

"有之为有，恃无以生；事而为事，由无以成"，这是何晏《道论》中的话，也是何晏、王弼的"无"本论思想。张湛接着何晏的"有生于无"话头来讲，但意思却与何、王的"无"本论思想不一样。张湛的意思是要说"生必由无，而无不生有"。这句话看来有些费解，生既然由"无"，而"无"怎么又不生有呢？原来，张湛在这里不是讲生成论意义上的"无"。他的意思是说：生生化化本身是生是化的，所以不能为"本"，"本"就是不生不化的"无"；但这个"无"不是来生出有，如果这样的话"无"自身就不是不生不化的，而成了有生有化的了，就失去了"本"的意义和资格了，所以"有生于无"只是以"无"为根据，并不是从"无"中生出有。这就不难看出，不管张湛自觉与否，他在这里运用的是"无"的功能性，即"此运通之功必赖于无，故生动之称，因事而立耳"。

既然看中的是"无"的功能性，那么张湛的"至无"或"至虚"的"无"或"虚"就与王弼玄学有了区别，倒与郭象的"独化"论思想相靠近些。张湛指出：

> 生者之不死，无者则不生。故有无之不相生，理既然矣。则有何由而生？忽尔而自生。忽尔而自生，而不知其所以生。不知所以生，生则本同于无。本同于无，而非无也。此明有形之自形，无形以相形者也。（《列子·天瑞注》）
>
> 生者不生而自生，故虽生而不知所以生。不知所以生，则生不可绝；不知所以死，则死不可御也。（同上）
>
> 造物者岂有心哉？自然似妙耳。夫气质愤薄，结而成形，随化而往，故未即消灭也。（《列子·周穆王注》）
>
> 夫生者自生，形者自形，明者自明，忽然自尔，固无所因假也。（《列子·汤问注》）
>
> 自然者，都无所假也。（同上）

很明显，张湛的上述思想与郭象的"独化"论有相一致处。他明确认为，"有无之不相生，理既然矣"。这是说，世上的有不是从一个"无"中生出来的；倘若"无"能生有的话，"无"自己就是生化的东西，这样的"无"就不是本。既然有不是生于"无"，"无"也不去生有，那么世上之有是如何存在的呢？张湛在这里又转向郭象，他讲"忽尔而自生""忽然自尔，固无所因假也"。既然万物皆"忽尔而自生"，故"不知其所以生"；既然

"不知其所以生"，故"生则本同于无"；既然"本同于无"，故"非无也"，即"无"不是生有的实体性存在，而是功能性的。所以，"至无"或"至虚"的真正意思是：没有那种实体性的"无"或"虚"，一切事物的存在皆"忽然自尔"，"自然似妙"。张湛的这个思想与郭象的"块然而自生""掘然自得而独化"的"独化"论相似耳！

讲到这里就有个问题：张湛的这个"至虚"或"至无"为什么显得如此复杂？张湛要么就讲王弼玄学的那种"无"本论，要么就讲郭象玄学的那个"独化"论，岂不更明快省力些，为什么要自找麻烦地既关涉王弼的"无"论，又关涉郭象的"独化"论呢？这正是张湛玄学的理论特点之所在。从魏晋玄学的整体逻辑演进来看，玄学从正始时期王弼的"无"本论始，中经竹林时期嵇康、阮籍的"自然"论和元康时代裴颀的"有"本论，到郭象的"独化"论而完成了其自身的逻辑演进过程，郭象的"独化"论是魏晋玄学的理论巅峰，是玄学在自身的体系内所能达到的最高的理论成就。所以，至东晋朝，玄学思想的发展任务已不是理论建构，而重在对已建构起的玄学理论——"独化"论的实践和运用。前面我们已几次指出，东晋朝从一开始，其玄风就在运用和实践上，而不是理论建设。张湛《列子注》的出现正好是江左玄风之特点的一个理论说明和总结。一方面，张湛的《列子注》仍是玄学的路径，即要为万事万物的存在究玄寻本，因此他不得不在形式上重温王弼的那个"无"；但江左玄风毕竟是在郭象的"独化"论之后而卷起的，故逻辑地要求着不可能纯从王弼的"无"开始，必须从"独化"起步，所以他又不得不在实质上阐述郭象的那个"独化"。当然，张湛并不是有意地、自觉地要这么做的，而是魏晋玄学自身的逻辑演化使其然之。当张湛接着王弼的"无"本论讲时,他并没有自己的"一以贯之"的理论。他用的是"无"的功能性,但却抛不开"无"的抽象性的形式,如他说:"形、声、色、味皆忽尔而生,不能自生者也。夫不能自生,则'无'为之本。'无'为之本,则无留于一象,无系于一味,故能为形气之主,动必由之者也。"(《列子·天瑞注》)这段话是对《列子·天瑞》篇的"故有生者,有生生者;有形者,有形形者;有声者,有声声者;有色者,有色色者;有味者,有味味者"一段的注解。张湛承认,生者、形者、声者、色者、味者都有一个"本"。这个"本"是什么呢?他讲"无留于一象,无系于一味",这明显有抽象义,即倒向了抽象义的"无"了。张湛用的是功能性的"无"或者说是"无"的功能性,但却不明白功能性的性质,而要用"无"的抽象义形式。至于"独化",张湛用的是"独化"的形式,但却不明白其"无无"或"有—无"的性质和本质。这都说明,张湛的"至虚"论不是一个独创性的玄学理论,它只是对已有的"无"本论和"独化"论的杂糅,其理论贡献不大,但却代表了魏晋玄学发展的终结方向,预示着玄学思潮的历史转向。

2."形气转续"论。这是张湛的动静观。张湛的动静论与其本体论是一致的,在动静观上他也徘徊于王弼的"寂然至无"论和郭象的"变化日新"论之间。一方面,他承认天地万物的变化,认为"万物与化为体,体随化而迁"(《列子·天瑞注》);另一方面,他又主张有一个不变化的"化物之主"存在着,以为"化物而不自化","不化者固化物之主"(同上)。与其本体论一样,张湛在动静观上也没有自己独特的理论。

当面对现象界的时候,张湛看到了变化并要求与变化为体。他指出:

> 万物与化为体，体随化而迁，化不暂停，物岂守故？故向之形生，非今形生；俯仰之间，已涉万变，气散形朽，非一旦顿至。而昧者操必化之器，托不停之运，自谓变化可逃，不亦悲乎？（《列子·天瑞注》）

> 代谢无间，形气转续，其道不终。（同上）

> 形色发肤有精粗者，新故相换，犹不可识，况妙于此者乎？（同上）

> 阴阳四时，节变化之物，而复属于有生之域者，皆随此陶运，四时改而不停，万物化而不息者也。（同上）

> 穷二仪之数，握阴阳之纪者，陶运万形，不觉其难也。（《列子·周穆王注》）

很明显，张湛认为一切都处在永不停息的变化中，这就叫"万物与化为体，体随化而迁，化不暂停"，就叫"万物化而不息"，就叫"代谢无间"，也叫"变动不居"（《列子·周穆王注》）。张湛进而认为，物体的变化有粗有精，粗者乃形体之变，可视可睹；而精者非形体之变，如阴阳四时，此乃不可视不可睹之变。同时，在可睹之形体之变中，也有不可睹之变时刻发生着。例如，人的形体内部每天都在变化，"向之形生，非今之形生，俯仰之间，已涉万变"。张湛认为人应该"与化为体"，去认识变化，更重要的是随变化而安，如果身处变化的必然过程中而想逃脱变化，"不亦悲乎"！

从个体事物到整个天地，一切皆变化着、运动着。那么，这种运动是可捉摸的还是不可捉摸的？张湛认为可以捉摸，因为有"理"可寻。他认为：

> 夫生必由理，形必由生。未有有生而无理，有形而无生。生

之与形，形之与理，虽精粗不同，而迭为宾主，往复流迁未
始暂停，是以变动不居，或聚或散。抚之有伦则功潜而事著，修
之失度则迹显而变彰。（《列子·周穆王注》）

凡有生的东西必有形体存在，凡有形体存在就有该形体的存在之
"理"。世上没有没有生的形，也没有没有理的生，生是形的生，理
是生的理，形可见而为粗，理不可见而为精。总之，生、形、理
三者以形为载体而相互依存，此即"迭为宾主"也。事物的生生
是变动不居的，事物之理也是变化无穷的。"理"尽管变化幽微，但
人却可以认识和把握它，并按"理"的规定办事，这样就会在自
然而然中功成事著。否则，若不按"理"的规定行事，"修之失
度"，就会"迹显而变彰"，就会无功而失败。张湛不仅认为人可
以认识理，按理行事，还可以依据理做类推、做预见。他说："世
咸知积小可以高大，而不悟损多可以至少。夫九层起于累土，高
岸遂为幽谷。苟功无废舍，不期朝夕，则无微而不积，无大而不
亏矣。……若以大小迟速为惑者，未能推类也。"《列子·汤问注》"推
类"就是类推。而类推之所以可行、可为，正是因为类推的基础
是理，它是类推的共同本质或规律。

"存亡变化，自然之符"，这是张湛所明确看到、明确主张
的。那么，事物为什么能变？变化的根据究竟在哪里？在这里张
湛却陷入困惑。所以，当他在出发点上与郭象一样从万事万物的
变化开始时，因不能完满解决事物之变化的根据而最终推出个不
化者，向王弼的运动观靠拢了。张湛指出：

夫巨细舛错，修短殊性。虽天地之大，群品之众，涉于
有生之分，关于动用之域者，存亡变化，自然之符。夫唯寂
然至虚，凝一而不变者，非阴阳之所终始，四时之所迁革。（《列

子·天瑞》题注）

　　化物而不自化。不化者固化物之主。（《列子·天瑞注》）

　　生者非能生而生，化者非能化而化也。直自不得不生，不得不化者也。（同上）

　　故生者必终而生生物者无变化也。（同上）

　　机者，群有之始，动之所宗，故出无入有，散而反无，靡不由之也。（同上）

在他看来，变者与使变者、生者与使生者是不同的。变者自身在变在化，所以它自身是有生灭的。既然如此，变者就不能是使变者，而使变者自身是不变不化的，这就叫"化物而不自化"，叫"不化者固化物之主"，叫"化者非能化而化也"而"不得不化者也"。在承认变化的前提下，张湛终于得出了"生化之本，归之于无物"（《列子·周穆王注》）的结论。

　　这个"归之于无物"的"生化之本"究竟是什么呢？张湛讲过这样的话："形、声、色、味皆忽尔而生，不能自生者也。夫不能自生，则'无'为之本。'无'为之本，则无留于一象，无系于一味，故能为形气之主，动必由之者也。"（《列子·天瑞注》）这是讲本体论问题，同时亦在讲动静论问题。张湛看到，一切有形有象的东西均是有限制的，它们各限于一象，系于一味，而只有无形无象的东西才"无留于一象，无系于一味"，正因为如此，"故能为形气之主，动必由之者也"。问题终于明白了，正如在本体论上主张"生必由无"一样，在运动论上他也强调"无"："至无者故能为万变之宗主也"（同上），"夫唯寂然至虚，凝一而不变者，非阴阳之所终始，四时之所迁革"（《列子·天瑞》题注）。这就终于与王弼的"然则天地虽大，富有万物，雷动风行，运化万变，寂然至无,是其本矣"(王弼:《周易注·复》)的思想相一致了。可见,在运动观上张湛亦摇摆于郭象和王弼之间。

3."理推"论和"寂然玄照"论。这是张湛的认识论。张湛怎样讲认识问题呢?他讲到"万事可以理推",也讲到"体神而独运,忘情而任理,则寂然玄照者也"。这两个很不相符的方面,张湛要在他的认识论中杂以论之。正如同在本体论上他要杂糅王弼的"无"本论和郭象的"独化"论以论述自己的"群有以至虚为宗"的本体论思想一样,在认识论上他也要杂揽嵇康的"推类辨物"论和郭象的"冥而忘迹"论以表述自己的认识论思想。这正是作为魏晋玄学发展之尾声的东晋张湛玄学的特点之所在。

一是关于"万事可以理推"(《列子·汤问注》)的思想。张湛认识论的起点在客观事物上。他认为:"事有实著,非假名而后得也"(《列子·天瑞注》);"物物事事,皆平皆均,则理无不至也"(《列子·汤问注》);"至理之不绝于物理"(《列子·仲尼注》);"穷二仪之数,掘阴阳之纪者,陶运万形,不觉其难也"(《列子·周穆王注》);"心动于内,形变于外,禽鸟犹觉,人理岂可诈哉?"(《列子·黄帝注》)正因为从现实的事事物物出发,并认为事事物物皆"理无不至",所以张湛提出并运用了"万事可以理推"法。他指出:

> 夫万事可以理推,不可以器征。故信其心智所知及,而不知所知之有极者,肤识也;诚其耳目所闻见,而不知视听之有限者,俗士也。至于达人,融心智之所滞,玄悟智外之妙理;豁视听之所阂,远得物外之奇形。若夫封情虑于有方之境,循局步于六合之间者,将谓写载尽于三坟五典,归藏尽于四海九州,焉知太虚之辽廓,巨细之无垠,天地为一宅,万物为游尘?皆拘短见于当年,昧然而俱终。(《列子·汤问注》)

在张湛看来，人的目之所见、耳之所闻、心之所知，都是有一定限制的。若认识仅限于目见、耳闻、心知的方面，就不能知"太虚之辽廓，巨细之无垠"，就不会明白"天地为一宅，万物为游尘"之理。所以，"理推"是很重要的认识方法。

如何进行"理推"呢？张湛在《列子·汤问注》中做了具体的示例。他说："若此之山犹浮于海上，以此推之，则凡有形之域皆寄于太虚之中，故无所根蒂。"（《列子·汤问注》）这里的"若此之山"指的是《列子·汤问》中所言的"其中有五山焉，一曰岱舆，二曰员峤，三曰方壶，四曰瀛洲，五曰蓬莱。其山高下周旋三万里，其顶平处九千里，山之中间相去七万里，以为邻居焉"。这么大的五山皆浮于海上，那么以此之理类推之，天地万物未尝不寄浮于太虚之中呢！这是由小以推大的方法。他又说："世咸知积小可以高大，而不悟损多可以至少。夫九层起于累土，高岸遂为幽谷。苟功无废舍，不期朝夕，则无微而不积，无大而不亏矣。今砥砺之与刀剑相磨不已，则知其将尽。二物如此，则邱壑消盈，无所致疑。若以大小迟速为惑者，未能推类也。"（同上）刀剑在磨刀石上不停地磨下去，石和刀剑都将归于尽，这是从日常生活中所能知的道理。既然如此，高岸为谷，堆土成山，这又有什么不可以的呢？这里从积小可以成多以类推损多可以至少。这段话是张湛注解"愚公移山"的故事时说的。他还说："以高下周围三万里山而一鳌头之所戴，而此六鳌复为一钓之所引，龙伯之人能并而负之，又钻其骨以小计，此人之形当百余万里。鲲鹏方之，犹蚊蚋蚤虱耳。则太虚之所受，亦奚所不容哉？"（同上）《列子·汤问》说，五大仙山周围三万里，这么大的山却被一巨鳌用头顶着，巨鳌的大可想而知；但它却被龙伯国里的巨人一钓就钓起来六只，龙伯之人的巨大又可想而知了；但龙伯之人并非只有一人，而是一国，由此推之，太虚之域何其大哉！这是从有限推到无限。张湛的这些推法平浅易懂，但其"理推"的思想却是可取的。

二是关于"寂然玄照"的思想。张湛认为，事物虽然可知，事物之理虽然可以作"理推"，但所知、所推毕竟还是有限制的。他指出：

> 夫用心智，赖耳目，以视听者，未能见至微之物也。（《列子·汤问注》）

> 夫虚静之理，非心虚之表、形骸之外求而得之。即我之性，内安诸己，则自然真全矣。故物以全者皆由虚静，故得其所安。所以败者，皆由动求，故失其所处。（《列子·天瑞注》）

> 夫形质者，心智之室宇；耳目者，视听之户牖。神苟彻焉，则视听不因户牖，照察不阂墙壁耳。（《列子·仲尼注》）

在张湛看来，用心智，赖耳目，这只能识物之形、之粗，"未能见至微之物也"。至微之物要以"神"去运，"则神理独运，咸无不通矣"（《列子·仲尼注》）。这是从人的主观方面讲的。若从客观的物理方面来讲，"变化不可穷极，徐疾理亦无间，欲以智寻象模，未可测"（《列子·周穆王注》）。事物的变化多种多样，微妙难识，不可穷极，人的智能是难以尽测的。宇宙中形气变化，"皆在冥中而潜化，固非耳目所瞻察"（《列子·天瑞注》）。而且，"形色发肤有精粗者，新故相换犹不可识，况妙于此者乎？"（同上）张湛甚至认为，"自然之理，不可以智知。知其不可知，谓之命也"（《列子·黄帝注》）。

既然"自然之理不可以智知"，那就只能以"神"去运之、去体之了。张湛指出：

> 所谓神者，不疾而速，不行而至。以近事喻之，假寐一
> 夕，所梦或百年之事，所见或绝域之物；其在觉也，俯仰之
> 须臾，再抚六合之外。邪想淫念，犹得如此，况神心独运，不
> 假形器，圆通玄照，寂然凝虚者乎？（《列子·周穆王注》）

"神"不受时间、地点的限制，须臾之间可遍历宇宙，观照古今，故
只有"神"才可玄照本体，以通"至虚"或"寂无"之本。这就
叫"神者，寂然玄照而已，不假于目"（《列子·汤问注》）；"知体神
而独运，忘情而任理，则寂然玄照者也"（《列子·仲尼》题注）；"同
无则神矣，同神则无矣，二者岂有形乎？直有其智者不得不视无
以自通，忘其心者则与无而为一也"（《列子·仲尼注》）。"体神而独
运"，这显然是一种境或境界。既然是境界，就只能去体之而不
可言说之，故名言在此是没有意义的。对此，张湛主张"穷理体
极故言意兼忘"（同上），"以无言废言，无知遣知"（同上），认为"夫
无言者，有言之宗也；无知者，有知之主也。至人之心，豁然洞
虚，应物而言而非我言，即物而知而非我知，故终日不言而无玄
默之称，终日用知而无役虑之名，故得无所不言、无所不知也"（同
上）。那么，怎么样才能达到这种"言意兼忘""体神独运"的境
界呢？张湛也讲到了"遣"的方法。他说："处无言无知之域，此
即复是遣无所遣，知无所知。遣无所遣者，未能离遣；知无所知
者，曷尝忘知，固非自然而忘言知也。"（同上）又说："夫因心以
刳心，借智以去智，心智之累诚尽，然所遣心智之迹犹存。明夫
至理非用心之所体，忘言之则有余暇矣。"（《列子·黄帝注》）可以看
出，张湛所说的"遣"与郭象所说的"遣之又遣之"的"遣"法
并不相同。郭象的"遣"是要去掉认识上的逻辑方法，换上象思

维的现象学的方法，以展现主体自我的"独化"性本质。张湛则不然。在他看来，"遣无所遣，未能离遣；知无所知，曷尝忘知"，"借智以去智，心智之累诚尽，然所遣心智之迹犹存"。这就是说，遣去名言性的认识后，在人的认识上仍有"遣"本身存在；忘掉知后，在认识上依然有"忘"本身存在，"遣"和"忘"本身无法消解掉，因此在人的认识上总有个对象性的东西存在着，主体自身无法完全显现出自身来。这足以说明，张湛不懂得认识自身的现象性或"独化"性本质，他要达到的是一种空洞的无知，这正符合其"至虚"论本质，也是他的认识论的必然归宿。

4. "顺性""肆情"论。这是张湛的名教观。张湛怎么看待"名教"呢？我们先看他的两段论述：

> 《诗》《书》礼、乐，治世之具，圣人因而用之，以救一时之弊；用失其道，则无益于理也。（《列子·仲尼注》）

> 治世之术实须仁义。世既治矣，则所用之术宜废。若会尽事终，执而不舍，则情之者寡而利之者众，衰薄之始诚由于此。以一国而观天下，当今而观来世，致弊岂异？唯圆通无阂者，能唯变所适，不滞一方。（同上）

张湛认为，仁、义、礼、乐《诗》《书》等社会名教是有用的，是"治世之术""治世之具"。但这种有用也只不过是一种"术"和"具"的功能，目的在于"救一时之弊"；一时之弊既治，这种术和具理当废弃，"所用之术宜废"，若继续执而不舍的话，那就会被利用以生起衰薄之世风。

可见，关于"名教"，张湛与以往的玄学家们均不同，他不像嵇康那样要抛弃名教，也不像裴頠那样要执著于名教，更不同于王弼和郭象那样要为社会的名教寻找一个"自然"基础而把名教置于本体论的根基上。他认为"名教"只是治世的手段，最终是要抛掉的。那么，抛弃名教后怎么办呢？张湛提出了两种社会生活方式：一是肆情；二是顺性。

关于肆情，张湛指出：

> 夫生者一气之暂聚，一物之暂灵。暂聚者终散，暂灵者归虚，而好逸恶劳，物之常性。故当生之所乐者，厚味、美服、好色、音声而已耳。而复不能肆性情之所安，耳目之所娱，以仁义为关键，用礼教为衿带，自枯槁于当年，求余名于后世者，是不达乎生生之极也。（《列子·杨朱》题注）

> 夫万物与化为体，体随化而迁。化不暂停，物岂守故？故向之形生非今形生，俯仰之间已涉万变，气散形朽，非一旦顿至。而昧者操必化之器，托不停之运，自谓变化可逃，不亦悲乎！（《列子·天瑞注》）

张湛认为，人的生命是"一气之暂聚"的，要想长命万古那根本不可能，试图逃脱"气散形朽"的结局亦是妄想，所以人要立足于今生，重视现在的生活享受。就是说，人应当及时享受，以满足今生的欲求，不可用仁义等礼教来束缚之，不应因顾及礼教的虚名而害享乐，"但当肆其情以待终耳"（《列子·杨朱注》）。

这种肆情说的格调是消极的，这不必多言。但若从整个魏晋时代的大背景出发来看张湛的肆情论，则不无时代意义。早在《古诗十九首》中，就有"思君令人老，岁月忽已晚，弃捐勿复道，努力加餐饭"，"握手一长叹，泪为生别滋，努力爱春华，莫忘欢乐时"等关于人生苦短、岁月易逝的慨叹。在"魏晋之际，天下多故，名士少有全者"（《晋书·阮籍传》）的时代，对人生的感叹就更多了，如曹操有"对酒当歌，人生几何，譬如朝露，去日苦多"之言，曹丕有"嗟我白发，生亦何早"之叹，曹植有"人生处一世，去若朝露晞……自顾非金石，咄唶令人悲"之慨，阮籍有"人生若尘露，天道邈悠悠"之唱，陶潜有"悲晨曦之易夕，感人生之长勤，同一尽于百年，何欢寡而愁殷"之咏，等等。张湛的肆情说也正是整个魏晋时代对人生慨叹的时代之音中的一曲。为何要慨叹人生？这除了当时残酷的杀伐斗争现实严重地威胁到人的生存而使人不得不发出悲叹这一消极的意义外，这种慨叹应有并实际有着积极的意义，这就是透过人的肉体的短暂而对人的精神超越的追求。以嵇康、阮籍为代表的竹林玄学曾有过这种追求。到了张湛所处的东晋时代，在玄学思潮的尾声中，张湛的肆情论又折射出了这种追求。尔后经过佛教思想的净化和升华，这种肆情思想终于落实在了人对自己的生存意义和终极价值的追求上。

当张湛倡导肆情说的时候，他应该认识到并实际上认识到了完全肆情是不可能的。倘若人人都去厚味、美服，哪里有如许的社会财富让人去消受呢？即使有足够的财富以满足人（例如统治者）的享乐之需，但若一味地满足下去，必会导致社会的灭亡。所以，当张湛倡导肆情时，不得不再言顺性。怎么顺性？张湛说：

> 禀生之质，谓之性；得性之极，谓之和。故应理处顺，则所适常通；任情背道，则遇物斯滞。（《列子·黄帝》题注）

> 至纯至真，即我之性分，非求之于外，慎而不失，则物所不能害，岂智计、勇敢而得冒涉艰危也？（《列子·黄帝注》）

> 顺性之理，则物莫之逆也。（同上）

张湛认为，人天生就有一种"性"，"禀生之质，谓之性"。这种"性"是与"情"不同的，"任情背道，则遇物斯滞"，任情就会陷于物累，而"顺性之理，则物莫之逆也"，顺性则会不受物累。不言而喻，顺性高于肆情。那么，如何才能做到顺性呢？张湛有段较长论述：

> 天下有能之而能不为者，有能之而不能不为者，有不能而强欲为之者，有不为而自能者。至于圣人，亦何所为？亦何所不为？亦何所能？亦何所不能？俯仰同俗，升降随物，奇功异迹，未尝暂显，体中之绝妙处，万不视一焉。……明顺性命之道，而不系着五情，专气致柔，诚心无二者，则处水火而不焦溺，涉木石而不悸骇，触锋刃而无伤残，履危险而无颠坠。万物靡逆其心，入兽不乱群，神能独游，身能轻举，耳可洞听，目可彻照。斯言不经，实骇常心，故试论之：夫阴阳递化，五才偏育，金土以母子相生，水火以湿燥相乘，人性以静躁殊途，升降以所能异情。故有云飞之翰，渊潜之鳞，火游之鼠，木藏之虫。何者？刚柔炎凉，各有攸宜，安于一域，则困于余方。至于圣人，心与元气玄合，体与阴阳冥谐，方圆不当于一象，温凉不值于一器，神定气和，所乘皆顺，则五物不能逆，寒暑不能伤，谓含德之厚和之至也。故常无死地，岂用心去就而复全哉？蹈水火，乘云雾，履高危，入甲兵，未足怪也！（《列子·黄帝注》）

可以看出，张湛所谓的"顺性"就是"心与元气玄合，体与阴阳冥谐"，"方圆不当于一象，湿凉不值于一器，神定气和，所乘皆顺"。在张湛看来，世上的万事万物各有自己的特性，"各有攸宜，安于一域"；正因为它们各有自己的特性，故会"困于余方"而不能导通，这就会受制于物累。现在的问题正是要超越这种物累。怎么超越？唯有圣人能之，因为圣人能顺性，顺性就是得性，"得性之极谓之和"，圣人恰能做到"和之至"，故能玄合元气之动，冥谐阴阳之变，与天地为体，与阴阳为化，以达到天人合一的境界，这自然就超越物累了。可见，张湛的"顺性"说也是一种境界说。

可以看出，张湛的"肆情""顺性"论正是其"群有""至虚"论在社会名教问题上的表现。

（三）张湛与玄学理论的终结

张湛《列子注》的出现标志着魏晋玄学理论的终结和思想转向。一方面，《列子注》自身没有也不可能提出新的、更高的玄学理论，它想讲"独化"论，却发掘不出其真正的哲学实质，看不到其所应有的本体论的意义和价值，所以又想在"独化"外讲"无"本论；它想讲"无"，也的确看到了"无"的抽象性的性质，但却无法从"无"的抽象性出发建构起一个"一以贯之"的"无"本论体系，又不得不偏向于"无"的功能性，从而向郭象的"独化"论靠拢。张湛的"至虚"（或"至无"）论就是这样，在王弼的"无"本论和郭象的"独化"论这两大玄学理论之间摆动不定。它想统一这两种玄学，但只是外在的拼合，无法做到内在的结合。这是张湛的"至虚"论在哲学性质和理论意义上所表现出来的对玄学理论的终结。

另一方面，《列子注》鲜明地突出了人的生命意义和价值问题，它大讲"顺性""肆情"，认为"当生之所乐者，厚味、美服、好色、音声而已耳。而复不能肆性情之所安，耳目之所娱，以仁义为关键，用礼教为衿带，自枯槁于当年，求余名于后世者，是不达乎生生之趣也"（《列子·杨朱》题注）。在张湛看来，人生苦短，时光易逝，百年生命，转眼成空，故人应当重视今生，要厚味、美服、好色、音声，以娱耳目、安性情。张湛的这种主张未免有些消极。但这都代表了早就孕育于魏晋玄学中的一种思想倾向，即对生命的意义和价值的追求。早在汉魏之际，人们就发出了人生苦短的慨叹。在魏晋玄学中，一方面当人们建构玄学理论，寻求"名教"与"自然"的和谐与统一时，另一方面则借酒浇愁，苦度生活，如竹林七贤中的阮籍、阮咸、刘伶常醉不省人事，了却一生；元康时期的谢鲲、胡毋辅之等更是耽于酒乐，有些贵族子弟更是"相与为散发裸身之饮，对弄婢妾"（《晋书·五行志》上）；东晋中兴后，过江士人也多狂饮为乐，时有放荡的生活。魏晋时代的这种狂饮、放达的生活行为究竟说明了什么呢？这种现象后面的真实动机是人们对生命的意义和价值的追求。张湛的《列子注》明确将这一问题摆在了思想面前。他这样做有两个意义：一是对已往的关于生命之意义探索的总结；二是对生命的意义和价值之进一步探索的要求。要求什么？要求的不是简单地生活享乐，而要追寻生命存在的终极意义和价值。这就要求探索人的心性问题，要求建构一种心性本体论，这个思想任务是由佛学来承担和完成的。梁启超在《中国佛法兴衰沿革说略》一文中讲到："我国民根本思想，本酷信宇宙间有一种必然之大法则，可以范围天地而不过，曲成万物而不遗。孔子之易，老子之五千言，无非欲发明此法则而已。魏晋间学者，亦欲向此方面以事追求，故所谓'易老'之学，入此时代而忽大昌。王弼、何晏辈，其最著也。正在缥缈彷徨，若无归宿之时，而此智德巍巍之佛法，忽于此时输入，则群趋之，若水归壑，因其所也。"如果我们用梁启超的此话来说张湛《列子注》所代表的玄学思想的转向，倒很合适。正当《列子注》摊出了人的生命的意义问题而苦于徘徊彷徨时，佛教大昌，正好接续了玄学思想的转向与发展。

四、僧肇的佛学"空"论

张湛的"至虚"论等玄学思想是整个魏晋玄学发展的尾声，它标志着魏晋玄学完成了它的理论建构的思想任务，玄学要转向了。而承接这一思想转向任务的是传入中土的佛学思想，其代表是东晋的僧肇。

僧肇，本姓张，京兆长安（今陕西西安）人。[1]他卒于东晋安帝义熙十年（414 年），这是确定的。而关于他的生年，有说是东晋孝武帝太元八年（383 年），有说是太元九年，还有说是太元十年，更有人说是东晋废帝太和五年（370 年），现在多数人认为他生于太元九年（384 年）。据《高僧传》卷七《僧肇传》言，他幼时"家贫，以佣书为业，遂因缮写，乃历观经史，备尽坟籍，志好玄微，每以《老》《庄》为心要。尝读老子《道德章》，乃叹曰：美则美矣，然期栖神冥累之方，犹未尽善。后见旧《维摩经》，欢喜顶受，披寻玩味，乃言始知所归矣。因此出家"。他二十余岁就名震潼关以西，后师事鸠摩罗什，曾先后在姑臧（今甘肃武威）和长安的译场助译。他以擅长般若学著称，乃"什门四哲"（鸠摩罗什的四个主要弟子：僧融、僧叡、僧肇、道生）之一。

僧肇的主要著作是《肇论》，它由《物不迁论》《不真空论》

---

[1] 冯友兰《中国哲学史新编》（第四册）第四十五章在论述僧肇时说他是山西人。可参考。

《般若无知论》《涅槃无名论》四篇论文组成。此"四论"最早
见于南朝宋明帝（465—472 年在位）时陆澄所选《法集》目录。南
朝陈时又收入《宗本义》一篇，合为今本《肇论》。但《宗本
义》和《涅槃无名论》有人疑为伪作，学术界对其看法不一。其
余"三论"乃僧肇著作。

关于僧肇的思想，主要有以下方面：

（一）"空"论

1. 僧肇对"六家七宗"的批评。僧肇的"空"论阐发的是
佛教大乘空宗般若学的思想。

大乘般若空宗的理论是公元 1 世纪左右在印度兴起的。"般
若"乃梵文 Prajñā 的音译，亦音译为"波若""钵罗若"等，其
意译为"明""智""慧""智慧"等。在佛教哲学中，Prajñā（般
若）常与 Pāramitā 一词连用，Pāramitā 音译为"波罗蜜多"，意
为"到彼岸"或"引导到对岸"或"彻底达到""在……方面完
美"等。"般若"的全称即为 Prajñāpāramitā，音译为"般若波罗
蜜"或"般若波罗蜜多"，意思为"到达最高或完美的超常智慧
之彼岸"。大乘佛典中特别强调彻底认识诸法实相的智慧为般
若。所谓"诸法实相"在大乘空宗早期经典《般若经》中主要
指诸法空的理论，认为"性空幻有""一切皆空"，即一切现象都
是没有实在自性的（"性空"），一切现象都是虚假的存在（"幻
有"）。"一切皆空"，突出"空"，这是大乘般若空宗的理论核心。

到了公元二三世纪左右，在印度产生了龙树的中观学。龙树
著有《中论》《十二门论》《大智度论》等，其弟子提婆著有《百
论》。中观学是对大乘空宗的般若空观的进一步发展，其理论核

心是宣扬不落两边的"非有非无"的中道论,以调和"空"与"有"的对立,亦即调和世俗谛与佛教真谛两种见解的对立。龙树主张缘起性空论,认为事物本来就是空,不待分析或法灭后才见真空,所以,空为"自性空""本来空"。那么,如何认识、把握事物的"自性空"呢?龙树主张从"空"观"有",即不执空以否定有,也不执有以排斥空,而是在空中观有,有中观空,空在有中,有不离空,空有相即相摄,此即为"二谛"。在"二谛"的基础上,龙树又进一步发展出"空、假、中"三谛说的"中道"观。《中论》曰:"众因缘生法,我说即是空,亦为是假名,亦是中道义。"龙树认为,若执诸法为实有是错的,但若执诸法为空无亦错,正确的做法就是既不执"空"而对诸法做绝对的否定,亦不执"有"而对诸法做绝对的肯定,非有非无,即有即无,有无不二,不落两边,这就叫"中道"义。龙树在其《中论》中还具体提出了"八不缘起"说来阐发中道观的普遍意义,认为"不生亦不灭,不常亦不断,不一亦不异,不来亦不去。能说是因缘,善灭诸戏论,我稽首礼佛,诸说中第一"。若把龙树的般若学中观思想与其前的大乘般若空宗思想做一比较,就可看出,空宗执著于"空",主张"一切皆空",这就是以"空"为本,大有把诸法本来就具有的"性空"或"自性空"提离开诸法之嫌。而龙树的中观论则不以"空"为空,一空到底,他主张空而有,有而空,空中有有,有中有空,空有不二,这就把"空"或"性空"还原到或者说导入到了诸法(即事物)自身中了。

佛教传入中土后,到了两晋时期,般若学始大受重视,当时学者如朱士行、支孝龙、康僧渊、支愍度、支遁、道安、慧远等都治般若学。由于这些般若学者对《般若经》的理解不一,遂有不同的般若学说，出现了所谓的"六家七宗"而"众论竞作"。后秦姚兴弘始三年（401 年），西域龟兹佛学大师鸠摩罗什至长安。在长安十多年中（罗什卒于公元 413 年），罗什译出佛典三百余卷，其中有大乘空宗的《般若经》，也有龙树中观学的《中论》《百论》《十二门论》。其中的"三论"影响很大。罗什之学也特重"三论"之学。僧肇是罗什的四大弟子之一，他的《肇论》就是宣扬、阐发龙树中观学的"三论"思想的。《肇论·不真空论》阐发了龙树中观学的"空"论思想。此文破立结合，所破的就是僧肇以前的般若学"六家七宗"的思想。之所以要破，不仅因为"六家七宗"的思想所据主要是佛教大乘空宗之论，即坚持以"空"为本，而且因为这些派别用玄学中的"无"本论思想来"格义"佛学"空"论，而不合佛学本义。

关于"六家七宗"，南朝刘宋时释昙济作《六家七宗论》，说："论有六家，分成七宗。第一本无宗，第二本无异宗，第三即色宗，第四识含宗，第五幻化宗，第六心无宗，第七缘会宗。本有六家，第一家分为二宗，故成七宗也。"（唐元康：《肇论疏》）在这六家中，以本无、即色、心无三家的影响最大。僧肇在《不真空论》中所破的就是此三家的思想。

本无宗是两晋之际（西晋末到东晋中期）中土般若学中影响最大的一宗，也是与玄学关系最为密切的一宗，其代表为道安。隋唐僧人吉藏《中观论疏》说："释道安明本无义，谓无在万化之前，空为名形之始。夫人之所滞，滞在末有，若宅心本无，则异想便息。……安公明本无者，一切诸法，本性空寂，故云本无。""无在万化之前，空为名形之始"（有的书作"无在元化之先，空为众形之始"），这是本无宗的基本主张。这里以"无"为万化之前的存在。僧肇批评本无宗，重在批评其以"无"为本，即把"无"实体化的倾向。他指出：

> 本无者，情尚于无多，触言以宾无。故非有，有即无；非无，无即无。寻夫立文之本旨者，直以非有非真有，非无非真无耳。何必非有无此有，非无无彼无？此直好无之谈，岂谓顺通事实，即物之情哉？（《肇论·不真空论》）

僧肇认为，按照"有""无"的本旨，所谓的"非有"不是真有，而所谓的"非无"也不是真无。而本无宗的错误就在于把世界分为一个"有"和一个"无"，这是"宰割以求通"（同上），不符合中观学关于"非有非无"、即有即无的佛理宗旨。

即色宗在当时的影响也较大，其代表为支遁（字道林）。支遁不仅是一位佛教般若学者，也是一位老庄玄学清谈家。关于支遁的即色宗思想，吉藏《中观论疏》指出："次支道林著《即色游玄论》，明即色是空，故言即色游玄论。此犹是不坏假名，而说实相。与安法师本性空，故无异也。"慧达《肇论疏》云："第二解即色者，支道林法师《即色论》云：吾以为即色是空，非色灭空。……彼明一切诸法，无有自性，所以故空。不无空此不自之色，可以为有。"支遁以为，世上形形色色的物质现象（"色"）是因缘所生，并非自生、自有，所以叫"色不自色，虽色而空"。僧肇这样批评说：

> 即色者，明色不自色，故虽色而非色也。夫言色者，但当色即色，岂待色色而后为色哉？此直语色不自色，未领色之非色也。（《肇论·不真空论》）

这是说，即色宗把"色"这种物质现象看作因缘而成的，故色非自色，即不存在色的实体、自性，这是对的；但还未看到色本身即是空的。僧肇的意思是说，即色宗虽看到了"色不自色，虽色而空"的"空"的一面，但只停留于此，而未进而看到此"空"本来就是"假"、是"中"。因停留于色之"空"，就执著于"色"的名，这就叫"犹是不坏假名，而说实相"，未达到大乘空宗中观学的"非空非假""亦空亦假"的中道宗旨。

心无宗在当时也有一定影响，其代表为支愍度。关于心无宗的创立，《世说新语·假谲》第十一条有则逸事，说："愍度道人始欲过江，与一伧道人为侣。谋曰：'用旧义在江东，恐不办得食。'便共立心无义。既而此道人不成渡，愍度果讲义积年。后有伧人来，先道人寄语云：'为我致意愍度，无义那可立？治此计，权救饥耳，无为遂负如来也。'"此说未必可信。因为一种理论的创立与宣讲是不容易的，并不像如上所言想创立就创成了。但心无义当为其时中土般若学的新派别，则无疑。关于心无宗的思想，吉藏《中观论疏》云："心无者，无心于万物，万物未尝无。此释意云：经中说诸法空者，欲令心体虚忘不执，故言无耳。不空外物，即外物之境不空。"可见，心无宗的宗旨是空心不空色，即主张思想意义上的"空"而不主张外界物质实在的"空"。当然，心无宗的如此"空"法是不合大乘空宗之意的。难怪僧肇这样评论说："心无者，无心于万物，万物未尝无。此得在于神静，失在于物虚。"

2. 僧肇"空"论。《肇论·不真空论》是僧肇"空"论思想的表白。何谓"空"？它的基本含义是"不真空"，即"不真，故空"。这是说，一切事物和现象（"法"）是没有自性的，是因缘而生的，所以其存在是不真实的，这就是空。可见，"空"是指诸法无有本性，即它不是实体性的存在。这是僧肇《不真空论》

的基本思想。围绕这一思想，该文述说了以下四个方面的问题：

一是关于"非有非无"的中观"空"论。《不真空论》开宗明义地指出："夫至虚无生者，盖是般若玄鉴之妙趣，有物之宗极者也。""至虚无生"就是"空"，这是僧肇的基本宗旨，也是佛教大乘空宗的根本观点和原则。如《摩诃般若波罗蜜经》卷五说："菩萨摩诃萨复有摩诃衍，所谓内空、外空、内外空、空空、大空、第一义空、有为空、无为空、毕竟空、无始空、散空、性空、自相空、诸法空、不可得空、无法空、有法空、无法有法空。"(见《大正藏》卷八，第250页)这样地"空"下去，空得彻底，空得够味。但问题是：何谓"空"？"空"什么？若以"空"为空虚，空空如也，那么世上的一切的一切都成了零或虚无，包括人在内的一切现象（"法"）就都不存在了，还谈什么"空"？还谈什么"般若玄鉴之妙趣"呢？这当然不是大乘空宗的意思，也非僧肇的意思。"空"作为"有物之宗极者"，必与物相关涉，它是物的"空"或物上之"空"，即与"有"相联系的"空"。把握这种"空"或者说认识"有""空"关系中的"空"，这就是般若之智。故僧肇说："自非圣明特达，何能契神于有无之间哉？"所以，把握"空"归根到底就是把握有无关系问题。对此，僧肇在《不真空论》中指出：

性莫之易，故虽无而有；物莫之逆，故虽有而无。虽有而无，所谓非有；虽无而有，所谓非无。如此，则非无物也，物非真物。物非真物，故于何而可物？

然则万物果有其所以不有，有其所以不无。有其所以不有，故虽有而非有；有其所以不无，故虽无而非无。虽无而非无，无者不绝虚；虽有而非有，有者非真有。若有不即真，无不夷迹，然则有无称异，其致一也。

　　然则万法果有其所以不有，不可得而有；有其所以不无，不可得而无。何则？欲言其有，有非真生；欲言其无，事象既形。形象不即无，非真非实有。然则不真空义显于兹矣。

在僧肇看来，"无"或"空"与"有"是相对的，它们表征的是诸法（一切物质现象）的存在状态和存在本质。诸法从外形上看是有而非无，但这种有并不是诸法的本性之有，诸法的有是由于有缘而有、而存在的，所以它在本性上、自性上就是无，就是空；诸法在本性上看是无自性的，是无是空，但这种空或无并不是说它不存在、是零，它的确存在着，的确有个外形在，所以它又是有而不是无。诸法是有，但有非真生，故无；诸法是无，但无非无形无象，故有。"欲言其有，有非真生；欲言其无，事象既形。形象不即无，非真非实有"，"不真空"的真正含义就在这里显示、显现出来了。

　　僧肇之所以要这样地从"有"说"无"而从"无"说"有"，有无不离，不落两边，就是旨在破除或防止把"有"和"无"单独地作实体观。就是说，若把二者分别地观看，"有"和"无"就均成为一种实体，这样的"有"就会只有不无，而这样的"无"也会只无不有，这当然不是现实存在者的存在本质。若用如此的"有""无"观来观自然，就不能正确把握现实存在（诸法）的真实本性，也就不能把握住诸法实相。僧肇之所以要驳"本无"宗的观点，就是因为它视"无"为实体性存在，无而非有。僧肇则时刻从中观学的中道不二的思想出发，把"有"和"无"统一起来对待之。他在《注维摩经》卷一中说："欲言其有，有不自生。欲言其无，缘会即形。会形非谓无，非自非谓有。且有有故有无，无有何所无？有无故有有，无无何所有？然则自有则不有，自无则不无。"有不自生,待缘而生,故有而无;无非空无,而有事象,故无而有。有而无之,无而有之,"有"与"无"的统一方有意义,这就叫"有有故有无","有无故有有"。若没有有,哪里有无?"无"只好成为空无或零;若没有无,哪里有有?有就会是地地道道的"有自体",它是打不开、显不出的,它何以能存在,又何以会存在呢?所以,僧肇才说"自有则不有,自无则不无"。无中有有,有中有无,非有非无,亦有亦无,这才是真有和真无,也才是活的有和活的无。僧肇的"非有非无"说的"空"论自然是合乎大乘空宗的中观学思想的。

二是关于"缘起"论。"缘起"也叫"缘生",乃佛教最基本的理论之一。释迦牟尼佛祖在创立佛教时就创立了关于缘起的理论。它既是关于诸法存在的存在论,也是用以观察、解释诸法之存在的一种原则和方法论。"缘"就是诸法产生、存在的条件和因素。诸法因产生它们的条件的出现而出现,亦因产生它们的条件的消失而消失,这一过程表现为生、住、异、灭四个阶段,即诸法在一定条件下产生(生),在相对稳定的条件中存在(住),随条件的变化而变化(异),终因条件的消失而消亡(灭)。佛教大、小乘都讲缘起,如大乘空宗的《般若》,中观学派更讲"缘起性空"。僧肇所弘扬的是龙树中观学的"缘起性空"理论,自然在论述"空"时要讲"缘起"问题。僧肇在《不真空论》中指出:

> 《中观》云,物从因缘故不有,缘起故不无。寻理,即其然矣。所以然者,夫有若真有,有自常有,岂待缘而后有哉?譬彼真无,无自常无,岂待缘而后无也?若有不能自有,待缘而后有者,故知有非真有。有非真有,虽有,不可谓之有矣。不无者,夫无则湛然不动,可谓之无,万物若无,则不应起,起

则非无，以明缘起，故不无也。

> 故《摩诃衍论》云，一切诸法，一切因缘，故应有；一切诸法，一切因缘，故不应有；一切无法，一切因缘，故应有；一切有法，一切因缘，故不应有。寻此有无之言，岂直反论而已哉？

僧肇在此引用佛典，其目的在于说明所谓诸法的"有"与"无"的问题与"缘起"问题密切相关。可以说，没有缘起理论做基础，有无问题就无从立论。之所以能说并要说诸法"不有亦不无"，就是因为诸法是以因缘故生的。若抛开因缘关系来看有和无，有就是那么个有，无也就是那么个无，有不能是也根本不是"非有"（"无"）；无也不能是并根本不是"非无"（"有"），有无各自独立，何以存在？何以把握之？均无从谈起。正如僧肇在《注维摩经》卷一中所言："有亦不由缘，无亦不由缘。以法非有非无，故由因缘生。论曰：法从因缘故不有，缘起故不无。诸法皆从缘生耳。"僧肇在这里换了个角度来说有无与因缘的关系。他指出，若不从有无统一，即非有非无、亦有亦无的角度看因缘，也是没有因缘的，这就叫"有亦不由缘，无亦不由缘。以法非有非无，故由因缘生"。事实上，诸法都是在因缘中存在和变化的。世上的诸法并非自有而有，亦非自无而无，所有的有都是有条件才存在的，即待缘而起，故它"有非真有"，它要变，它能变，它要由有趋于无；所有的无也不是"湛然不动"的绝对的没有，因为这样的无是"不应起"的，压根就产生不出来或显现不出来，所有能产生出来、能显现在世上的"无"必定是有迹可寻的，"以明缘起，故不无也"。僧肇引用《摩诃衍论》中的话表达了他关于有无一体的见解：一切诸法，因为有缘而起，所以它能有，能存在；一切诸法，也正因为有缘起，所以它才能变化，能无；一切无法，因为有缘而起，故它能有、应有；一切有法，因为有缘而起，故它能无、应无。僧肇的缘起论有一定的理论意义。

三是关于"即万物之自虚"的方法论。如何把握作为诸法之本的这个"空"呢？这就涉及如何观本体的方法问题。本体与方法从来就是内在地一致的。僧肇究竟是如何来观其"空"之本体呢？这就是他的"即万物之自虚"的观法，这也是一种本体论原则。在《不真空论》中他三次重复了这一命题：

> 是以至人通神心于无穷，穷所不能滞，极耳目于视听，声色所不能制者，岂不以其即万物之自虚，故物不能累其神明者也。……

> 夫圣人之于物也，即万物之自虚，岂待宰割以求通哉？……

> 是以圣人乘千万而不变，履万惑而常通者，以其即万物之自虚，不假虚而虚物也。

"即万物之自虚"，是说万物的本性本来就是"空"的、"虚"的，而不是在它之外、之上有一个实体性的"空"或"虚"存在着。为什么说万物的本性就是"空"呢？就是因为万物均是因缘和合而生的。万物因缘而生，故生非真生，有非真有，故是空、是虚。可见，只要有万物存在着，万物在本性、本质上就是"空"或"虚"。换言之，"虚"或"空"就是万物之所以为万物的本质。僧肇所谓的诸法（即万物）是有而非有、无而非无、亦有亦无的"空"观，正是"即万物之自虚"这一方法和原则的运用和表现。僧肇之所以要旗帜鲜明地破"本无""即色""心无"诸中土般若学思想，就是因为它们的本体论方法和原则不符合"即万物之自虚"的根本精神，它们不是就万物自身说万物本性上的"空"或"虚"，而是把"空""虚"等实体化，使其提离了万物自身。

四是关于"物无当名之实""名无得物之功"的名言论。思维活动与语言有关，思想和理论的表达更离不开语言文字。僧肇要讲"非有非无"的"空"论就不能不涉及如何使用名言的问题。《不真空论》对这一问题提出了自己的看法。僧肇说：

> 夫以名求物，物无当名之实；以物求名，名无得物之功。物无当名之实，非物也；名无得物之功，非名也。是以名不当实，实不当名。名实无当，万物安在？故《中观》云：物无彼此，而人以此为此，以彼为彼。彼亦以此为彼，以彼为此。此彼莫定乎一名，而惑者怀必然之志。然则彼此初非有，惑者初非无。既悟彼此之非有，有何物而可有哉？故知万物非真，假号久矣。

人为了认识、把握事物，就要给事物一个名称。那么，究竟给某个事物一个什么样的名称呢？这没有定准，乃约定俗成尔。同一个物，不同的人、不同的民族、不同的地区、不同的时代均可用不同的名号去称谓之。这正如"彼"与"此"这两个名称的区别是相对的一样，如从甲的立场看，可以说甲是此而乙是彼；但若从乙的立场看，也可说乙是此而甲是彼。正因为名称是人为规定的，所以名与物（实）就不是绝对地符合，这就叫"物无当名之实"，"名无得物之功"；也叫"物不即名而就实，名不即物而履真"。如此说来，名言并不是把握诸法的必然方式。那么，不用名言能否把握住诸法呢？否！若无名言，人是没有办法表达思想和记录思想的，这当然谈不上把握诸法了。看来，要把握诸法不能不用名言，但也不能只用名言。怎么办呢？僧肇说："然不能杜默,聊复厝言以拟之。试论之曰,《摩诃衍论》云:诸法亦非有相,亦非无相。《中论》云:诸法不有不无者,第一真谛也。寻夫不有不无者,岂谓涤除万物,杜塞视听,寂寥虚豁,然后为真谛者乎?诚以即物顺通,故物莫之逆;即伪即真,故性莫之易。"原来,并不是不用名言来把握诸法,而是要用一种与日常的非此即彼的单面肯定的名言不同的、亦此亦彼的双关性名言。之所以要如此做,这是诸法本性的要求。因为诸法虽然在外形上是有,但这种有不是自性上的真有,而是空、无;诸法虽说在自性上是空、无,但它总有外形存在,所以又是有,诸法就是这样是有又无,是无又有,有而非有,无而非无,非有非无,亦有亦无,这才是诸法之所以为诸法的真正本质,即诸法的实相。可见,若用非此即彼的单向性的语言来定谓它,不论或肯定或否定,或有或无,均不能表达诸法的本性、本质。只有用非有非无且亦有亦无的语言才可把握诸法实相。这种非有非无且亦有亦无的语言观正符合大乘空宗中观学的精神和要求。

僧肇在此之所以要讨论语言问题,根本目的就是要把握那个活的、真的"空"或"虚"或"无"。僧肇(他所阐述的大乘空宗的中道观)认为,"空"是诸法自身中的自性空,它在诸法中自我显现出来,自我敞开于世,这是活空,绝不是死空。而名言的特点却相反,"说似一物即不中",当用名言去称谓某种东西或某种性质时,它往往把所称谓的对象固定于认识上,把它变为一种死的记号了,这就从根本上抹杀了"空"体的活的本质,故名言有碍于对"空"的认识。正如《大智度论》所言:"语言度人,皆是有为虚诳法。"所以,在僧肇看来,虽然"至虚无生者"是"有物之宗极者也",但绝不可执著于这个"空"或"虚",以"空"为实体性存在。之所以说"空"，其目的就是为了不执著于空，即不为空而空，空而不返。对此，《大智度论》有个很好的说法："如服药，药能破病，病已得破，药亦应出。若药不出，则复是病。以空灭诸烦恼，恐空复为患，是故以空舍空，是名空空。"若只有空，"空"就是死的；若"以空舍空"而空空，"空"就是活的了。

（二）"物不迁"论

僧肇的《物不迁论》是中国佛学史和中国哲学史上的著名论文。单从题目就可看出，文章的中心是论述"物不迁"的。"不迁"即静而不动。世上的一切明明是动的，僧肇何以要说它不动呢？以下从三个方面讨论一下此问题。

一是僧肇"物不迁"说的目的。《物不迁论》中不是明明白白地说到"生死交谢，寒暑迭迁""四象风驰，璇玑电卷""乾坤倒覆，洪流滔天"等运动现象吗？僧肇不是承认"旋岚偃岳""江河竞注""野马飘鼓""日月历天"诸运动的存在吗？既然看到运动现象，那么僧肇为什么要冒天下之大不韪而说"物不迁"呢？看来，这个"物不迁"论有些令人费思。

在披寻僧肇"物不迁"说的目的前，先要明确两个概念："运动"和"变化"。运动，多就其狭义而言，指物体位置上的移动，即空间距离上的变动。与运动相反的就是静止或静。变化，是指物体自身的变化。物体可以没有空间距离上的移动，但它却时刻在变，例如人在一呼一吸的过程中就有生命的新陈代谢发生，人的机体组织就在变化中。对于运动和变化之不同，僧肇是有明确认识的。他不仅承认变化而且十分重视变化。他所谓的"然则庄生之所以藏山，仲尼之所以临川"，所谓的"是以梵志出家，白首而归"等等，说的都是变化。在僧肇看来，世上的一切均处在变化中，诸法时刻在变，绝没有固定不变的法存在。正因为强调变化和主张变化，这就使僧肇的运动观与其本体论逻辑地一致起来了。因为，任何法（物体）的存在都是有缘的，因缘而生，缘灭而亡，故法无自性，所以它是"无"或"空"；但诸法无自性却有外形，无性而有体，所以它又是有或存在。诸法就是这样既有又无，既无又有，非有非无，亦有亦无的存在者。由于诸法在本性上的"无"或"空"，就必然决定了诸法的存在（有）不是也不能是永久不变的，它自身要时刻处在变化中。这个变的过程实质上就是诸法自我打开、自我开显、自我敞露的过程。诸法要把自己并能把自己打开，这才有能力去接受外在的作用，才能表现出"缘"的存在，也才能现实地存在着。倘若诸法在自性上没有"无"或"空"而根本打不开，它就根本无法现实地存在，就根本不是现实的法。所以，诸法在本性上的"空"与其在存在状态上的变或变化是逻辑地统一的，诸法的变化正是诸法本性之"无"或"空"的逻辑要求。

那么，诸法在本性上的变化与其在外形上的不迁又有什么关系呢？关系至为密切！所谓"迁"就是运动，就是物体空间位置上的变动。试问：物体何以能迁呢？归根到底是由于物体（诸法）本身中的"空"或"无"本性的存在和由此而来的物体变化的存在。物体之运动，即其空间位置上的变动，其实恰是物体自身的时刻变化在空间位置上的展现。以箭这种存在物为例，当箭处在某个地方时，不管它如何被放置，它自身都要变化，即一枝新箭年久日长后就会成为旧箭。现在，若把箭在纵向的时间意义上的变化过程展现在横向的空间中，就可以展示出一个距离长度

（由甲地到乙地），这就是运动，就是迁。有人会说，当一枝箭从甲地射向乙地时，箭本身并未变化，一枝新箭照样是新的。表面看是这样。其实，在从甲地射向乙地时，哪怕是在极短的一瞬间，箭本身都有变化发生。若真无变化出现，这个箭就是一个绝对的自体，它压根就打不开自身，就根本不可能去与他物发生关系，人还能将它射出去吗？可见，运动或迁只是变化的一种表现方式。古希腊芝诺所说的"飞矢不动"，中国古代所谓的"飞鸟之影未尝动也"（《庄子·天下》），所揭示的恰是物体运动后面的变化的本质。若没有物体在本质上的变化，物体就永远保持在某个地方，它连亿亿亿……分之一的距离都前进不了，何来运动呢？所以，物体看起来是运动，是迁，其实质只是变或化，迁是形式，变或化才是本质。常人之误就在于只见表面而不见本质，以物之迁而掩盖了物之变，从而也就掩盖了物之存在的非有非无、亦有亦无的存在本质。僧肇在《物不迁论》中开宗明义地指出："夫生死交谢，寒暑迭迁，有物流动，人之常情，余则谓之不然。"他所要破的正是常人被运动现象所迷惑了的常情，而要揭示的正是诸法的真正存在本质。这，就是僧肇主"物不迁"说的目的所在。

　　二是僧肇论"物不迁"的方法。怎样把握物不迁呢？当然不是在事物之外去寻找，而要在事物自身中去寻找，即从事物的运动现象入手去寻找。这就是僧肇提出的"即动而求静"的方法和方法论原则。这一方法与他在论述本体问题时所说的"即万物之自虚"的方法是一致的。《物不迁论》说：

　　寻夫不动之作，岂释动以求静，必求静于诸动。

　　《中观》云：观方知彼去，去者不至方。斯皆即动而求静，以知物不迁明矣。

在僧肇看来，万事万物虽然处在不停息的运动中，但实质上是静而非动的。问题的关键就在于如何在动中认识到静，在迁中把握不迁。僧肇指出："必求静于诸动，故虽动而常静。不释动以求静，故虽静而不离动。然则动静未始异而惑者不同。"这是说，要在动中把握静，而不是撇开动去寻找另外一个静。那么，究竟如何来即动以求静呢？僧肇大体讲了三个方面：

其一，从时间的三相入手分析。时间是一维的，但有过去、现在、未来三相。人们通常说的动还是不动，正是以时间的三相为坐标来判定的。所以，现在要弄清诸法不动，自然要从时间的三相入手。僧肇说：

> 夫人之所谓动者，以昔物不至今，故曰动而非静。我之所谓静者，亦以昔物不至今，故曰静而非动。动而非静，以其不来；静而非动，以其不去。然则所造未尝异，所见未尝同。

人们常说有运动出现，是因为他们看到了一种现象：昔物不至今。昔物不至今，对常人言这说明有运动发生，因为假若没有运动的话，一个物就永远是它自己，哪有什么昔物至今不至今之说呢？僧肇却不然，他在此透过事物的机械运动而谈变化问题。物体是有变化的，且每时每刻都在变着，人的一吸一呼生命就在变中。这样，一个物在昔与在今当然不同。所以僧肇说："所造未尝异，所见未尝同。"立论的依据都是"昔物不至今"，但一个看到的是物体的（位置）运动现象，而另一个看到的则是其变化的本质。僧肇接着说：

> 求向物于向，于向未尝无；责向物于今，于今未尝有。于今未尝有，以明物不来；于向未尝无，故知物不去。复而求今，今亦不往。是谓昔物自在昔，不从今以至昔；今物自在

今，不从昔以至今。故仲尼曰：回也见新，交臂非故。如此，则
物不相往来，明矣。既无往返之微朕，有何物而可动乎？

这里的叙述手法与上相同，所述问题亦与上同，即关于物不动、
不迁。但论述的内容却进了一层。其进就在于在运动中突出了变
化问题。昔物能否至今？如从机械运动的角度看，不易明了。但
若从个体的变化的角度看，就比较明确了。例如，一个人从呱呱
婴儿总要变为白发老人，但当你老了后，你无论如何也不可能使
自己再回到婴儿的时期了。为什么不能？就是因为有变化发
生。若没有变化而只有空间位置意义上的运动，一个人老了后还
可以再回到童年去，有何难哉？再说，若只存在运动而没有变
化，人压根就不会有老，一开始是什么样子就永远是什么样子，还
有什么昔物至今不至今呢？再进而言，若人没有老，没有变化，他
也就没有出生，那他能是现实的人吗？所以，任何物体都在变
化，有变化才有发展，才有历史，才有过程，才有昔物与今物之
分。僧肇在此所说的"回也见新，交臂非故"是《庄子·田子
方》中的话："丘以是日徂。吾终身与汝交一臂而失之，可不哀
与？"是说事物的变化一刻也不停息。在此要理解僧肇的意思，必
须时刻明白变化与（机械）运动的区别。僧肇是说事物在外形上
有运动发生，但在本性上却只有变化而无运动。

其二，从物体的"物性"入手分析。僧肇主张从物性出发来
把握物体的静而非动，即"物不迁"的真理。他说：

近而不可知者其唯物性乎！……

是以言往不必往，古今常存，以其不动；称去不必去，谓
不从今至古，以其不来。不来，故不驰骋于古今；不动，故
各性住于一世。……

> 若古不至今，今亦不至古，事各性住于一世，有何物而
> 可去来？

什么是物体之"性"？简单说就是物体的"不迁"性；进一步说就是物体的变化之性；再深一层说就是物体的"虚"或"空"的本性。物体有"虚"或"空"之本性，才决定了物体不是也不能是永不变化的、永远打不开的一个绝对自体，它要自我打开、自我敞开，以之去与它之外的他物相关系，由此它自身必然就有变化发生，它每时每刻都会处在日新日化的过程中；由于有变化发生，物体才能在一个存在过程中展示出不同的阶段时刻；由于有不同的阶段时刻的出现，才有可能使物体在空间的不同位置上存在，或者说物体才有可能把自身在纵向时间中的变化阶段还原为或置换为在横向空间位置上的系列存在，才会有外在的位移或运动现象出现。僧肇在《物不迁论》中时刻不忘把握变化与运动的不同。他不是不承认有（位置）运动，在他看来运动是有的，但只是现象，而非物的本性、本质，物从其本性、本质上说是变化而不是运动，故才叫静而非动。若明白了僧肇的这层意思，再看他所谓的"旋岚偃岳而常静，江河竞注而不流，野马飘鼓而不动，日月历天而不周"的话，也就不足为怪了。

其三，从物体的因果关系入手分析。从因果观念出发，人们总认为有果必有因，有因必产生果，因与果不仅是紧密联系的，而且是运动和转化的，如一种东西对它的原因来说是结果，但又可以成为另一结果的原因。僧肇却要从人们日常的因果观念和方式入手，来论证其"物不迁"的结论。他说：

> 果不俱因，因因而果。因因而果，因不昔灭。果不俱因，因
> 不来今。不灭不来，则不迁之致明矣，复何惑于去留，踟蹰

于动静之间哉？

这是说，果与因不是空间上的并存，而是时间上的先后继起，对因而言才叫作果，所以因是存在于过去的；果与因不同时存在，故因不会来到现在。因既然存在于过去，又不会来到现在，那么，不迁、不动的道理不就明白了吗？还有什么可疑惑和犹豫的呢？

僧肇的因果观究竟想揭示什么呢？他要揭示的是因和果之间在时间上的关系性而非在空间上的运动性，即为了揭示因果关系的时间本质。因在前而果在后，这是一般的常识，僧肇指出这一点没有什么稀奇。但一般人往往把因果间的这种时间上的纵向关系转化为空间上的横向关系来对待，以为因生果后因就运动到了果那里去了。僧肇要破的恰是这种因果观。他要揭示的是，因之所以为因而果之所以为果，正在于因与果各自自身可以发生变化，即有"变"的本性存在，而不是它们能发生空间上的运动。因自身有变化，所以才能使自己的存在展示为一个过程，才能与果相关联；果自身有变化，所以才能使自己的存在亦展示为一个过程，才能与因相关联。若因、果自身各自能运动的话，就根本没有因与果的联系，因可以从过去直接运动下来而到现在，它始终是它自己，何以能产生结果呢？僧肇所谓的"苟万动而非化，岂寻化以阶道？"所说的正是包括因、果在内的诸法的"化"或变化的本性。他举例说"成山假就于始篑，修途托至于初步"，说的也是山和途这些诸法在本性上的变化的实质。山能变化，故才可加高而成山；途可变化，故才能延长以成途。倘若山、途本身没有变化存在，你就是有翻江倒海之能也休想给山加上一撮土，给途添上一分长。

从上述三个方面，僧肇分析、论证了物体变化而非运动的本性。

三是僧肇"物不迁"论的意义。僧肇的"物不迁"论在历史上影响颇巨。其实，它的哲学意义更为深刻。它有什么哲学意义呢？一言以蔽之，它把时间的观念和方法引入了存在之中。

世上一切的一切存在均在空间和时间中，正如恩格斯所言："时间以外的存在像空间以外的存在一样，是非常荒诞的事情。"[1]和空间相比，时间的意义更为重要和突出。因为，是时间，也只有时间，才将整个存在连缀成一个整体，使其展示出了历史性。世上的一切存在均在时间的一维流向中表现出不可逆性，逝者不可追，已去无法再，一切的一切都要成为历史；同时，一切的一切都会对现在和将来发生影响，世界每时每刻都在陈中迎新，生生不息。所以，若没有时间这种存在方式，世上的一切都将是死的。

但遗憾的是，作为一切存在者之存在方式的如此重要的时间特征却在科学中没有得到应有的重视。例如，在经典力学和量子力学（测量过程除外）中，都没有时间的地位。牛顿力学的运动方程和薛定谔的量子力学方程对于时间而言都是可逆的和对称的，如果将时间 t 换为 - t 代入这些公式中，无论是牛顿方程的轨道还是薛定谔方程的波函数，其形式都不发生变化，即在这些方程中时间完全是可逆的，过去与未来没有区别。因此，在动力学中没有进化，谈不上历史，时间仅仅是描述运动的一个几何参量而与物质运动的性质没有内在联系。时间上的对称性和可逆性是经典物理学中的基本观念和方法，几何学和物理学的许多理论

---

[1] 《马克思恩格斯选集》，人民出版社 1995 年第 1 版，第 392 页。

都是建立在空间和时间的对称性、可逆性之上的，而不可逆性和非对称性这些真正的时间特征往往被看作是由于对初始条件不够了解时所产生的一种幻想，应加以抛弃。例如，在经典热力学中，不可逆现象对提高热机效率是有害的，必须尽量排除之；在理论计算中，要设法把不可逆过程简化为似稳过程才便于进行，等等。可以说，在经典物理学中，是把时间量度作为空间量度来理解和使用的。

很明显，经典物理学中所强调的时间的可逆性和对称性是与现实的客观现象相矛盾的。日常生活经验中的事实表明，物体的存在和运动是不可逆的和非对称的。例如，把两种液体倒入一容器中，经扩散后可变为某种均匀的混合物，但相反的过程却不会自然发生。热的传递、电的流动、气体的扩散等都是如此。在一些科学中，也发现了或者说揭示了自然界之发展的方向性和时间上的不可逆性。比如，天文学中康德—拉普拉斯关于天体演化的星云假说，地质学中赖尔关于地质变化的理论，生物学中达尔文关于物种进化的理论，社会学中马克思、恩格斯关于历史发展的唯物史观，等等，都从不同的角度说明了物质存在在时间上的方向性、不可逆性、非对称性。20 世纪以来，人们对于物质存在在时间上的不可逆性更加重视了。例如，爱因斯坦的广义相对论的宇宙论预言了宇宙的进化，化学也说明了元素演变的历史,能"记忆"原来形状的合金材料的研制说明在弹性力学和材料力学中也有"历史"的因素。1964 年，美国的菲奇和克罗宁在 K 介子衰变的实验中发现，在弱相互作用中宇称（P）和电荷（C）的联合变换不守恒，说明时间（T）的对称性也受到破坏，这意味着宇宙从根本上来说是非对称的。特别值得一提的是热力学第二定律和耗散结构理论。前者也叫"熵增加原理",指出对于一个孤立系统中的不可逆过程,它的一个状态函数"熵"会随时间的推移单调的增加,直到热力学平衡时趋于极大,从而说明了不可逆过程中时间的方向性,把进化思想引入了物理学。后者也叫非平衡系统的自组织理论,认为一个开放系统在达到远离平衡态的非线性区时,一旦系统的某个参量的变化达到一定的阈值,通过涨落,该系统可能发生突变,由原来的无序态转化为新的有序态。在热力学第二定律和耗散结构理论中,时间不再是系统运动外界的参数,而成了世界内部进化的量度了。

我们之所以要说以上诸科学中对于时间问题的看法,就是要指出时间问题的重要性。现在回头来看僧肇的"物不迁"论的理论,它无意中将时间的方向性和不可逆性引进了事物的存在和变化中。当僧肇说"求向物于向,于向未尝无;责向物于今,于今未尝有。于今未尝有,以明物不来;于向未尝无,故知物不去。复而求今,今亦不往。是谓昔物自在昔,不从今以至昔;今物自在今,不从昔以至今"时,他表面上是在说物不动、不迁,实质上他却不自觉地把时间的不可逆性作为前提确定了下来。很明显,因为时间是有方向性和不可逆的,才使得昔物不可至今而今物不可至昔,才有"梵志出家,白首而归"的事件发生,才有"往者之难留"的慨叹。假若时间可逆,那么一切的一切都可以重新再来一遍或多遍,死后可以再活过来,世上的一切问题解决起来岂不容易?还有历史、还要历史干什么呢?所以,僧肇的《物不迁论》宣扬了一个真理:时间是物体最基本的存在方式且它是不可逆的。

（三）"般若无知"论

《肇论·般若无知论》表述的是僧肇的认识论思想。

僧肇说，姚秦弘始三年（401 年）西域龟兹国高僧鸠摩罗什至长安，"集义学沙门五百余人于逍遥观"讲解大乘空宗中观学的般若思想，他正是听了罗什师的演讲而大受启发，故作《般若无知论》的。为什么要作此文？他指出："圣智幽微，深隐难测。无相无名，乃非言象之所得。"这里的"圣智"指的就是"般若"智。这种"般若"智与一般的智不同，它是佛智，是一种直觉认识的能力，它不依靠通常的感觉、思维、推理等方法，故佛教称此种认识为"般若"（智能），而把正常的认识叫作"惑"或惑智。僧肇称此种"般若"智"幽微，深隐难测"。为何难测？因为其"无相无名，乃非言象之所得"，无法用语言来说明它。然而，"言虽不能言，然非言无以传"。尽管这种"般若"智不可用言象得之，但为了获得此种智能，为了认识它的特点、性质，又非说不可。这就是僧肇要说不可说的"般若"智而作此文的目的。

关于这个"般若"智僧肇究竟说了些什么呢？他概括指出：

> 《放光》云："般若无所有相，无生灭相。"《道行》云："般若无所知，无所见。"此辨智照之用，而曰无相无知者，何耶？果有无相之知，不知之照，明矣。何者？夫有所知则有所不知，以圣心无知，故无所不知。不知之知，乃曰一切知。故经云："圣心无所知，无所不知。"信矣。是以圣人虚其心而实其照，终日知而未尝知也。故能默耀韬光，虚心玄鉴，闭智塞聪，而独觉冥冥者矣。然则，智有穷幽之鉴，而无知焉；神有应会之用，而无虑焉。神无虑，故能独王于世表；智无知，故能玄照于事外。智虽事外，未始无事；神虽世表，终日域中。所

> 以俯仰顺化，应接无穷，无幽不察，而无照功。斯则无知之所知，圣神之所会也。然其为物也，实而不有，虚而不无，存而不可论者，其唯圣智乎！

僧肇认为，"般若"智无相、无名、无知，故无所不知。要把握此种智，作为思维主体的"心"就要"虚其心而实其照"，要"默耀韬光，虚心玄鉴，闭智塞聪"以"独觉冥冥"矣。这种智"智虽事外，未始无事；神虽世表，终日域中"，能"俯仰顺化，应接无穷，无幽不察"。对于这种"智"，"欲言其有，无状无名；欲言其无，圣以之灵。圣以之灵，故虚不失照；无状无名，故照不失虚。照不失虚，故混而不渝；虚不失照，故动以接粗。是以圣智之用未始暂废，求之形相未暂可得"。

对于"般若"智之特点、性质，僧肇如上所言。但要理解这种"般若"智，单从《般若无知论》出发并不够，必须联系整篇《肇论》来看。《肇论》有《不真空论》《物不迁论》和《般若无知论》三文。单独看，《不真空论》论述的是关于"不真，故空"的本体论问题，《物不迁论》论述的是"物不迁"的动静论问题，而《般若无知论》论述的则是般若"无知，故无不知"的认识论问题。很明显，前两篇所论是关于存在物之存在的状态、性质等问题，用佛学语言讲就是关于"诸法实相"的问题，而第三篇所论是如何去认识这个"诸法实相"。当然，当前两篇在论述什么是"诸法实相"时就已经在对其进行认识了，但这时的认识是说明性、分析性的，即说明诸法（万事万物）是什么性质的存在以及如何存在，用佛学的话讲这叫作"观"法，或叫"观"门。而第三篇《般若无知论》论述的是如何去把握住这个"诸法实相"，即让你体会到"诸法"究竟如何地"实相"着，这时你的主体"心"自身应该处在并且也就现实地处在了"实相"的境中了，已经体会到、感受到了诸法之实相的存在过程，这用佛学的话讲就叫"止"法或"止"门。可见，"般若"智实际上是一种用来把握"诸法实相"的智能。

那么，什么是"诸法实相"呢？按照僧肇的思想，一言以蔽之，"一切诸法，本性空寂"。"空"是从事物的存在本性上说的，"寂"是从事物的运动本性上说的。僧肇在《不真空论》中指出："然则万法果有其所以不有，不可得而有；有其所以不无，不可得而无。何则？欲言其有，有非真生；欲言其无，事象既形。象形不即无，非真非实有，然则不真空义显于兹矣。"这是说，一切事物都是因缘而生、因缘而灭的。因缘而生，故生非真生；不真故空，其性乃是"空"或"无"。但这种"空"或"无"并不是绝对没有或零，而是说诸法本性上为"空"、为"无"，但形象上是"有"、是"在"。诸法就是这样一有一无，既非有非无亦又有又无。这就是存在意义上的"诸法实相"。在运动意义上，《物不迁论》指出："言常而不住，称去而不迁。不迁，故虽往而常静；不住，故虽静而常往。虽静而常往，故往而弗迁；虽往而常静，故静而弗留矣。"这是说事物在状态上不是不动的，但在本性上却是"物不迁"，是"昔物不至今"，故是"寂"的。事物（诸法）就是这样一动一静，既非动非静亦又动又静，这就是运动意义上的"诸法实相"。不论从存在意义上还是从运动意义上讲，"诸法实相"的本质就在于事物自身中的那个活的"无"或"空"性。有这个活的"空"性，事物才可自我打开和显现自己，才能与它之外的他物相关系而交换物质和能量，事物才可现实地存在，才可运动和变化。倘若事物自身中没有这个"空"的本性、本质，事物就是绝对的自体，它无法自我打开，故无法存在，也无法运动、变化，即使让上帝来经营事物，也绝对无法对它施以任何的作用。这是从道理上、从逻辑上所讲的关于事物的"空"性。那么，在存在的意义上事物究竟如何"空"呢？这就是并只能是事物的自我现象、显现，即事物"无之"或"使之无"的存在过程。所以，诸法实相的那个真正"实相"是其现象性和现象相。

"般若"之智就是用以把握这个"诸法实相"的现象之性、之相的。之所以要用"般若"智而不用一般的知，是因为一般的知是名言之知，所用的是名言方法，离不开逻辑理论。而当这样用名言来述说"诸法实相"时，"诸法实相"就永远是人的主体"心"面前的对象，它不能表现且无法表现出其现象之性、之相来。这时，你虽然可以知道什么叫"诸法实相"，但却体会不到、感觉不到它究竟是怎么样来"实相"的。"般若"智的实质就是要来体、觉到这个诸法的"实相"。而要体之，主体"心"自身就要以一种"实相"的状态显现、现象出来。换言之，这时的思维自身就要处在现象的性和相中。这样，思维主体自身与客观的诸法实相自身就有了一体同构性，或曰有了一种"纯象"或"几相"，人就自然地体、悟到了"诸法实相"了。僧肇所谓的"般若"之智是无相、无名、无知，是"无知故无所不知"，是"默耀韬光，虚心玄鉴，闭智塞聪，独觉冥冥"云云，所揭示的恰是它的现象性的本质。这种智若用通常的逻辑方式来衡量，当然说它是神秘的，是不可知的。但如果从现象的意义上来看它，何神秘之有？

以上介绍了僧肇的佛学思想。它的出现代表了魏晋玄学的思想转向。如果说魏晋玄学建构起了宇宙本体论的话，那么僧肇

"空"论的出现则意味着佛学要对人的心性问题做探讨，以建构起心性本体论，这一任务到了隋唐佛学才告完成。

后　记

　　这本《魏晋玄学》，可作为《有无之辨——魏晋玄学本体思想再解读》（2003 年 5 月人民出版社出版）一书的姊妹篇。《有无之辨》一书是我的博士论文，故注重对魏晋玄学思想理论的研究，尤其注重对玄学本体思想的探索；而这本《魏晋玄学》则注重玄学思想的历史轨迹，尤其注重对魏晋时代有代表性的人物的介绍。这两书结合，可以大致勾勒出魏晋玄学的历史和理论面貌。

　　本书的撰写缘起于 2004 年春天。当时我正在思索《庄子》和《庄子注》的思想联系问题，准备以郭象《庄子注》为轴线再梳理一下魏晋玄学的历史和理论。此时，著名学者张岂之先生主编的多卷本《中国思想学说史》（共九卷）正在撰写中，其中的"魏晋南北朝卷"由陕西师范大学的刘学智教授主编，刘先生盛情邀请我撰写这一卷中的"玄学篇"。张岂之先生思想深邃，学术视野开阔，哲学功底颇深，对魏晋玄学许多问题的见解乃金科之论。刘学智先生亦思想深刻，知识渊博，见解独到，史论皆精。在这二位前辈学者的关怀、指导下，我撰完了"玄学篇"，获益良多。到了2006年，我在原"玄学篇"书稿的基础上，又对一些魏晋玄学家的思想做了增补，遂成此书。在这里，我向张岂之先生、刘学智先生致以崇高的敬意。

提起做学问，我终生忘不了我的恩师方克立先生，忘不了我的恩师、已故的刘文英先生，是这些可敬可爱的老师领我走上了中国哲学史的研究之路。如今我以这本小书来回报恩师的多年教诲。

在我清苦为学的这些年中，我的妻子董淑娟女士为我付出颇多；女儿康楠也不时帮我打字、校对。在此，我向我的家人表示谢忱。

最后，还要特别感谢人民出版社的方国根先生，他关心学术事业，乐于帮助后生，对我的帮助特别大。在此，我向方国根先生表示深深的敬意和谢意。

本书虽称为"书"，但只仅仅是一些陋见，即之所以将它面世，乃应时和生存之计耳。书中的缺点一定不少，诚心欢迎学界前辈及时贤赐教。

康中乾

2007年8月25日识于陕西师范大学

再版后记

本书初版名《魏晋玄学》，2008 年 9 月由人民出版社出版。本次由崇文书局再版，应编辑建议，改书名为《魏晋玄学史》，另删去初版中作为"附录"的四篇论文，其他内容没有做实质性的改动。

康中乾

2023 年 5 月识于陕西师范大学

崇文学术文库·西方哲学

1. 靳希平 吴增定 十九世纪德国非主流哲学——现象学史前史札记
2. 倪梁康 现象学的始基：胡塞尔《逻辑研究》释要（内外编）
3. 陈荣华 海德格尔《存有与时间》阐释
4. 张尧均 隐喻的身体：梅洛－庞蒂身体现象学研究（修订版）
5. 龚卓军 身体部署：梅洛－庞蒂与现象学之后 [待出]
6. 游淙祺 胡塞尔的现象学心理学 [待出]

崇文学术文库·中国哲学

1. 马积高 荀学源流
2. 康中乾 魏晋玄学史
3. 蔡仲德 《礼记·乐记》《声无哀乐论》注译与研究
4. 冯耀明 "超越内在"的迷思：从分析哲学观点看当代新儒学
5. 白 奚 稷下学研究：中国古代的思想自由与百家争鸣 [待出]
6. 马积高 宋明理学与文学 [待出]
7. 陈志强 晚明王学原恶论 [待出]
8. 郑家栋 现代新儒学概论（修订版）[待出]

唯识学丛书（26种）

禅解儒道丛书（8种）

徐梵澄著译选集（4种）

西方哲学经典影印（24种）

西方科学经典影印（7种）

古典语言丛书（影印版，5种）

出品：崇文书局人文学术编辑部·我思

联系：027-87679738，mwh902@163.com

我
思
敢于运用你的理智

崇文学术译丛·西方哲学 [待出]

1.〔英〕W. T. 斯退士 著，鲍训吾 译：黑格尔哲学
2.〔法〕笛卡尔 著，关文运 译：哲学原理 方法论
3.〔美〕迈克尔·哥文 著，周建漳 译：于思之际，何者入思
4.〔美〕迈克尔·哥文 著，周建漳 译：真理与存在

崇文学术译丛·语言与文字

1.〔法〕梅耶 著，岑麒祥 译：历史语言学中的比较方法
2.〔美〕萨克斯 著，康慨 译：伟大的字母 [待出]
3.〔法〕托里 著，曹莉 译：字母的科学与艺术 [待出]

崇文学术译丛·武内义雄文集（4种）

1. 老子原始   2. 论语之研究   3. 中国思想史   4. 中国学研究法

中国古代哲学典籍

1.〔明〕王肯堂 证义，倪梁康、许伟 校证：成唯识论证义
2.〔唐〕杨倞 注，〔日〕久保爱 增注，张觉 校证：荀子增注 [待出]

萤火丛书

1. 邓晓芒   批判与启蒙